ウィーン温故知新

お墓と風刺画のメッセージ

志田 英泉子

春秋社

はじめに

　ヨーロッパには、中世から現代にいたるまで通奏低音のように鳴り響いている言葉があります。それは「死を憶えよ memento mori [ラテン語]」という言葉です。ヨーロッパ文化には、美術・音楽・文学・演劇等、いずれの芸術分野においても「死」を題材にした作品が多く存在します。それは過去千年、戦いに生きてきたヨーロッパの人々の精神と大きく関わっているように思われますが、そこには常に死を見つめることで生を誠実に生きようとする人々の姿があるように思えます。

　ウィーンには、"Die Schöne Leich" という独特な表現があります。実際の意味は「華麗なる葬儀」といったものですが（現在は変化しているかもしれません）、ウィーンの方たちは華やかな葬儀を喜ばれるようです。また、ヴィーナー・リートには「死」を扱ったものが多く、歌詞の中にも「柩」という単語も登場します。ウィーンの人たちにとって「死」はとても身近な存在のように感じられます。

　ヨーロッパで2番目に大きな墓地である中央墓地。日本でも有名なのは、何といっても音楽家のお墓でしょう。そこには、ブラームス、ヨハン・シュトラウス2世をはじめ、多くの音楽家が綺羅星のごとく集まって眠っています。空港とウィーン市内の間にあるので、多くの方が空港への行き帰りのいずれかに立ち寄られます。

　中央墓地では、ウィーン市及びオーストリアに顕著な貢献をなさった芸術家・医者等を「名誉墓地」に埋葬しており、名誉墓地が集まっているところを「名誉墓地区」としています。

　中央墓地以外のウィーンのお墓でも名誉墓地はあります。今回取り上げた方々は数名を除き、皆さま名誉墓地に眠っていらっしゃいます。

　しかし、中央墓地は実にウィーン旧市街よりも広大なため、「音楽家」以外の場所は、たとえ墓の地区を承知していても、詳しい地図、ないし然るべき先導者（ナビゲーター）がいなければ目的の墓まで辿り着くのは難しいと言わざるをえません。かつて筆者は、友人たち、児童合唱団のみなさんをはじめ、さまざまな方たちと中央墓地にご一緒しましたが、「音楽家」の名誉墓地

（32A 区）以外、迷うばかりでした。そのたびに、誰かのお墓を訪ねよう
と思ったら、筆者のような方向音痴でも必ずそこに行きつくことができ、
故人についてより知ることができる書籍を作れたら…と思ってきました。

　今回、音楽家を中心に、芸術家・思想家・文化人のおよそ 110 人のお
墓の案内係を務めさせていただきます。

　読者のみなさまは是非、訪ねたい方のお墓に赴き、その方が何を想い、
何をしたかったのか、その方とお墓の前で対峙し、彼・彼女の想いを受け
止めてください。本書にはささやかなコメントが付されていますが、その
方が生きた空気、環境を体験し、イメージすることは、必ずや新たな発見
につながるでしょう。あなたが訪ねたい方はどなたですか。

　中央墓地には、四季折々の顔があります。その中でもいちばん趣がある
のは、晩秋から冬でしょう。ここには画家テオ・ツァッシェを含め、筆者
の恩師、恩人、リング劇場火災の際の犠牲者、第一次・第二次両大戦の犠
牲者たちも眠っています。11 月 1、2 日やクリスマス前には、多くの方
たちがお墓参りに来られ、お花や赤い入れ物に入ったローソク、リースな
どをお墓に手向けます。冷たい空気の中に漂う花輪の香り、夕闇にゆらめ
く無数のローソクの灯…。それらは、この世を去った人たちが忘れ去られ
ていない証でもあり、そこは現在と過去をつなぐ接点ともなります。ここ
はまさに天国の一角を思わせます。そして、なぜか、ここにはワインとヴ
ィーナー・リートが似合います。

　本書にはまた、コラム的なトピックス集「ウィーンこぼれ話」（PART2）
を挟んで、楽しい絶好のウィーン案内が控えています。

　古き良き時代のウィーンを知る極めつけは、20 世紀前半のウィーンの
画家テオ・ツァッシェの描いたカリカチュアに尽きると思います
（PART3）。ツァッシェが描いた作品を通して、第一次世界大戦前後のウィ
ーンをとくとご堪能下さい。

　もとよりツァッシェの絵はホーフブルクやシェーンブルンなどにも飾ら
れているので、ウィーンにお越しの際にはどこかでご覧になった方も多い
かと思います。けれども、彼の絵がウィーンのそこここでよく見かけると
はいえ、残念ながらご本人のことは忘れ去られているかもしれません。

　ツァッシェは、ウィーンの社会・生活、そしてウィーンの人々を描き続
けました。心からウィーン、そして人間がお好きな方だったようで、水彩
画からスケッチ、カリカチュアまで、旺盛にウィーンの情景が描かれてい

ます。スケッチで肖像画の忠実さを表現する一方、その作品は上品で温かくユーモアにあふれた画風を特徴としています。初期の段階では、生き生きとした愛らしい女性を描くのを得意としていたようです。

本書に収録した作品のほかにも、皇帝フランツ・ヨーゼフやその家族、「ローブデコルテの衣擦れの音、ささやきなどが聞こえてきそうな舞踏会の貴婦人たち」、「王宮舞踏会でボンボンを争って詰め込む軍人・紳士たち」「クリスマスのデーメル」など、他にもご紹介したい作品は多々ありますが、今回は、1923年刊の2冊の画集と、筆者が長年コレクションしてきた各種資料（新聞・雑誌）や絵葉書から選んでみました。

ウィーンでは「先の戦争」というと、第二次世界大戦ではなく第一次世界大戦のことを指しています。ヨーロッパでは、第一次世界大戦は第二次世界大戦以上に特別な意味を持っていました。核兵器以外、あらゆる兵器が登場した第一次世界大戦は、世界中を巻き込む総力戦となり、終わってみれば、ヨーロッパの多くの皇室が姿を消し、戦死者数は約1000万人を数えました。さらに、1918年のインフルエンザ大流行により、全世界でさらに5000万人から1億人の死者が出たといいます。

第一次世界大戦で帝国が崩壊、敗戦国となったオーストリア。第一次世界大戦前後の激動のウィーンを、"時の証人"ツァッシェはどのように眺めていたのでしょうか。

付録として、ウィーン市内に残る記念プレート（芸術家たちの住んでいた家の住所など）、およびリング周辺にある音楽家の銅像の場所をまとめました。記念プレートの多くは、旗といっしょに壁についていますが、それ以外の記念の場所も追加しています。意中の芸術家はどんなところに住んでいて、なにをしていたか。そんな素朴な関心のみならず、徹底的に巡りたいときなどにもご活用していただければ幸いです。

末筆となりましたが、写真撮影にご協力いただいた荒井恵子様、地図製作および略歴執筆等にご協力くださった声楽家・長野安恒氏に心より御礼申し上げます。そして、何十年も思い抱いてきた「ツァッシェ作品の紹介」を実現して下さった春秋社の皆様、本書の構成・造本等、あらゆることでお世話になり、辛抱強くご指導くださった編集部の高梨公明さんに、心より感謝申し上げます。

2019年11月2日

志田英泉子

博士、まだ覚えていらっしゃいますか
1912年の頃のことを
そう、あの頃先生はまだ
学生でいらっしゃったのですね
先生、思い出しますね
あの頃は良かったです
あれからほんとうに
いろいろなことが起こりました
古いブルク劇場の天井桟敷
プラーター公園の春の日
あれは、まだ詩の世界のようでした

博士、まだ覚えていらっしゃいますか
1912年の頃のことを
お年を召された皇帝は
気高くご立派でいらっしゃいました
そう、時は移り変わっていくのですね
時代は変わっていきます
先生にとっても、私にとっても

（Herr Doktor, errinern Sie sich noch）
※昔を懐かしんで歌われるヴィーナー・リート。

ウィーン温故知新

目 次

はじめに　**i**

PART1
お墓めぐり

［イントロダクション］　墓地散策の楽しみ　**4**

中央墓地の人々

0区 ....

① ヨハン・ガブリエル・ザイドゥル　**13**

② ヨーゼフ・ヴァイグル　**13**

③ ジーモン・ゼヒター　**14**

④ ヨーゼフ・マイゼーダー　**15**

⑤ カール・チェルニー　**16**

⑥ アントニオ・サリエリ　**17**

⑦ ヨハン・バプティスト・
　　ゲンスバッヒャー　**18**

⑧ ペーター・アルテンベルク　**19**

⑨ テオドール・レシェティツキ　**20**

⑩ オイゼビウス・マンディチェフスキ　**21**

⑪ アドルフ・ロース　**21**

32A区 ....

⑫ ヨハン・ネストロイ　**23**

⑬ ゴットフリート・プレイヤー　**24**

⑭ フーゴ・ヴォルフ　**25**

⑮ ヨハン・シュトラウス（父）　**26**

⑯ ヨーゼフ・ランナー　**27**

⑰ アロイス・ネグレッリ　**29**

⑱ カール・ゲーガ　**30**

⑲ ニコラウス・ドゥンバ　**31**

⑳ ヨハネス・ブラームス　**32**

㉑ ヨハン・シュトラウス2世　**33**

㉒ フランツ・シューベルト　**35**

㉓ ルートヴィヒ・ヴァン・
　　ベートーヴェン　**36**

㉔ ヨハン・アンドレアス・
　　シュトライヒャー　**38**

㉕ フランツ・フォン・スッペ　**39**

㉖ ヨハン・ヘルベック　**40**

㉗ カール・フォン・ハーゼナウアー　**41**

㉘ カール・ミレッカー　**42**

㉙ エドゥアルト・シュトラウス　**43**

㉚ ヨーゼフ・シュトラウス　**44**

㉛ エドムント・アイスラー　**46**

㉜ クリストフ・ヴィリバルト・フォン・
　　グルック　**46**

㉝ アロイス・フォン・
　　リヒテンシュタイン　**48**

34 ヴォルフガング・アマデウス・
　　モーツァルト(記念碑)　48

32C区 ....

35 カール・ミヒャエル・ツィーラー　50

36 アルノルト・シェーンベルク　51

37 ヴェルナー・クラウス　52

38 ロベルト・シュトルツ　53

39 ハンス・モーザー　54

40 ルートヴィヒ・アントン・グルーバー　55

41 ハンス・スワロフスキー　55

42 フランツ・サルムホーファー　56

43 ロッテ・レーマン　57

44 パウル・ヘルビガー　58

33E区 ....

45 ロベルト・フックス　59

46 アレクサンダー・ジラルディ　60

33G区 ....

47 マルセル・プラヴィ　62

48 ハンス・カーン　63

49 ジェルジ・リゲティ　63

50 ウド・ユルゲンス　65

51 アレクサンダー・フォン・
　　ツェムリンスキー　65

52 ヴィリー・ボスコフスキー　66

53 ヴァルデマール・クメント　67

14A区 ....

54 ルートヴィヒ・アンツェングルーバー　69

55 テオドール・ビルロート　70

56 ハンス・マカルト　71

14C区 ....

57 ハンス・プフィッツナー　73

15E区 ....

58 テオ・ツァッシェ　76

16A区 ....

59 ルートヴィヒ・フォン・ケッヘル　78

17B区 ....

60 ルートヴィヒ・ベーゼンドルファー　80

18区 ....

61 エドゥアルト・ハンスリック　82

40区 ....

62 オットー・エーリヒ・ドイッチュ　84

63 アントン・パウリク　85

64 ハンス・ガボア　85

65 カール・デンヒ　86

66 エーリヒ・クンツ　87

47B区 ....

67 カール・ツェラー　89

古いアーケード付きの墓 ……………

68 エバーハルト・ヴェヒター　91

第1門ユダヤ教徒墓地 ……………

69 アルトゥール・シュニッツラー　93

70 カール・ゴルトマルク　94

71 ヴィクトール・エミール・フランクル　95

第5門ユダヤ教徒墓地 ……………

72 レオ・ファル　97

31B区 ……………………………

73 エメリヒ・カールマン　99

74 フェルディナント・レーヴェ　100

ウィーン各地の墓地 他

ザンクト・マルクス墓地 ……………

75 ヴォルフガング・アマデウス・
　　モーツァルト　104

76 アントン・ディアベッリ　105

ヒーツィング墓地 ……………………

77 エルンスト・マリシュカ　108

78 アンナ・ナホフスキ　109

79 アルバン・ベルク　110

80 カタリーナ・シュラット　112

81 フランツ・グリルパルツァー　113

82 グスタフ・クリムト　114

83 ヘンリエッテ・シュトラウス　116

84 オットー・ヴァーグナー　117

85 ファニー・エルスラー　118

86 光子・青山・クーデンホーフ =
　　カレルギー　120

87 ヨーゼフ・ヘルメスベルガー　121

88 ヨーゼフ・ヘルメスベルガー2世　122

89 アントン・デルモータ　123

90 ゴットフリート・フォン・アイネム　124

カルクスブルク墓地 ……………………

91 フーゴ・フォン・
　　ホーフマンスタール　126

92 オットー・エーデルマン　127

グリンツィング墓地 ……………………

93 グスタフ・マーラー　129

94 アルマ・マーラー = ヴェルフェル　131

95 アントン・フリードリヒ・
　　ミッテルヴルツァー　132

96 アルノルト・ヨーゼフ・ロゼ　133

97 アルマ・ロゼ　134

ハイリゲンシュタット墓地 ……………

98 ヴァルター・ベリー　136

シーフェアリング墓地 ……………………

99 ペーター・ミニッヒ　138

ヨーゼフスドルフ・ヴァルト墓地 …………

100 シャルル゠ジョゼフ・ドゥ・
　　リーニュ侯爵　140

ノイシュティフト・アム・ヴァルデ墓地 ………

101 ヨーゼフ・クリップス　143

102 ヴィリー・フォルスト　144

103 ハインツ・ホレチェック　145

104 フリードリヒ・フォン・ハイエク　146

ヘルナルズ墓地 ……………………………

105 ヨーゼフ・ブラートフィッシュ　148

106 ヨハン・シュランメル　149

107 ヨーゼフ・シュランメル　150

ドルンバッハ墓地 ……………………………

108 アンナ・ザッハー　152

オーバー・ザンクト・ファイト墓地 …………

109 エゴン・シーレ　155

貧民墓地（元）………………………………

110 アントニオ・ヴィヴァルディ　157

ヴェーリング墓地（元）　158

皇帝霊廟　159

PART2
ウィーンこぼれ話

［イントロダクション］　ウィーンといえば…　164

《美しく青きドナウ》の源流　166

シューベルトと《冬の旅》

　① 「冬の旅」とはいうけれど…　168

　② 菩提樹とリンデ　169

　③ 「死の舞踏」の影で　170

オペレッタ5題

　①《こうもり》フィーバー　172

　②《こうもり》上演アラカルト　174

　③《チャールダーシュの女王》　176

　④《マリッツァ伯爵令嬢》　178

　⑤《微笑みの国》　180

ブドー虫になりたい─ワインの話　182

ウィーンでは肩書きが
　　　　モノをいう？　184

テアター・インフェルノ　186

赤いハリネズミ亭　187

知られざるミュージアム

　① 人形・玩具博物館　188

　② 葬儀博物館　190

③ 聖なる槍　191

もうひとつの『最後の晩餐』　193

『第三の男』ロケ地めぐり　194

「舞踏会の手帖」の思い出　197

05コード　文字のミステリー　199

"ウィーンの音"復活　200

PART3
画家テオ・ツァッシェの「風刺」劇場

［イントロダクション］　テオ・ツァッシェという人　206

〈プレリュード〉ワルツ王は世界を駆ける　209

マーラー狂騒曲　210

もうひとつの狂騒曲　212

シルク・エッケで、ごきげんよう　213

ウィーンの街角で　214

初夏を告げる花売り娘　216

ウィンナ・マーチは軽やかに　217

シュタットパーク今昔　218

シャル・ウィ・ダンス　219

ドナウ河畔は花盛り　219

王手！　待ったなし…　221

平和の鳩のゆくえ　222

平和の灯、心の贈りもの　223

ラストエンペラーのまなざし　225

貧しき者は嘆願上手　226

1919年、音楽家たちに起こったこと　227

怒りの矛先　229

ウィーン昨今音楽事情　229

〈インテルメッツォ〉大ピアニスト、三者三様　231

《影のない女》がウィーンで
　　　　　うけない理由　233

ドイツの苦難　234

オーストリアの試練　236

オペラ公演、聴衆の変貌　237

僕を映画に連れてって　239

火山の上で踊り明かそう　240

プラーターに花馬車が行く　241

コルンゴルトの「マイ・ウェイ」　243

覆水盆に返らず　245

オーストリア再生の道　246

皇帝カールの命運　247

ワルツよ、永遠なれ　249

「創造」のバトンタッチ　250

劇場の伝統　252

オーストリア財政再建、虚々実々　253

岐路に立たされるリーダー　255

ザイペル首相の戦略　256

〈フィナーレ〉ウィンナ・ワルツ勢ぞろい　258

記念プレート 一覧　261

x

ウィーン温故知新
お墓と風刺画のメッセージ

PART 1

お墓めぐり

PART 1　お墓めぐり

イントロダクション

墓地散策の楽しみ

　ウィーン市郊外、空港から市内へ行く途中に**中央墓地**はある。ここは現在、ヨーロッパ第 2 の墓地（250 万平方メートル）で、35 万の墓地があり、約 300 万の人々が眠っている。

　ウィーンの墓地は都市計画と密接に関係している。ウィーンでは、1732 年、市内での遺体埋葬が禁止され、さらにヨーゼフ 2 世は、1773 〜 74 年、教会墓地と市内墓地の廃止を命じ、市外に墓地を造ることを布告する。これは墓地を公共のものと考え、その設置は政府の仕事とする画期的な発想だった。これによって、現在のギュルテル付近に数ヶ所の墓地が誕生する。ザンクト・マルクト墓地もこの頃開設された墓地だった。

　19 世紀後半、「石の衣」を脱ぎ捨てウィーンの街は発展し、人口も増加の一途をたどり、墓地も不足してくる。そのため、住宅地と墓地が近接するようになり、環境的にも問題となっていた。1874 年、ウィーンの都市計画の一環として、中央墓地造成の作業が開始される。

　中央墓地を造るにあたり、「市営である中央墓地では死者の宗派は問わない」という市議会の方針が突然決定されたとき、町中に大きな波紋が広がった。それまでは、各宗派ごとに教会があり、墓地があり、信者はそれぞれの宗派の墓地に埋葬されていたからである。ある程度の区分けはあるとしても、ユダヤ教徒を含む全ての人を同じ墓地に埋葬することは一大センセーショナルなことだった。実際、ユダヤ教徒が中央墓地の第 1 門側の古いユダヤ教徒区に埋葬されるようになったのは、1876 年、ヴェーリングのユダヤ人墓地が閉鎖されてからのことである。

　また、中央墓地ではウィーン市及びオーストリアに顕著な貢献をした芸術家・政治家・医者等が「名誉墓地」に埋葬されることになる。中央墓地開設から 10 年間は、他の墓地からの移設が許されたため、1874 年以前に亡くなった音楽家の墓地を一箇所に集めることができた。市内各地にあった 5 つの墓地からお墓が中央墓地に移され、ザンクト・マルクト墓地以外の公共墓地跡は公園となる。

　1874 年、諸聖人祭の 11 月 1 日、中央墓地はオープンする。1905 年には、正門ともいえる第 2 門、1910 年には、第 2 門奥のユーゲントシュテ

ィール風のドクター・カール・ルエーガー記念教会（現・カール・ボロメ
ウス教会）が完成する。設立の際の「どの故人も国籍・宗教にかかわらず
ここに埋葬する」という理念に基づき、多様な宗教の施設が敷地内に建て
られることになる。そして、1922 年 12 月 22 日には、市営火葬場も稼動
を始めるが、未だにヴィーン市民の肌には馴染んでいないようである。

　中央墓地へ行くには 71 番の市電に乗って中央墓地第 1 門の次、中央墓
地第 2 門で降りるとよい。シュヴァルツェンベルクプラッツから約 30 分
弱。
　理想的なのは、第 1 門から入ってシュニッツラーのお墓に詣で、第 1
門から斜め左へ行く道をまっすぐ行く道順だが（奥グループ 76B には『夜
と霧』のフランクルが眠っている）、時間に追われる方が多いので、通常は
第 2 門から行くことをお勧めする。
　では、第 2 門を通り、著名人の墓地を集めた特別区、名誉墓地を訪ね
てみよう。（以下、[　] の中の番号は各自のお墓の番号を意味する）。
　正門を入って左、0 区では、皇帝賛歌の作詞者ザイドゥル [Nr.10]、ベ
ートーヴェンの弟子のチェルニー [Nr.49]、シューベルトやリストの先生
であり映画『アマデウス』ですっかり悪役にされてしまったサリエリ
[Nr.54]、作家アルテンベルク [Nr.84] 等が眠っている。
　中央墓地第 2 門に戻り、門から 200m くらい直進すると、左側前方
32A 区に、「音楽家 Musiker」という標識が立っている。中央墓地の名を
世界に知らしめているのは、何といっても「楽聖の墓」だろう。それも、
誰でも一度は耳にしたことのある音楽家がパーティの如く一堂に会してい
るのである。
　32A 区の中心に立つのは、右手に《レクイエム》の楽譜、左手に月桂
樹と竪琴を持つ女性像が台座に立つモーツァルト記念碑 [Nr.55] である。
この記念碑は、1859 年に造られ、モーツァルト没後百年の 1891 年、ザ
ンクト・マルクト墓地（現在は史跡保護地域。1784 年、開設、1874 年、新
規の埋葬を禁止）。から移された。ここにはモーツァルトの遺体は埋葬され
てないので、記念碑だけが立っている。
　その手前、芝生には小さな墓石 [Nr.54] がある。これは「赤い王子」と
呼ばれ、キリスト教社会主義党の代表だったリヒテンシュタイン公の墓地
なので、墓の上にのぼったりしないよう、ご注意下さい。
　モーツァルト記念像を囲んでいるお墓を音楽家中心に、入口から右回り
に見てみよう。まず、田谷力三の〈恋は優し野辺の花よ〉で有名な《ボッ

カチオ》を作曲したスッペ［Nr.31］、隣には、モーツァルトやベートーヴェンが愛用したピアノの製造者シュトライヒャー［Nr.30］。

次は、白いオベリスクに金の竪琴が輝くベートーヴェン［Nr.29］の墓である。楽聖の墓石はこの中でも特に輝き、花が絶えることがない。そのベートーヴェンの葬儀に松明を持って参加し、亡くなるとき「地上に、もう僕の居場所はないのだろうか？──ここにはベートーヴェンがいない」と語った人がいる。生涯に 600 以上の歌曲を作曲した「歌曲王」シューベルトである。彼はベートーヴェンの隣の白い大理石のお墓で眠っている［Nr.28］。当初、二人はヴェーリング墓地（158 頁参照）に並んで埋葬されていたが、1863 年に掘り起こされ、遺骨は木製から金属製の棺に移された。そして 1888 年、中央墓地に移設された。

次は、ワルツ王ヨハン・シュトラウス 2 世［Nr.27］。そして、ブラームス［Nr.26］。仲の良い友人同士だった二人は、今も並んで眠っている。彼らの墓石には、それぞれの顔が刻まれている。そしてその隣では、偉大な芸術の保護者ドゥンバ［Nr.25］が今も芸術家たちを見守っている。

その後ろ側には、オペレッタの名作《乞食学生》の作曲者ミレッカー［Nr.35］、劇作家ネストロイ［Nr.6］、歌曲で有名なヴォルフ［Nr.10］、グルック［Nr.49］。《ラデツキーマーチ》で有名なヨハン・シュトラウス父［Nr.15］とその息子たち（シュトラウス 2 世の弟）、ヨーゼフ［Nr.44］とエドゥアルト［Nr.42］、そして、「ウィンナ・ワルツの創始者」ヨーゼフ・ランナー［Nr.16］もここに眠っている。

その奥 32C 区にも作曲家、ツィーラー［Nr.1］、シェーンベルク［Nr.21A］、映画『ブルク劇場』の名優ヴェルナー・クラウス［Nr.22］、作曲家シュトルツ［Nr.24］、ウィーンの映画、ヴィーナーリートに欠くことの出来ない名俳優ハンス・モーザー［Nr.27］、《私のお母さんはウィーン娘》の作曲者グルーバー［Nr.28］、オペラ歌手ロッテ・レーマン［Nr.49］の名が見られる。

33G 区にはニューイヤー・コンサートでの姿が忘れられないコンサートマスター兼指揮者ボスコフスキー［Nr.78］、ウィーン市立音楽大学で多くの日本人学生を育てたヴァルデマール・クメント［Nr.83］。

33 区の道を挟んだ反対側 14A 区には、作家アンツェングルーバー［Nr.1］、胃の手術に今なお名前を残す外科医ビルロート［Nr.7］、画家マカルト［Nr.32］、その隣 15E 区には画家テオ・ツァッシェ［13 列 Nr.2］が眠っている。

（もしお時間に余裕がある方は 40 区まで足を伸ばして、オペレッタの

楽しさを伝えてくれたフォルクスオーパーのカール・デンヒ［Nr.172］の所も訪れよう。）

お帰りの際は第2門へ戻る途中、**31B区**［12列 Nr.10］でウィーン・オペレッタ白銀の時代を代表するカールマンにご挨拶し、〈覚えているかい Weißt du es noch?〉、シューベルトの即興曲（Op.142〔D935〕の第3曲、《ロザムンデ》の主題）等、鼻歌を口ずさみながら中央墓地をあとにするとよいだろう。

リスも遊ぶ緑豊かな、公園のような中央墓地には、バスも走っているので、中央墓地を堪能しようと思われるなら、是非とも本書片手に歩き回ってください。

中央墓地以外では、空港から中央墓地へ行く途中にある**ザンクト・マルクト墓地**もおすすめである。ここはモーツァルトが最初に埋葬されたところで、現在も記念碑がある。またディアベッリのお墓も残る史跡保護地域で、世界で唯一のビーダーマイヤー墓地である。

1847年に新規の埋葬を停止しているので、静けさの中、心おきなくモーツァルトに心を馳せることができる。墓地の門から左に行ったところにあるホーフマンスタールガッセの79Aのバス停から終点のシュトゥーベントーア行の79Aのバス路線は、モーツァルトの柩が馬車に乗せられて運ばれた道を戻っていくことになるという。

続いてのおすすめは**ヒーツィング墓地**。ヒーツィングという言葉に馴染みがなくてもシェーンブルン宮殿といえばおわかりいただけるだろう。宮

中央墓地第2門の風景
クリスマスをひかえた花屋さん

殿に広がる庭園は公園となっていて、動物園もあり、一日中遊ぶことができる。この公園の端にヒーツィング墓地があり、クリムト、デルモータ、オットー・ヴァーグナー、光子らが眠っている。

多くの聖職者が眠る23区のカルクスブルク墓地にはエーデルマン、ホーフマンスタール、ホイリゲで有名な19区のグリンツィング墓地にはマーラー、ロゼ父娘、ブドウ畑のお隣、ハイリゲンシュタット墓地にはアルバン・ベルク。ここは途中ブドウ畑を通っていく所で、途中、ブドウの木に所有者？の名前が下げられている。同じく19区のシーフェアリング墓地にはミニッヒが中央墓地から移されて奥様と一緒に眠っている。

また、カーレンベルクの南斜面に位置する小さなヨーゼフドルファー・ヴァルト墓地（個人的に一番好きな墓地）には、ド・リーニュ侯爵。18区の小高い丘の斜面にあるブドウ畑が見えるノイシュティフト・アム・ヴァルデ墓地には、クリップス、フォルスト、ホレチェックが、17区のヘルナルズ墓地にはブラートフィッシュ、シュランメル兄弟、ドルンバッハ墓地にはアンナ・ザッハーが眠っている。

中央墓地以外の多くのお墓はブドウ畑のそばなので、お墓参りの後、亡き人のことを想いつつ、ワイングラスを傾けるのもよいだろう。

いずれの墓地も、四季折々の顔があるが、その中でもいちばん趣があるのは晩秋から冬だろう。ウィーンでは10月30日〜11月8日を「霊魂の週 Seelenwoche」とも呼び、11月1日は諸聖人祭、2日は死者の日で、多くの人がお墓に花・ろうそくを手向け、故人のために祈る。リヒャルト・シュトラウスの歌曲《万霊節》（Op.10-8）などを軽く口ずさみながら、訪ねたい人のお墓を訪ねてはいかがだろう。

中央墓地の人々

0区

32A区

32C区

33E区

33G区

14A区

14C区

15E区

16A区

17B区

18区

40区

47B区

古いアーケード付きの墓

第1門ユダヤ教徒墓地

第5門ユダヤ教徒墓地

31B区

Simmeringer Hauptstraße 234, 1110 Wien

▪ オープン（第1,2,3,9,11門）
8:00-17:00　1月、2月
7:00-18:00　3月
7:00-19:00　4月〜9月
7:00-18:00　10月、諸聖人祭（11/1）
　　　　　　　死者の日（11/2）
8:00-17:00　11月3日〜12月
7:00-20:00　木曜日（5月〜8月）

▪ オープン（第5門）土曜日閉門
8:00-16:00　1月〜3月（金：8:00-14:00）
7:00-17:00　4月〜9月
　　　　　　（木：7:00-19:00, 金：7:00-15:00）
8:00-16:00　10月〜12月（金：8:00-14:00）

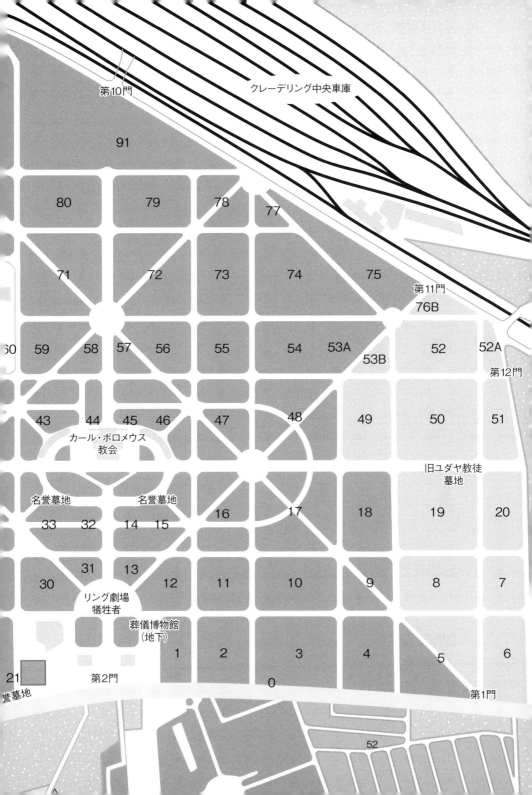

PART 1　お墓めぐり

0 区
Ehrengräber Gruppe 0

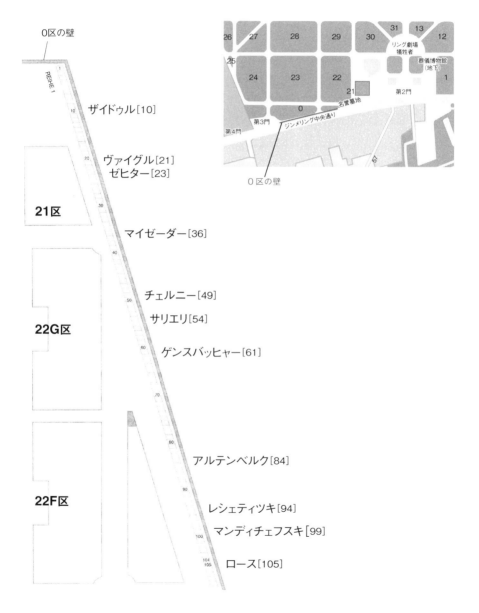

0区の壁

ザイドゥル[10]

ヴァイグル[21]
ゼヒター[23]

マイゼーダー[36]

チェルニー[49]

サリエリ[54]

ゲンスバッヒャー[61]

アルテンベルク[84]

レシェティツキ[94]

マンディチェフスキ[99]

ロース[105]

21区

22G区

22F区

12

中央墓地の人々

1 ヨハン・ガブリエル・ザイドゥル
Johann Gabriel Seidl

Reihe1, Nr.10
＊1804年6月21日 ウィーン
†1875年7月18日 ウィーン
作家・詩人

弁護士の息子として生まれ、法律を学び、1829年、スロヴェニア・セリエの高校で教え始める。1840年、ウィーンのコインと考古学博物館で管理者に就任、1856〜71年、財務省に勤務した。1828〜58年『オーロラ（Aurora）』の出版者となる。

一方、ニコラウス・レーナウによる最初の詩を含む数多くの詩や短編小説を出版。彼の詩の多くはフランツ・シューベルト（《白鳥の歌》の〈鳩の便り〉等）やカール・レーヴェ（〈時計〉等）によって曲がつけられている。その詩は標準的なドイツ語以外に、オーストリアの方言でも書かれている。

1854年、オーストリア帝国国歌の新しい歌詞にザイドゥルの詩「神よ保ち給え、神よ護り給え！　我らの皇帝、我らの国を！…」が選ばれた。

2 ヨーゼフ・ヴァイグル
Joseph Weigl

Reihe1, Nr.21
＊1766年3月28日 アイゼンシュタット
†1846年2月3日 ウィーン
作曲家、指揮者

チェリストのヨーゼフ・フランツ・ヴァイグル（1740-1820）の息子として、アイゼンシュタットに生まれる。父親はヨーゼフ・ハイドンと同じエステルハージ家に仕えていたチェリストだった。洗礼父ハイドンからその名をもらう。

ウィーンでヨハン・ゲオルク・アルブレヒツベルガー、フローリアン・ガスマンに学ぶ。ヴァン・スヴィーテン男爵邸にも出入りし、1780年代にはアントニオ・サリエリの指導下にあった。サリエリに支援され、1790年、ウィーン宮廷劇場のカペルマイスター、1792年、第一劇場カペルマイスター、1827〜38年、宮廷副カペルマイスター。1839年、引退。

ジングシュピール《孤児院》《スイスの家族》は最も成功した作品とされる。ミサ曲11曲、オペラ・ジングシュピール約34曲、バレエ18曲、オラトリオ2曲、カンタータ22曲などがある。

ヴァイグルはベートーヴェンの伝記の

13

中にも登場する重要な作曲家で、とりわけ劇音楽の分野では、当時、脚光を浴びる存在でもあった。1790年代のオペラ作品（そのなかにはイタリア語オペラも14作ある）、は頻繁に上演された。ベートーヴェンが作曲途上で挫折したシカネーダー台本の《ヴェスタの火》を完成させたのもヴァイグルだった（1805年初演）。

3　ジーモン・ゼヒター
Simon Sechter

Reihe1, Nr.23
＊1788年10月11日 フリートベルク
†1867年9月10日 ウィーン
作曲家、音楽理論家

　1804年、サリエリに師事するためウィーンへ移住。1810年から盲学校でピアノと歌を教える。1824年、ヤン・ヴァーツラフ・ヴォジシェックから宮廷オルガニストの職を引き継ぐ。1825年、宮廷第一オルガニスト。1828年以降、シューベルトに対位法を教授するなど、和声・作曲法の教授に勤しむ。

　1851年からウィーン楽友協会コンセルヴァトーリウムの作曲教授。1853～54年、作曲理論書『楽曲構成の基礎 Die Grundsätze der musikalischen Komposition』を著し、後世の理論家や作曲家たちに影響を与えた。

　ゼヒターの指導法は厳格だったという。1855年から61年までブルックナーに和声学と対位法を教えているが（一種の通信指導のかたち）、対位法の権威ゼヒターはブルックナーに対し、自分のもとで学んでいるあいだは、いかなる自由創作（任意のオリジナル作曲）を禁じている。ブルックナーに多大な影響を受けたイギリスの作曲家ロバート・シンプソン（1921-97）は、「ゼヒターはブルックナーの独創性を、それがもはや持続できなくなるまで抑制せしめることによって、無意識に引きだした」と語っている。

　ともあれ、ゼヒターはブルックナーを最高の教え子と称賛していた。こうしてブルックナーはゲネラルバスの試験を受け、高い評価を得、いわば能力証明書が与えられることになったという。

　卒業式のとき、ゼヒターは《フーガ》を書いて、彼に献げ、励ましている。

　晩年は不遇のうちに過ごし、1867年、逝去。

中央墓地の人々

作曲家としてのゼヒターは、1849年11月9日から1867年4月までにおよそ4,000曲の音楽日記を含む8,000以上の作品を書いたことでも知られている。約6,000曲のフーガを書き、ミサ曲、オラトリオ、オペラ等も手掛けている（ゼヒターは毎日、最低でも1曲のフーガを書くよう努めていた）。コンスタンティン・フォン・ヴルツバッハは、ゼヒターの音楽遺産について「さらに、クラヴィーア、オルガン、声楽の30巻と、グリルパルツァーの《メルシネ》など6つのオペラがある」と記している。作曲は1810～11年にさかのぼるという。また、ディアベッリの主題（ワルツ）による変奏曲集のために変奏曲を作曲している。

彼の弟子には、フランツ・シューベルト、エドゥアルト・マルクセン、グスタフ・ノッテボーム、アントン・ブルックナー、テオドール・レシェティツキ、ゴットフリート・フォン・プレイヤー、カール・ツェラーなどがいる。

4 ヨーゼフ・マイゼーダー
Josef Mayseder

Reihe1, Nr.36
＊1789年10月26日 ウィーン
†1863年11月21日 ウィーン
ヴァイオリニスト・作曲家

ヴァイオリンを1797年にヨーゼフ・ズーヘ、1798年にパウル・ヴラニツキー、イグナーツ・シュパンツィヒに師事。作曲をエマヌエル・アロイス・フェルスターに師事。

神童ぶりを発揮し、11歳の時、アウガルテン・コンサートで演奏している。1810年から宮廷歌劇場オーケストラのコンサートマスター、1816年から宮廷楽団のヴァイオリン・ソリスト、1836年から指揮者も務める。1835年、皇帝の宮廷楽士 Kammervirtuosen に任命される。ウィーンのヴァイオリン楽派の創始者ともいわれ、パガニーニは彼に敬意を表して語っている。

1830年から数々の賞を獲得し、活動も幅広くなっていく。1839年、ピエール・ロード、ピエール・ベイロとともにローマのサンタ・チェチリアのアカデミアに選出。1862年、フランツ・ヨーゼフ騎士団の騎士の十字架賞を受賞。ウィーンの楽友協会の名誉会員。彼の約70の作品のほとんどは、彼自身の講義のために書かれている。

作曲家でもあったアントン・ディアベッリは自分が創作した主題をオーストリ

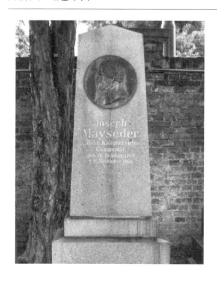

アで活躍する50人の作曲家に配って各人に1曲ずつ変奏曲を書かせたが(《祖国の芸術家同盟による変奏曲集》)、マイゼーダーはそのうちの一人でもある。

作品には、協奏曲、弦楽四重奏曲、ヴァイオリンとピアノ二重奏曲、ピアノ三重奏曲、ピアノ四重奏曲、ミサ曲などがある。

ともあれ、マイゼーダーは、ウィーンのヴァイオリン界ではシュパンツィヒの次の世代の卓越した名手としてベートーヴェンの弦楽四重奏曲などを手掛けたに違いない。作曲家としても上記のように少なからぬ数の作品を残しているが、とりわけ弦楽四重奏曲は近年、再評価の気運が高まってきている。

5 カール・チェルニー
Carl Czerny

Reihe1, Nr.49
＊1791年2月20日 ウィーン
†1857年7月15日 ウィーン
ピアニスト・作曲家

ウィーンのチェコ人音楽家の一家に生まれる。父親からピアノを習い、バッハ、モーツァルト、クレメンティに親しむ。3歳の頃にはピアノを弾き、7歳で作曲をしたといわれている。1800年、9歳の時ウィーンのアウガルテン・コンサートホールでモーツァルトのピアノ協奏曲第24番でデビュー。10歳からベートーヴェンに師事(フンメルにも師事)。1806年、ベートーヴェンのピアノ協奏曲第1番、1812年、ピアノ協奏曲第5番(皇帝)を演奏(ウィーン公開初演)。ベートーヴェンの解釈で評価を得る。1816～17年、ベートーヴェン同席で、全曲ベートーヴェンのコンサートを毎週1～2回開催。

やがて、作曲家、指導者として活動し、多くの音楽家と交流した。15歳から教え始め、ベートーヴェンの甥カールやリストのピアノの先生でもある。ショパンとはしばしば一緒に二重奏を行い、彼に出版社を紹介している。

1824年には《第九》の演奏会2日前に《皇帝》の演奏をベートーヴェンから依頼されるが、教えることに専念しすぎ、2日で恩師の大切な曲を人前で披露することはできない、と辞退。

あらゆるレヴェルの人たちが、ベートーヴェン、シューベルト、ショパンなどの作品を弾くことができるよう大量の練習曲を作曲。《理論的かつ実践的ピアノ演奏教程》Op.500は有名。練習曲の他、ミサ、オペラ等多くの作品も残しており、作品数は目録によると861を数える。

バッハの校訂版楽譜の校訂者の一人でもあり、またベートーヴェンの楽譜を校訂し解説版を出版、交響曲などをピアノ用に編曲している。

チェルニーは、1836年ライプツィヒ、1837年パリ、ロンドン、1846年ロンバルディア旅行を除き、生涯ほとんどウィーンに留まっていた。亡くなる直前、友人の弁護士ゾンライトナーに助けられ、資産整理と遺言書を作成。痛風を患い、ウィーンで亡くなった。享年66歳。

6 アントニオ・サリエリ
Antonio Salieri

Reihe1, Nr.54
＊1750年8月18日 レニャーゴ
†1825年5月7日 ウィーン
作曲家

幼少の頃からチェンバロ、声楽、ヴァイオリンの教育を受け才能を示す。フローリアン・レオポルト・ガスマンに作曲を師事。1766年、ガスマンと共にウィーンの宮廷へ招かれる。1770年、ウィーン宮廷劇場の指揮者となり、最初のオペラ《le donne letterate（文学女性たち）》を発表。1774年までにオペラを9曲作曲。

1774年、ガスマンの死後、皇帝ヨーゼフ2世により宮廷作曲家に任命される。1778年ヴェネツィア・ローマ・ミラノで自作のオペラを上演。1784年、グルックの助力を得、パリでオペラ《Les Danaïde（ダナオスの娘たち）》を上演。1788年〜1824年、ウィーン宮廷楽長を務める。しかし、1790年以降は宮廷合唱団の指揮に専念する。1817年、ウィーン歌学校主任指導者、1823年、ウィーン楽友協会コンセルヴァトーリウムの設立に関与した。ウィーン会議の音楽プログラムも作成している。

イタリア・オペラ、室内楽、宗教音楽（ミサ、オラトリオなど）で高い評価を受ける。ウィーンの音楽界の重鎮で、ハイドン他とも交流。

名教育者としても有名で、フンメル、ベートーヴェン、シューベルト、リストなど、若い作曲家に多くの影響を与え、モーツァルトの息子フランツ・クサーヴァやモーツァルトの《レクイエム》を完成させたジュスマイヤー等も指導している。なおベートーヴェンの《ウェリントンの勝利》初演では、砲手や太鼓奏者のための副指揮者をつとめた。

また、彼は才能ある弟子や生活苦の弟子を支援した。生活に困る音楽家やその遺族のために互助会を組織し、慈善コン

サートの開催等慈善活動も行っている。

モーツァルト毒殺説（1820年代に噂された）もあるが、これは事実無根。モーツァルトのミサ曲をしばしば演奏、《魔笛》を高く評価し、モーツァルトの才能を認め、親交をもっており、1791年、モーツァルトの葬儀に参列、1793年1月2日、スヴィーテン男爵の依頼によりモーツァルトの遺作《レクイエム》を初演している。通風と視力低下がもとで起こった怪我の治療で、亡くなる直前まで入院していた。

作品には469にものぼるオペラまたはジングシュピール、5つのオラトリオ、数多くの教会音楽、歌曲、カンタータ、器楽曲がある。

7　ヨハン・バプティスト・ゲンスバッヒャー
Johann Baptist Gänsbacher

Reihe1, Nr.61
＊1778年5月28日　シュテルツィング
†1844年7月13日　ウィーン
作曲家・指揮者

幼少期、ヨーゼフ・アロイス・ホルツマンの下、インスブルックとハール(Hall)で少年合唱団に所属。インスブルックで哲学と法律を学び始め、1801年からゲオルグ・ヨーゼフ・フォーグラー、ヨハン・ゲオルク・アルブレヒツベルガー、サリエリの下、ウィーンとダルムシュタットで作曲を勉強する。1806～10年、プラハ、ドレスデン、マンハイム、ハイデルベルクへと長い旅行に出る。この間、カール・マリア・フォン・ヴェーバーとジャコモ・マイヤーベアと知り合う。

その後、作曲家・音楽教師として活躍。1813年、兵役に就くため入隊、1815年、チロル・カイザーイェーガーの軍楽音楽を担当。1823年、ウィーンの聖シュテファン大聖堂のカペルマスターに任命され、1844年に亡くなるまでこの地

位にとどまった。

彼の作品には、35のミサ曲、7つのレクイエム、晩課、連禱などの宗教音楽のほか、室内楽、歌曲、器楽曲等を含む数多くの作品がある。彼は世俗的な音楽と宗教音楽を作曲しているが、大聖堂カペルマイスターの地位にある間は、ほぼ教会音楽だけに限っていたという。

軍隊時代には主にマーチを中心に、ブラス音楽を作曲。作品数は数百に及ぶ。弟子に、チロルの作曲家ヨーゼフ・ネッツァーがいる。

---

8 ペーター・アルテンベルク
Peter Altenberg

Reihe1, Nr.84
＊1859年3月9日 ウィーン
†1919年1月8日 ウィーン
作家

本名はリヒャルト・エングレンダー(Richard Engländer)。「アルテンベルク」はウィーン近郊のグライフェンシュタインのドナウ河畔の村の名前からきている。略称は「P・A」。

1859年、ウィーンの裕福な商人の息子として生まれる。小学校に通う代わりに、家庭教師から教育を受ける。ウィーンで植物学と医学の勉強を始めるが、グラーツでの法律の勉強同様、成功しなかった。また、シュトゥットガルトで始めた書店員見習いもうまくいかなかった。1883年、精神科医ルートヴィヒ・シュラーガーはアルテンベルクを「神経系の過剰興奮性」と診断し、就労不能と判断した。

そのように診断されたアルテンベルクは、1890年からカフェ・グリーエンシュタイドゥルの常連客となり、エゴン・フリーデル、フェーリクス・サルテン、アルトゥール・シュニッツラーといった「若きウィーン派（Jung Wien）」のグループの作家（カフェ文士）と時を過ごした。1896年、最初の本『私の見るままに』が出版される。また、ウィーン市内のホテルを定宿とし、1913年からグラーベン・ホテルに住んでいた。

作家としてはスケッチ風の短編に優れ、1900年頃のウィーンの生活と社会を印象主義的に表現した作品が多い。奇行・奇装で知られるが、ウィーンの人々は彼を愛し、支援した。1912年、アルバン・ベルクは彼の詩に付曲した《アルテンベルク歌曲集》Op.4を発表。親友の建築家アドルフ・ロースはアルテンベルクが精神疾患で入院した後も面倒を見、1919年、彼の死に際して送別の辞を送り、墓を制作している。

テオドール・レシェティツキ
Prof. Theodor Leschetizky

Reihe1, Nr.94
＊1830年6月22日 ランツフート
†1915年11月14日 ドレスデン
ピアニスト

リストと並ぶ現代ピアノ奏法の教祖的存在。

レシェティツキは、演奏家でもあるが、教師としての実力がより高かったようである。ピアノ教師、作曲家、ピアニストとしてウィーンで活躍した。

生まれはオーストリア帝国に属するガリツィア・ロドメリア王国のランツフート（現ポーランド・ワンツト）。父親はテオドールの音楽的才能を認め、幼い頃から音楽教育を施した。テオドールは9歳でピアニストとして舞台に立ち、神童と呼ばれた。一家はその後ウィーンに転居し、テオドールはウィーンで、ベートーヴェンの弟子でありピアノ教則本でも有名なカール・チェルニーにピアノを学び、フランツ・リストとは同門にあたる。また、音楽理論家のジーモン・ゼヒターに作曲を学んだ。レシェティツキは18歳の頃にはピアニスト・ピアノ教師としてウィーンで広く知られるようになっていく。

1852年、ザンクト・ペテルブルクに移住したレシェティツキは、その地で作曲家にしてピアニスト、指揮者のアントン・ルビンシテインと親しく交わるようになり、1862年にルビンシテインの要請で音楽院のピアノ科の主任教授に就任。1878年、レシェティツキはウィーンに戻り、多くの弟子を育てる。

弟子の演奏家アルトゥール・シュナーベルはベートーヴェンのピアノ・ソナタ全集の演奏で有名、イグナーツィ・パデレフスキはポーランドの首相を務めた。さらに、ミェチスワフ・ホルショフスキ、エリー・ナイ、イグナーツ・フリードマン、イサベラ・ヴェンゲーロワ（レナード・バーンスタインのピアノの師）などがいる。

当時、巻紙に穴をあけたピアノロールを用いて演奏させる自動ピアノが流行していた。レシェティツキは1906年に、ヴェルテ・ミニョン社のために、自作7曲を含む12個のピアノロールに録音している。

10

Reihe1, Nr.99

オイゼビウス・マンディチェフスキ
Prof. Eusebius Mandyczewski

＊1857年8月18日 チェルノヴィッツ
†1929年7月13日 ズルツ

音楽学者・作曲家

正教会司祭を父にオーストリア＝ハンガリー帝国領チェルノヴィッツ（現・ウクライナ）に生まれる。当地のドイツ系ギムナジウムで、作曲家イシドール・ヴォロブキエヴィッチと、合唱指揮者・声楽教師のヴィンセントから音楽理論を学び、作曲を始める。1875年、ウィーンへ行き、大学で言語学と哲学を学ぶ。また音楽理論をグスタフ・ノッテボーム、作曲をロベルト・フックス、音楽学をエドゥアルト・ハンスリックに師事。

1879～81年、ウィーン・ジングアカデミー（現・ウィーン少年合唱団）の合唱指揮として働く。1892～96年、ウィーン楽友協会オーケストラを指揮。1901年からは女声合唱団も指導。1879年、ブラームスと知り合い、親友となる。ブラームスは彼を支援し、自身の財産の監督者としている。（彼のお陰でブラームスの楽譜は散逸することなく、今日に伝えられている。）

1887年から楽友協会の司書及び文書係を務める。1892年、ウィーン・コンセルヴァトーリウムの教授に任命され、楽器学を教え、1900年から音楽史、1914年から対位法と作曲を教える。

彼の生徒には、ルドルフ・ベッラ、ハンス・ガル等がいる。1916年、枢密院に登用。また、『ミュンヘン・アルゲマイネ・ツァイトゥング』の音楽評論家としても働き、『楽友協会の歴史』（共著）を出版。1897年、「シューベルト全集」に対し、ライプツィヒ大学から名誉博士号授与。1927年、楽友協会名誉会員。

音楽学者としては、シューベルト、ハイドンの作品全集の校訂を、ブラームスの作品全集は弟子のハンス・ガルと共に校訂を行っている。また師ノッテボームの最晩年の著作物を編集し、1887年、遺作として出版している。

作品にはミサ曲12曲の他、合唱曲、歌曲、ピアノ曲、カノンなどがある。

11

Reihe1, Nr.105

アドルフ・ロース
Adolf Loos

＊1870年12月10日 ブリュン
†1933年8月23日 カルクスブルク

建築家

ブリュン（現・ブルノ）出身で、父は彫刻家・石工だった。1889～90年、1892～93年、ドレスデン工科大学で学んだ後、1893～96年、アメリカへ

渡り（フィラデルフィア、シカゴ、ニューヨーク、セントルイス）、叔父と一緒に様々な仕事に従事。シカゴの学校での授業に触発され、建築に関する論文を読むようになる。

1896年、帰国後は執筆活動を行い、1898年、様々な建築様式のウィーンの都市を「ポチョムキン都市」と称し、1908年「装飾は罪悪である」と主張、建築界に大きな波紋を呼んだ。さらに、いかなる装飾も排除する徹底した合理主義・機能主義を主張し、「ウィーン分離派」や「ウィーン工房」（ヨーゼフ・ホフマン）の装飾性を攻撃した。

代表作となった「ロースハウス」は、従来の意味での装飾がないモダニズムの先駆的な作品だが、建築の内外共に最高レヴェルの建材が使用されている。しかし王宮前のミヒャエル広場の一角に建てられたロースハウスは、「眉毛のない家」と呼ばれ、皇帝フランツ・ヨーゼフも嫌悪し、ウィーン市民の大半が激昂した。そのため建設は一時停止、花壇を窓辺につけることで建設が許可されたという。

1912年、アドルフ・ロース建築学校を設立。第一次世界大戦後、ウィーンの建築スタイルは赤いウィーン時代（1918〜34）の公共住宅となる。1921

年からウィーン市の住宅建設局で主任建築家として労働者住宅の設計にも尽力したが、1924年、退職。1920年代はパリで暮らすも、1931年から重度の神経障害に苦しみ、1932年には完全に難聴となり、カルクスブルクの療養所で亡くなった。

気難しい人だったようだが、様々な分野の人と交流し、1913年、ロース同様、過激な発言で有名だったカール・クラウスの受洗の際はロースが代父をつとめている。

32A 区

Ehrengräber Gruppe 32 A

12		Nr.6

ヨハン・ネストロイ
Johann Nepomuk Eduard Ambrosius Nestroy

＊1801 年 12 月 7 日
†1862 年 5 月 25 日
俳優・劇作家

　オーストリアの俳優、劇作家。ミュージカル《ハロー・ドーリー》は彼の《楽しき哉うさ晴らし》（1842）を翻案したものといわれている。

　ウィーンといえばオペレッタ。オッフェンバック、ヨハン・シュトラウス、ミレッカー、スッペ、レハール、カールマンらが知られている。そして、オペレッタが発展する土壌の一つが宮廷オペラに対する下町の演劇といえるだろう。

　ウィーンでは1700年代の後半に魔法使いや妖精の世界が日常の庶民の世界とまじり合うという構成の音楽劇が民衆に愛好された。当時、この分野ではライムント（1790–1836）が人気役者で、台本も書いていた。彼の作品はもっぱら妖精や精霊が登場し、超自然的なものを扱っていた。

　ネストロイはライムントより10歳年下で法律を学んでいたが、大学を中退して1822年、ウィーンの宮廷歌劇場のオペラ歌手となり、《魔笛》のザラストロ役でデビュー。その後、喜劇役者となり、人気者となった。

　劇作家としては1833年に妖精劇《悪霊ルムパツィヴァガブンドゥス》でデビュー。やがてウィーンの庶民生活を舞台にした台本を書くようになる。

　ネストロイの作品は、ウィーンの方言を使い、社会事情や政治状況だけでなく、歴史や神話の人物までも風刺の俎上にのせるもので、広く民衆に支持された。作

風は機知に富み、その演出も庶民感覚が優先された。例えば、ウィーンでパンが値上がりし、パンそのものが小さくなって民衆に不満が満ち溢れた頃、ネストロイは舞台衣装にパンの形をしたボタンを付けて登場し、喝采を浴びたといわれている。

ネストロイは自分の常打小屋だったカール劇場の経営者としても優秀で、オッフェンバックを見出し、いち早くウィーンに紹介した。また、華やかな女性関係でも有名で、支配人の地位を降りた後《地獄のオルフェ》のジュピターを演じて、はまり役となった。

1862年に没したが、カール劇場は以後20年間、オッフェンバックを上演する。やがてオッフェンバック自身もウィーンに登場。スッペがウィーンのオペレッタを創始。ヨハン・シュトラウスがオッフェンバックに勧められてオペレッタを作曲し、オペレッタの黄金時代が到来する。

ネストロイの死後、ウィーンには民衆

劇に代ってオペレッタの時代が訪れたが、その準備をしたのはネストロイだったといえるだろう。

かくてウィーンのオペレッタは俳優ではなく、歌手によって歌われるジャンルに発展し、国立歌劇場と並んでオペレッタ専用のウィーン・フォルクスオーパーが設けられた。

13　ゴットフリート・プレイヤー
Gottfried Edler von Preyer

Nr.8
*1807年3月15日 ハウスブルン
†1901年5月9日 ウィーン
作曲家

父親はハウスブルンの学校教師。ゴットフリートは、子供の時からピアノ、オルガン、ヴァイオリン、声楽を学び、後に管楽器も学ぶ。コルノイブルクの教師養成所を修了。1828〜34年、ウィーン楽友協会コンセルヴァトーリウムでジーモン・ゼヒターに対位法、作曲を学ぶ。1839年、コンセルヴァトーリウムの作曲と和声学の教授、1844〜49年、音楽監督を務める。

1844〜76年、ウィーン宮廷音楽カペッレで、副宮廷カペルマイスター、1846〜62年、宮廷オルガニスト、1853〜1901年、聖シュテファン大聖堂のカペルマイスターを務めた。

19世紀ウィーンにおいてプレイヤーは、その音楽人生で最も権威ある地位を築き、その功績が認められ、1894年、貴族となる。

彼は主にフランス絵画のコレクターだ

中央墓地の人々

ったが、ホルバイン、レンブラント、ルーベンス、ファン・ダイクなどの作品を所有していた。彼は自身が築いた財産から、当時としては莫大な額をプレイヤー小児病院施設に寄贈。病院は1915年に開業し、2016年まで存在した。

作品は約600曲。4つのレクイエム、5つのテ・デウム、25のミサ曲、讃歌、オルガン曲、2つの交響曲、弦楽四重奏曲、歌曲など。オラトリオ《ノア》とオペラ《ヴァラトゥモール》はよく知られ、現在なお教会音楽のレパートリーの一部となっている。

14　　　　　　　　　　　　　　　　　　　　　　　Nr.10

フーゴ・ヴォルフ
Hugo Wolf

＊1860年3月13日　ヴィンディッシュグレーツ
†1903年2月22日　ウィーン

作曲家

姓はもともとVoukとつづられていた模様。1875年からウィーンに住み、コンセルヴァトーリウムで勉強を始める（〜 1877年）。最初の歌曲は、ヴァーグナーとの出会いの後、1876年に書かれている。1877年、梅毒に罹患、躁うつ病も患っていた。のちに、梅毒がもとで進行性麻痺を起こすことになる。

1879年頃、ブラームスに自分の作品を見せに行ったところ、もっと対位法を学ぶよう助言され、反発。以来、彼のブラームス拒否は生涯続くこととなる。1884年『サロンブラット』の音楽評論家となり、ブラームスらを激しく攻撃。1888〜91年、作曲に専念し、ゲーテ、メーリケ、アイヒェンドルフ、ガイベルなどの詩に約200曲の歌曲、1895〜97年にも30曲、を残している。

しかし、1897年、脳梅毒による麻痺

性発作を起こし、奇行を繰り返すようになり、精神病院に強制的に入院させられる。このとき友人たちが手配した馬車を

PART 1 お墓めぐり

見たヴォルフはてっきり、宮廷歌劇場監督官の所へ行くと思い、正装して馬車に乗ったという。

1898年、一度退院するが、自殺を図り、自ら再入院。1903年、肺炎のため精神病院で死去。享年42歳。

1897年、ウィーン・フーゴ・ヴォルフ協会が設立。さらに1958年に設立された国際フーゴ・ヴォルフ協会は、ヴォルフ作品の重要な完全版を管理している。Perchtoldsdorfにある彼の家は現在、研究機関兼博物館となっている。

---

15 ヨハン・シュトラウス(父)
Johann Strauss (Vater)

Nr.15

＊1804年3月14日 ウィーン
†1849年9月25年 ウィーン
作曲家・カペルマイスター

1804年3月14日、ウィーンのレオポルトシュタットで生まれる。ヨハン・シュトラウス2世、ヨーゼフ、エドゥアルトの父。

ポリシャンスキーにヴァイオリンを習う。1819年、パーマー楽団に入団。ヨーゼフ・ランナーと知り合う。ランナーに誘われ、彼と共に1819年、三重奏団を結成。そしてともに音楽理論を学び、自分たちのワルツを作曲していく。1824年には弦楽オーケストラとなり、演奏の依頼に応えるためオーケストラが2分された際、一方の指揮者となる。

1825年7月、旅館の娘アンナ・シュトライムと結婚。4人の息子と2人の娘に恵まれる。同年、ランナーと衝突して独立。シュトラウスは、14人の独自の楽団を組織し、少しずつ人気を集めるようになる。翌年には、Op.1のワルツを発表。1820年代の終わり、ランナーと「ワルツ合戦」を繰り広げた。レストラン、カフェ、ホールで、人々はワルツを聴き、踊り、楽しんだ。

1829年8月、ショパンがウィーンを訪れる。彼の才能は高く評価されていたが、ウィーンではあまり注目されず、1830年に訪れた際も状況は変わらなか

った。ショパンは「ウィーンでは太陽は昇りたがらない。ランナーとシュトラウス、それに彼らのワルツが、全てを翳らせてしまうのだ」と嘆いている。

1831年、シュトラウス父はランナーとの仲を取り戻す。楽団も1833年には28人の編成にまで拡大し、ドイツ、パリ、ロンドンへのコンサートツアーを行う。1837年から翌年にかけての旅行では、パリで予想以上の反響があり、ベルリオーズらパリ在住の音楽家たちを驚かせた。

また、パリでは喉頭がんに侵されたパガニーニと出会い、シュトラウス父は彼に指揮台を譲って敬意を表し、パガニーニは「世界にかくも多くの喜びを贈った人にお目にかかることができて嬉しい」と語ったという。その2年後、パガニーニは世を去る。

1838年、ロンドンでは当初ワルツを敬遠する傾向が強かったが、当時19歳のヴィクトリア女王の戴冠式に先立ち、宮殿で催された舞踏会で、シュトラウス父はウィンナ・ワルツを演奏して祝った。この演奏旅行で、彼はヨーロッパ諸外国にウィンナ・ワルツを広く知らしめた。しかし、シュトラウス父は疲労で病気に

中央墓地の人々

なり、1838年12月、ウィーンへ戻る。

1843年、ランナーがチフスで死亡。2万人の市民が葬儀を見送った。シュトラウス父は音楽会・舞踏会をほぼ独占することとなる。新聞、批評家たちは彼を「ワルツ王」と評した（後、この名称は息子に奪われ、「ワルツの父」とされる）。

1844年、息子ヨハンが音楽家デビュー。これに対し、以前から息子を音楽家にすることに反対だった父は妻アンナと別居、エミーリエ・トランプッシュの許に走り、1845年、妻と離婚。

1846年、宮廷舞踏会音楽監督に就任。1848年の革命では、当初革命側だったが、離反して政府側につき、《ラデツキー行進曲》Op.228を作曲する。この曲は、もともと騎兵隊将校だったラデツキー将軍にふさわしく、オーストリア伝統の優雅な騎馬行進曲風の楽しく心を弾ませる作品となっている。

1849年、イギリス演奏旅行へ行き、帰国後エミーリエとの間の子供から猩紅熱に感染、世を去る。葬儀はシュテファン大聖堂で行われ、息子ヨハンがモーツァルトの《レクイエム》を指揮。葬儀には10万人もの市民が参加したという。遺体はデープリング墓地に埋葬され、1904年、ランナーと並んで中央墓地に改葬された。

シュトラウス父はワルツ152曲、カドリーユ32曲、マーチ16曲を作曲したが、ポルカ、カドリーユなどをウィーン風にし、ランナーと共に新しい形式のワルツ（ウィンナ・ワルツ）を創り、宮廷も含めた社会全体で最も人気のある社交ダンスにした。エルンスト・デチェイによれば、当時、ウィーンの人口は40万人で、1832年のカーニヴァルには772の舞踏会が催され、総勢20万人が踊ったという。ウィーンの半分が踊ったわけだ。さすが幼稚園から舞踏会が催される国である。

16　ヨーゼフ・ランナー
Josef Lanner

Nr.16
＊1801年4月12日　ウィーン
†1843年4月14日　ウィーン
作曲家、カペルマイスター

「ウィンナ・ワルツの創始者」ともいえるヨーゼフ・ランナーは「宮廷舞踏音楽監督」（当時は「宮廷大舞踏会場（レドゥーテンザール）」音楽監督）、ならびに「宮廷楽団音楽監督」の称号を与えられた舞踏音楽の作曲家だった。

1801年、ウィーン郊外ザンクト・ウルリッヒで、手袋職人の長男として生ま

れる。工業技術学校を中退し、独学でヴァイオリンを学ぶ。12歳の時、ミヒャエル・パーマーに才能を見出され、彼の楽団のヴァイオリン奏者となる。1819年、3歳年下のヨハン・シュトラウス父が同じ楽団に入団。正反対の性格だが、親しくなる。

1819年以降、ランナーは、楽団員の給料をしょっちゅう自分の飲食に使ってしまうパーマーに嫌気をさして、三重奏団を設立。シュトラウス父も誘い、ともに演奏活動に励んだ。二人は一緒に音楽理論を学び、自分たちが演奏するワルツを作曲していく。ランナーが創設した三重奏団は四重奏団になり、ついには大規模な管弦楽団にまで成長した。

彼らはオーストリア各地で演奏し、人気を博していく。音楽評論家ハンスリックはランナーの作品を「すみれの香りのするメロディ」と評している。それらのワルツは人々に愛され、彼は「愛すべき人」と呼ばれた。《宮廷舞踏会》《シェーンブルンの人々》などのワルツがとくに有名で、ワルツ、ポルカ、カドリーユなど、多くの作品を残している。

信心深い彼は、作曲を終えた楽譜の片隅に「神と共に！　ヨーゼフ・ランナー」と署名している。1824年、宮廷大舞踏会場楽長に就任するが、礼儀をわきまえない素行が元で解任されてしまう。

ランナーの楽団はパーマーのそれを超える人気を博し、演奏依頼に応えるため、ランナーはオーケストラを二つに分け、片方のオーケストラの指揮をシュトラウス父に託す。ランナーの下で第2指揮者となったシュトラウス父は次第に頭角を現し、結婚を控え生活費の必要に迫られて昇給をランナーに求めるも、断わられてしまう。

そこでシュトラウス父は1825年、ラ

ンナーから独立して自らのオーケストラを結成する。1828年、自立のきっかけとなったのは、レストラン「黒い雄羊」で起きた乱闘事件とされているが、記録は残っていない。ランナーはシュトラウス父の新たな門出に《別れのワルツ》を贈っている。（1826年、二人は元雇用主パーマーのために慈善コンサートを行っている。）

ランナーとシュトラウス父は良きライヴァルとして互いに競い合い、ウィーンの人気を二分する「ワルツ合戦」を展開した。宮廷や年配の市民階級には「ライムント時代の響き」と呼ばれた繊細で甘く、哀愁のあるランナーの上品な作風が愛され、圧倒的な支持を受けていたようだ。1831年、二人は仲直りする。

1840年、ランナーはウィンナ・ワルツを最初に完成させた作品といわれる《ロマンティックな人びと》Op.167を作曲。この作品はロシアのニコライ1

中央墓地の人々

世の皇妃、プロイセン王女シャルロッテ・アレクサンドラ・フョードロヴナを迎えての宮廷舞踏会で初演され、センセーションを巻き起こした。

また、彼の作品は、スメタナの《ヴルタヴァ》(モルダウ)に《旅の行進曲》Op.130のメロディが用いられるなど(はては、ストラヴィンスキーのバレエ《ペトリューシュカ》に《シュタイアーマルク風舞曲》Op.165と《シェーンブルンの人々》Op.200のワルツのモチーフが取り入れられたりと)、さらにはショパンなど多くの作品に影響を与えている。

特筆すべきは、それまで単に「メヌエット」と書かれ、若干の例外を除いて行われてこなかった作品への命名を始めていることである。作品にネーミングをすることによって曲のイメージがより一層際立ち、人々の関心を引く効果があった。ワルツ、行進曲などすべての作品にわたる作品への命名は、その後もウィンナ・ワルツの作曲者に踏襲されていく。

1843年、チフスに罹患、急死する。享年42歳。2万人の市民が葬儀に集まったという。肖像画を見ると、「サザエさん」のような髪形をしている。彼は「亜麻色髪の頭」という愛称でも親しまれていた。

17 Nr.23

アロイス・ネグレッリ
Ing. Alois Negrelli (Ritter von Moldelbe)

＊1799年 1月23日 南チロル(現イタリア)・プリミエロ
†1858年10月1日 ウィーン

建設技師

青年アロイスは、奨学金を得、インスブルックで勉強し、21歳でエンジニアとして試験に合格。水・橋・道路建設の訓練を受け、1920年、チロルとフォアアールベルクの官吏となり、1825年からブレゲンツ地区の補助員となる。彼はライン川の整備に取り組み、1832年、スイス・ザンクトガレンの油圧・道路検査官に就任。1832〜40年、チューリヒ-バーデン間のバス路線を含むスイスの橋と鉄道を設計した。

1836年にはチューリヒのリマトに架かるミュンスター橋を設計。オーストリア-ハンガリー(現ウィーン-オルミュッツ間を含む)の鉄道の数多くの建物を建設する。1842〜48年、カイザー＝フェルディナント北部鉄道協会の検察官。1848年、鉄道部門長、1849年、ロンバルディア＝ヴェネツィアの上部建築物

局監督、1856年、オーストリア鉄道総監に就任。

1850年、皇帝フランツ・ヨーゼフにより「鉄の冠勲章3級」を授与され、

オーストリアの騎士階級にあげられる。彼は2つのボヘミアの地理名（モルダウとエルベ）から von Moldelbe を貴族の称号に選んでいる。

ネグレッリはオーストリア＝ハンガリー帝国、スイス、ヴュルッテムベルク、ザクセンの鉄道建設に関わり、1846～56年、スエズ運河建設を策定する。1857年、エジプトの太守サイードに運河建設の綿密な計画を示し、かくて全てのエジプトの運河建設の総監に任命された。しかし、1858年10月1日、フランス人フェルディナン・ドゥ・レセプが、スエズ運河独占権を得、すべてのプロジェクトを引き継ぐことになる。共同開発したとされているが、当初の計画はネグレッリのものであることは言うまでもない。1869年、スエズ運河、開通。

晩年、レセプはパナマ運河開発に取り組み、1881年、パナマ運河会長社長に就任。しかし工事は難航した上に資金募集に行き詰まり、1889年、会社は破産。パナマ疑獄事件が起こる。レセプは、結局無罪を勝ち取るが、名声を失い、精神の病が原因となり1894年、失意のまま死去。

18 カール・ゲーガ
Dr. Carl Ritter von Ghega

Nr.24
＊1802年1月10日　ヴェネツィア
†1860年3月14日　ウィーン
鉄道技術者

15歳でパドヴァ大学へ進み、1年でエンジニア、建築家として卒業証書を取得、17歳で数学の博士号取得。ヴェネツィアで道路と治水に携わり、エンジニアとしての道を歩み始める。様々な道路・河川工事のエンジニアとしてキャリアを積み、トレヴィーゾ－コルティナ・ダムペッツォへの道である「Strada d' Alemagna（アレマーニャの路）」の建設に貢献。

1833年、最初の専門書を出版。1836～40年、カイザー・フェルディナント北部鉄道のルンデンブルク－ブリュン間の責任者となる。1836～37年、イギリスとヨーロッパ諸国やアメリカの鉄道を視察。1842年、南部州鉄道の総合計画の責任者に任命。

国鉄に戻った後、ゲーガはグロッグニッツからミュルツーシュラークを経由して、グラーツからトリエステまでを結ぶ、

南への鉄道線の建設計画を依頼される。当時の人々にとって、ゼメリング峠の通過は、不可能とされていたが、彼は1844年、ルート計画と構想案を提示し、

同時に勾配を克服する蒸気機関車の製造を開始する。1848年、ゼメリング鉄道の建設が開始、1854年に完成。現在、ゼメリング鉄道は世界文化遺産に登録されている。

1850年、ゲーガは国鉄建設総監督に就任。1851年、その功績から騎士の爵位に叙される。1855～57年、ラインバッハ－トリエステ、南部鉄道の最後の区間を建設した。1860年3月14日、結核で死去。ヴェーリング墓地に埋葬され、その後、中央墓地に移された。

19 ニコラウス・ドゥンバ
Nicolaus Dumba

Nr.25
＊1830年7月24日 ウィーン
†1900年3月23日 ブダペスト
政治家・実業家・芸術保護者

ニコラウスの父ステルギオスは1817年、オスマン帝国のヴラティからウィーンに移住したギリシア移民で、商人として生計を立てた。1819年、3人の兄と共に貿易会社を設立。マケドニアの綿繊維原料をハプスブルク帝国へ輸出する業務を始めた。

ニコラウスはドゥンバ兄弟会社の最高責任者となっていた父ステルギオスの次男として生まれた。ギムナジウム修了直後から商人としてのキャリアを磨くべく訓練され、従姉のセオドアが運営していたタッテンドルフの綿紡績工場を引き継ぐ。従業員は約180人で、収益性の高い企業となっていった。

この財政的基盤のおかげで彼は様々な事業に参画、若くしてウィーンの経済界に進出、高い地位につく。1866年以降、オスマン帝国総領事、1870年代以降、州議会議員、上院議員等として政治活動も積極的に展開。

多くの役職を歴任したドゥンバだが、1890年にウィーン名誉市民の称号を受けながらも、父親同様、爵位を一切拒否している。

一方、ドゥンバは芸術愛好家として知られる。芸術家協会と美術アカデミーの名誉会員として、芸術振興に大きな影響を及ぼした。マカルト、クリムト、クンドマンとは親友で、現代美術の多くの画家、彫刻家に活動資金の助成をしている。

シューベルト好きなドゥンバは、ブラームス、ヴァーグナー、シュトラウス2世など音楽家とも交流。外科医のビルロートとも親交を深めた。（現在なお、財政上の問題を抱えていたウィーン男声合唱団に多額の寄付をしてくれたことに感謝し、シューベルトの《ドイツ・ミサ》がドゥンバのために歌われている。）

PART 1　お墓めぐり

また、有名な作曲家の記念碑の建立を
助成したり、楽友協会の副会長も務め、
テオフィール・ハンセン設計による楽友
協会建設にも尽力している。こうした芸
術への保護に対し、「オーストリアのア
ポロ」と称された。

この他、妻とアテネを訪れた際、アテ
ネ大学の室内設備のために寄付を行った
り、父親の故郷の村に近いセレスに孤児
院を提供したり、職業学校の設立など、
海外でも社会的に多大な貢献をなしている。

1864 年、ドゥンバはリングシュトラ
ーセのパークリング 4 に土地を購入し、
私邸を建設する。担当したのはウィーン
の有名な二人の建築家、ヨハン・ロマ
ノ・フォン・リンゲとアウグスト・シュ
ヴェンデンヴァイン・フォン・ロナウベ
ルクで、ネオ・ロマン主義様式の邸宅が

建てられた。その邸宅の各部屋の内装を
マカルト、クリムトら自分が気に入った
芸術家に依頼し、自らがコレクションし
た芸術作品にふさわしい空間を作り上げ
ている。

1900 年、編集会議に出席した後、ド
ゥンバはブタペストで急死。墓はエドム
ント・フォン・ヘルマーが設計した。ド
ゥンバは遺言でウィーン市にシューベル
トの 200 枚の直筆を贈っている。この
コレクションは、2001 年、世界記録遺
産に登録されたシューベルト・コレク
ションの基礎となっている。

ルドルフ・フォン・アイテルベルガー
（ウィーン美術工芸博物館の設立者）は、
「ウィーンにドゥンバのような人物が 6
人もいれば、芸術にとって不可能はあり
えなくなるだろう」と書いている。

20　　　　　　　　　　　　　　　　　　　　　　　　　　　　　　　　**Nr.26**

ヨハネス・ブラームス
DDr. h. c. Johannes Brahms

＊1833 年 5 月 7 日　ハンブルク
†1897 年 4 月 3 日　ウィーン
作曲家

J. S. バッハ（Bach）、ベートーヴェン
（Beethoven）と共に "ドイツ音楽の三大
B" と称される。

友人にはヨハン・シュトラウス、ビル
ロートがいて、ドヴォルザークの才能を
認め、支援もしている。作品は 4 つの
交響曲、協奏曲、管弦楽曲、室内楽曲、
独奏曲、《ハンガリー舞曲集》、声楽曲な
ど多数（歌曲・合唱曲は 300 曲以上）。

1833 年、ハンブルクの下町に生まれ
た。父親から音楽の手ほどきを受け、そ
の後、ピアノと作曲をマルクセンに師事。
1853 年、ロベルト・シューマンが指揮
するハンブルク管弦楽団の演奏会でクラ
ラがピアノを弾くのを聴く。

1853 年 9 月 30 日、20 歳の青年がシ
ューマン宅を訪れる。ブラームスが弾く
ピアノを聴いたシューマンは「新しい
道」と題する評論を『新音楽時報』に寄
せ、ブラームスを「若き天才」として紹
介。ブラームスはシューマンの厚誼に感
謝し、その友情は終生変わらなかった。

1862 年以降、ブラームスはウィーン
に定住。1863 年、ウィーンジングアカ
デミーの指揮者に就任。1868 年、《ド
イツ・レクイエム》を作曲。1875 ～
78 年、楽友協会のオーケストラ、合唱
の定期演奏会の決定権を持つ指揮者に就
任。1879 年、ブレスラウ大学から名誉
哲学博士号を授与され、お礼として《大

学祝典序曲》を作曲している。

　晩年、エジソンの代理人からの依頼で、ブラームスは1889年12月2日、《ハンガリー舞曲》第1番とヨーゼフ・シュトラウスの《とんぼ》を蓄音機に録音している。現在に遺る録音には、恥ずかしがったブラームスがかなり速いテンポで弾き出し、立会人があわてて「1889年12月、フェリンガー博士邸、ただいまの演奏はブラームス博士！　ヨハネス・ブラームスのものです」と叫んでいる声が冒頭にかぶって残っている。ブラームスはこの録音を聴き、自らの老いを自覚したという。

　ところで、ブラームスはクララ・シューマンを生涯崇敬していたといわれているが、1869年の夏（ブラームス33歳の頃）、クララの三女ユーリエに心を寄せていたことがある。ブラームスの思いに気づかなかったクララは娘をイタリア人貴族のラディカーディフ・ディ・マルモリート伯爵と婚約させる。憤懣やるかたないブラームスは花嫁の歌として《アルト・ラプソディー》（Op.53）を作曲するが、何も知らないクララはただ喜んだという。報われない話だが、クララの面影が似ている若い娘に懸想するとは、ブラームスも普通の男性だったということだろうか。

　1896年5月20日、長年親交を深め

ていたクララ・シューマンが死去。ブラームスは嘆き悲しんだという。

　同年6月頃からブラームスには黄疸が現れ、1897年2月中旬、軽い脳卒中を起こし、顔面神経麻痺となる。この麻痺は数週間で改善し、3月7日、自身の交響曲第4番の演奏会に出席。これがブラームスが公式の場に出た最後となる。

　3月25日、吐血。4月に入ると昏睡状態となり、同月3日、午前8時30分、天に帰る。享年63歳。死因は肝臓がん（膵がんという説もある）。同月6日、ルター派シュタット教会で葬儀が行われた。

21　ヨハン・シュトラウス2世
Johann Baptist Strauss（Sohn）

Nr.27
＊1825年10月25日　ウィーン
†1899年6月3日　ウィーン
作曲家・指揮者

　ヨハン・シュトラウス（父）の息子。彼はジャン Jean、そしてウィーン風にシャーニ Schani と呼ばれた。数多くのワルツ、マーチ、ポルカなどを作曲し、「ワルツ王」と称される。

　父親はヨハンが音楽家になることを反

対していたため、母親の協力でヴァイオリンを習い、両親の別居後は作曲も学んだ。1844年、15人編成の楽団を結成し、はじめての舞踏会で自作のOp.1から4までの舞曲を披露。1848年、レオポルトシュタットの国民軍の楽長に任ぜられる。同年の革命では共和派に加わったが、さしたる思想性もなく元の生活に戻る。1849年、父が死亡。

シュトラウス父の死後はその楽団を指揮し、自ら過労で倒れたのを機に、弟のヨーゼフも楽界入りをする。同じ頃、宮廷舞踏音楽の指揮者に任ぜられ、1863年から宮廷舞踏会音楽監督を務める。1862年、歌手で9歳年上のヘンリエッテ・トレフツ（通称イエッティ）と結婚。翌年、演奏会用としての規模の大きな舞曲の様式を開拓しはじめ、1865～70年には《美しく青きドナウ》（1867）等、ワルツの名作を多数作曲した。

1870年にはオペレッタの作曲に着手し、1874年に《こうもり》、以後《ジプシー男爵》等、オペレッタの名作を生み出した。1878年、妻ヘンリエッテが死去。半年後にアンゲリカ・ディートリヒと結婚したが、アンゲリカは他の男性の許へ走る。1887年、アデーレと結婚。

新し物好きのシュトラウスは《観光列車》《取り壊し》等、事件や話題をすかさず自分の作品に取り入れている。ブラームスやヴァーグナーを友人にもつ彼は、オペラが好きで、ヴァーグナーの作品を率先して指揮したことでも知られている。また、「黄金の時代」を代表するオペレッタの作曲家の一人ではあるけれども、ダンスを踊ることができなかったとか。

1899年、聖霊降臨の月曜日の5月22日、シュトラウスは宮廷歌劇場で《こうもり》序曲を指揮した後、気分が悪くなり、指揮をヘルメスベルガーに任

せて帰宅する。その4日後、彼はプラーターで福祉活動の一環として催されたサイン会に赴き、厚着をしすぎて汗をかき、風邪をこじらせて床に臥せてしまう。数日後の1899年6月3日16時15分、シュトラウスは肺炎のため逝去。暖かくよく晴れた日だったという。

葬儀は6月6日、埋葬式には公道が封鎖され、昼間からガス灯が灯された。10万人の市民が参列したといわれる。棺は自宅からテアター・アン・デア・ウィーン、楽友協会、宮廷歌劇場の前を行き、1区へと運ばれた。ウィーン市は彼のために中央墓地の楽聖特別区の友人ブラームスの隣に墓を用意し、ルエーガー市長が追悼の辞を述べた。ブラームスの《さようなら》（交響曲第3番第3楽章）が演奏された。10月25日、楽友協会大ホールでは《ドイツ・レクイエム》が披露された。

言わずと知れた《美しく青きドナウ》をはじめ《ウィーンのボンボン》《芸術家の生活》《春の声》《皇帝円舞曲》《アンネン・ポルカ》《トリッチ・トラッチ・ポルカ》等、おなじみの名曲が目白

押し。

　ともあれ、ワルツを素朴なビーダーマイヤーダンスから、コンサートワルツへと発展させた。高山と雷雨を怖れ、女性遍歴が激しく、3人の正妻以外に分かっているだけで13人と婚約を交わしたというシュトラウス。いろいろな意味でウィーンらしい人だったようである。

| 22 | フランツ・シューベルト
Franz Peter Schubert | Nr.28
＊1797年1月31日 ウィーン
†1828年11月19日 ウィーン
作曲家 |

　1797年、フランツ・ペーター初等学校の教師の息子としてウィーン郊外のリヒテンタールに生まれる。

　父からヴァイオリン、音楽理論、兄からピアノを、8歳から教会のオルガニスト、ミヒャエル・ホルツァーから声楽と作曲の基礎を学ぶ。1808年、帝国宮廷礼拝堂合唱団に入団するとともに、帝国王立寄宿生学校シュタット・コンヴィクトに入学（〜1813年）、恵まれた音楽環境の中、普通教育と音楽教育を受ける。ここで彼はヨーゼフ・レオポルト・フォン・エイブラー、合唱指揮のP.ケルナー、そして特にアントニオ・サリエリ（1816年まで）の指導を受ける。特にサリエリは作曲のために必要な和声、対位法、楽器の知識を教えている。

　ここで彼はシュパウン（1788-1865）、シュタットラー、ホルツアプフェル、その他、後年彼の支えとなる多くの友人たちと知り合っている。1813年、コンヴィクトを去った彼は、初等教員養成学校へ通い、課程修了後、父親の学校の助手を務めながら作曲を続ける。

　1814年10月16日、最初のミサ曲《ミサ曲第1番ヘ長調》D.105がシューベルト自身の指揮で初演され、続いて《糸を紡ぐグレートヒェン》等が作曲される（Op.2, D118）。その翌年には《野

ばら》《魔王》など約145曲の歌曲、ミサ曲、交響曲等、多くの作品が生まれる。また、ショパウンの紹介でマイヤーホーファーとも知り合い、ショーバー家に客人として滞在し、作曲にいそしんでいる。この年の12月、シューベルトは教職を退くが、再度教員に戻る。

　この時期、シューベルトは歌手ヨハン・ミヒャエル・フォーグルを紹介され、シューベルトの伴奏でフォーグルは、シューベルトの歌曲を歌い、名声が広がっていく。多くの友人たちは様々な形でシューベルトを支援した。1818年、シュ

ーベルトはエステルハージ伯爵家の音楽教師の職に就く。1821年、ケルントナートーア劇場でフォーグルが《魔王》を歌い、ディアベッリが彼の作品の取次販売に同意、歌曲7曲が出版される。

1822年、ヴェーバーと、尊敬するベートーヴェンと知り合う。この年、彼は梅毒疹を起こし、うつ病にかかっている（1823年《美しき水車小屋の娘》作曲）。1824年、シューベルトを囲んで彼の新曲を聴く会（シューベルティアーデ）があちこちの家庭で開かれるようになる。1825年、《アヴェ・マリア》を作曲。

1827年3月19日、友人と共にベートーヴェンを見舞う。26日、ベートーヴェン死去。葬儀には市民2万人が参列、シューベルトはたいまつを片手に葬儀に参加している。この年《冬の旅》が作曲される。

1828年9月1日、医師の勧めで兄の所へ引っ越す。10月、魚を食べて具合が悪くなった彼は11月16日頃から発熱し衰弱が激しくなり、17日、幻覚に襲われる譫妄状態、意識障害が現れ、11月19日15時、死亡。彼の希望通り、ヴェーリング墓地にあるベートーヴェンの墓の隣に埋葬され、1888年、ウィーン中央墓地に移された。

1838年、ウィーンに立ち寄ったシューマンはシューベルトの兄フェルディナントを訪ね、亡くなった当時のまま保存されていた机の上に交響曲第8番ハ長調（グレイト）D 944（1825～26年作曲）を発見、1838年、メンデルスゾーンの指揮で初演された。

ところで、シューベルトの死の直前、主治医として医師ヨーゼフ・フェーリングが呼ばれている。彼は著書の中で当時一般に行われていた治療法の1つだった「大療法」という梅毒性発疹を水銀の軟膏を塗って治療する方法を記している。これはまず、甘くした水銀溶液を飲んで腸を空にし、次に窓を閉め切った状態で全身に水銀を塗るものだという。回数は普通15～20回！　塗る作業は「ウェイター」と呼ばれる助手が行った。患者は発疹が消えるまで入浴もシーツの交換も許されず、長時間締め切った部屋にいなければならず、結果、患者は水銀を皮膚、蒸気から摂取することとなる。

シューベルトの父親が残した息子の治療費に関する記録によると、1828年11月12日～19日に6回薬剤師が処方、「粘着性の軟膏」も使用され、「ウェイター」の日当他も支払われている。当時としては比較的高い医療品が用いられていることから、水銀の製剤が用いられた可能性が高く、集中的に水銀塗布治療が行われ、水銀中毒を起こしたと思われる。シューベルトは従来言われてきた梅毒ではなく、水銀の治療により死亡したのではないかという説が出ている。

23　　　　　　　　　　　　　　　　　　　　　　　　　　　　**Nr.29**

ルートヴィヒ・ヴァン・ベートーヴェン
Ludwig van Beethoven

＊1770年12月16日頃（17日受洗）ボン
†1827年3月26日　ウィーン

作曲家

1770年、ボンの音楽家の家に生まれる。モーツァルトのような天才児にしよ

うと思っていた父からピアノを学び、1870年頃からボンの教会オルガニスト

のクリスティアン・ゴットロープ・ネーフェに師事。1787年、ウィーンへ行き、モーツァルトを訪ねるが、母の病気でボンに戻る。1790年12月、ボンでハイドンと初めて出会い、1792年、ベートーヴェンを後援するヴァルトシュタイン伯爵の推薦でハイドンの許を訪ねる。

1792年からウィーンに定住。弦楽四重奏曲をエマヌエル・アロイス・フェルスターに、イタリア語の声楽をアントニオ・サリエリに師事。ボンの友人や後援者、とりわけヴァルトシュタイン伯爵の推薦もあり、ピアニスト及び即興演奏家として高く評価された。ヴァルトシュタイン伯爵はウィーンの社交界で有力な存在だったこともあり、ベートーヴェンはウィーン貴族社会に多くの後援者を得ることになる。

1795年、ブルク劇場で最初の公開コンサートを行う。ベートーヴェンは彼の作品を多くの後援者（ルドルフ大公、ロプコヴィッツ侯他）に献呈している。もっとも寛大な後援者となったのはルドルフ大公だった。彼は皇帝レオポルト2世の息子で、体が弱く聖職者となっていた人で、《荘厳ミサ曲》は大公の司教叙階を祝って作曲されたもの（完成は1823年）。パトロンの支援と作品の出版で、ベートーヴェンは独立した芸術家として生活することができた。

ベートーヴェンはブロイニング家で礼儀作法を教えられたというわりには無作法で、癇癪持ちだったが、パトロンたちはそれでも彼を受け入れていたようである。1808年、カッセルの宮廷にカペルマイスターとして招かれるが、ルドルフ大公、ロプコヴィッツ侯、キンスキー侯はベートーヴェンがウィーンに留まるように、年金4000グルデンを出し合って、彼の終生の生活を保障しようとした（最

後まで支払うことができたのはルドルフ大公だけ）。

1794年、最初の聴覚障害の兆候が認められ、1801年以降急速に悪化し、1802年、「ハイリゲンシュタットの遺書」を書く。1815年、最後の公開コンサートを行う。1818年頃には完全な難聴となる。

ベートーヴェンは聴力障害だけでなく、慢性下痢、肝硬変にも苦しんでいたようである。さらに、死後2回にわたる頭蓋骨の写真撮影において頭蓋骨の変形が見られることから、彼は先天性梅毒だったとのこと。1822年、肝硬変の合併症を起こし、足に浮腫が現れ、腹水がたまる症状となる。苦痛を和らげるため、ワインを大量に飲んでいたようである。1826年からは腹水もとっている。1827年3月24日頃から意識不明となり、3月26日17時、天に帰る。享年56歳。

ベートーヴェンが亡くなったとき、ウィーンのすべての芸術家が葬儀のために動員された。葬儀行列にはシューベルトをはじめ多くの有名人が同行し、俳優の

ハインリヒ・アンシュッツがフランツ・グリルパルツァーによって書かれた弔辞を読んだ。1888年、ベートーヴェンの遺体はヴェーリングの地元墓地から中央墓地の名誉墓地に移葬された。

生前ベートーヴェンは、朝食にコーヒーを好んで飲んでいる。コーヒー豆は1杯につき60粒と決まっていた。好物はパルメザンチーズをかけたマカロニ、ツァンダー（白身魚）とジャガイモ、イノシシ、鹿などの野生動物の料理等。

晩年には毎土曜日、「ジャガイモ添え血のソーセージ」、レーゲンスブルクのビールを楽しんでいる。一方、自宅の食事は非常にまずく、1824年、自宅に招かれたヴァイオリニストのヨーゼフ・ベームによると、卵が腐っていることを知ったベートーヴェンはそれを窓から外へ投げ捨てたという。乱暴な面がある。生涯で少なくとも60回以上引っ越しを繰り返したのは、こんなことも理由の1つだったのかもしれない。

24　ヨハン・アンドレアス・シュトライヒャー
Johann Andreas Streicher

Nr.30
＊1761年12月13日　シュトゥットガルト
†1833年 5月25日　ウィーン
ピアノ製造者・ピアニスト

父を早く亡くしたヨハン・アンドレアスはシュトゥットガルトの孤児院で育ち、マンハイムでピアノのレッスンを受け、コンサートを行う。1786年、ミュンヘンへ移り、ピアニストとして名前が知られるようになる。1793年、アウクスブルクのピアノ・メーカーのヨハン・アンドレアス・シュタインの娘マリア・アナ（ナンネッテ）と結婚。1794年からウィーンに住み、シュトライヒャーはピアノ教師として働き、作曲の分野でも知られるようになる。

一方、ナンネッテと弟のマテウス・アンドレアス・シュタインはピアノ工場「シュタイン姉弟 Frère et Sœur Stein」を開設。1802年に会社が分割された後、ナンネッテは「ナンネッテ・シュトライヒャー、旧姓シュタイン Nannette Streicher Née Stein」を率い、そのピアノは世界的に有名になる。シュトライヒャーも必要な技術的知識を修得し、ピアノ制作者として妻の会社で働いた。

かくてシュトライヒャーはウィーンで最も革新的なピアノ・メーカーの代表人物の一人となった。多くの作曲家や貴族はシュトライヒャーが製作したピアノを聴くため日曜の午後のコンサートに足を運んだ。

シュトライヒャーは良いピアニストで

もあった。1785年12月4日、ハイデルベルクで開催されたシュトライヒャーのコンサートではハイドンのピアノ協奏曲とクレメンティのピアノ・ソナタを弾き、その演奏は多くの愛好家の称賛を得たと「マンハイム新聞」は伝えている。1812年4月、自らのコンサートホールをオープン。また、シュトライヒャー夫妻は楽友協会の創設者の一人でもある。

　シュトライヒャーは、いくつかのピアノ作品とピアノ入門書、そして歌の学校の設立とウィーンの英国国教会に関する教会音楽と賛美歌の本を出版しているが、特筆すべきはベートーヴェンの作品の最初の全集版に関わったことである。シュトライヒャーはベートーヴェンが若い頃使用した少なくとも1台のフォルテピアノを製造していることでも有名。シュトライヒャー夫妻、特にナンネッテはベートーヴェンの人生の最後の数年間、世話をしたことでも知られている。シュトライヒャーは1833年にウィーンで亡くなり、聖マルクト墓地に葬られ、後にナンネッテと共に中央墓地に埋葬された。

25

フランツ・フォン・スッペ
Franz von Suppé

Nr.31

＊1819年4月18日　スパラート
†1895年5月21日　ウィーン

作曲家

　本名はフランチェスコ・エゼキエーレ・エルメネジルド、騎士スッペ＝デメッリ Francesco Ezechiele Ermenegildo, Cavaliere Suppé-Demelli。ドイツ在住中に氏名をドイツ語風に簡略、騎士を意味する Cavaliere を von に変えてフランツ・フォン・スッペと名乗った。

　1819年、ダルマツィア地方スパラート（現・スプリト）に生まれる。その年の秋、一家はザーラ（現・ザダル）に移り、フランチェスコはここで育つ。すでに8歳の時に教会の合唱団で歌い、最初の音楽のレッスンを受けている。15歳のとき、パドヴァ大学で弁護士を目指すも、この間、ミラノのオペラ公演に頻繁に参加し、ロッシーニ、ドニゼッティ、ヴェルディら若手作曲家と個人的に知り合っている。16歳で最初の作品《ミサ曲ヘ長調》を作曲。この作品は40年後《ミサ・ダルマティカ》として出版される。1835年、父の死後、法律の勉強を

やめ、1835年、ウィーン生まれの母とウィーンへ移り、医学の勉強を始めるが、まもなく音楽に没頭することになる。

　音楽家のコンセルヴァトーリウムでジーモン・ゼヒターとイグナーツ・リッタ

ー・フォン・ザイフリートに師事。勉強を続けるためイタリア語のレッスンも行っている。1836年、ミサ曲を作曲、1837年8月、初めてのオペラ《ヴァージニア》に取り組む。

学業を修了してすぐの1840年、ヨーゼフシュタット劇場の指揮者となり、ウィーン郊外のステージで最も人気のある指揮者となる。1845年、テアター・アン・デア・ウィーンに移り、1862年まで「最高の作曲家及び指揮者」として脚光を浴びた。1862〜65年、トロイマン劇場、および、カール劇場で1882年まで働き、その後、テアター・アン・デア・ウィーンに戻る。

オッフェンバックのオペレッタがウィーンでもてはやされていることに触発され、1860年、最初の1幕のオペレッタ《寄宿学校》を作曲。さらには《カルタ占い師》《スペードの女王》《十人の乙女と男不在》とオペレッタ作品を次々と作曲。1865〜79年、《美しきガラテア》と《ボッカチオ》で大きな成功を収め、ウィーン・オペレッタ黄金時代を代表する一人となる（ウィーン・オペレッタの父とされた）。

成功したスッペはガルス・アム・カンプの夏の邸宅を購入。1895年、ウィーンで亡くなる。作品には31のオペレッタを含む200以上の舞台作品がある。

《ボッカチオ》の中の〈恋は優し野辺の花よ〉は田谷力三の歌で日本でも有名。

26 ヨハン・ヘルベック
Prof. Johann Franz Ritter von Herbeck

Nr.32
＊1831年12月25日　ウィーン
†1877年10月28日　ウィーン
指揮者・作曲家

ウィーン大学で哲学と法学を学ぶ。後、音楽家に転身。ほぼ独学で音楽を学ぶ。いくつかの合唱団で指揮を行い、1858年からウィーン・コンセルヴァトーリウムで教鞭をとる。また1858年には、ウィーンジングラインを創設している。1863年から宮廷管弦楽団メンバーとなり、1866年から宮廷管弦楽団指揮者、ウィーン楽友協会監督・指揮者。1869〜75年、ウィーン宮廷歌劇場カペルマイスター。1870年、ウィーン宮廷歌劇場監督に就任。

ヘルベックの功績は、散逸していたシューベルトの《未完成交響曲》の直筆譜をシューベルトの親しい友人の一人アンセルム・ヒュッテンブレンナーの家で発見、1865年12月17日、ウィーン・ホ

ーフレドゥーテンザールで初演。ブラームスの《ドイツ・レクイエム》の一部初

演、ヴァーグナー《ニュルンベルクのマイスタージンガー》のウィーン初演を成功に導いた。

またブルックナーの支持者としてその作品を積極的に紹介。ブルックナーの交響曲第3番と自作の交響曲第4番《オルガン》の初演に立ち会うことなく肺炎で亡くなる。享年45歳。死後、騎士爵を追贈される。ヘルベックには他にオルガン、交響曲、教会音楽等の作品がある。

カール・フォン・ハーゼナウアー
Carl Freiherr von Hasenauer

Nr.33
＊1833年7月20日 ウィーン
†1894年1月4日 ウィーン
建築家

ウィーン出身、歴史主義の建築家。ウィーンのリングシュトラーセの周辺にネオ・バロック様式の記念碑的建造物をつくった。帝国芸術アカデミーの建築部門でアウグスト・シカルト・フォン・シカルツブルクとエドゥアルト・ファン・デア・ニュルに師事。ハーゼナウアーの装飾的才能は多くの人に評価された。1853年、アカデミーから卒業証書を受け取り、「建築賞」を受賞。

ハーゼナウアーの最大の成功は、美術史博物館と自然史博物館（1871～91年）の計画と建設で、建築家ゴットフリート・ゼンパーと一緒に仕事をした。1871年の晩秋、2つの博物館の建物の建設が始まる。1873年にハーゼナウアーがウィーン万国博覧会のチーフ建築家に任命されて以来、ゼンパーは当然に博物館プロジェクトの矢面に立つ。そして、彼の顕著な仕事に対し、皇帝フランツ・ヨーゼフから男爵の爵位を授けられる。

世界博覧会での仕事が終わった後、ハーゼナウアーはすでに進んでいた2つの博物館の建物と1874年のブルク劇場の建設に専念。博物館の外観は1881年に完成、内部は1889年または1891年まで続く。1888年、ブルク劇場が完成。

他に、パレ・リュツォウ（1870年）、ヘルメスヴィラ（1882～86年）、ノイエ・ホーフブルク（1881-94年、完成は1913年）を担当している。

ゼンパーは1876年まで建設に関与していたが、ハーゼナウアーは元ビジネスパートナーのゼンパーと意見の対立があってのち、建物の建設を単独で主導していく。ウィーンのリングシュトラーセにある2人の建築家の壮大な建物は、ウィーンのランドマークとなっている。ハーゼナウアーは1894年1月4日、ウィーンで61歳の人生の幕を閉じた。

カール・ミレッカー
Karl Joseph Millöcker

Nr.35
＊1842年4月29日 ウィーン
†1899年12月31日 ウィーン
作曲家

1842年、金細工師の息子として生まれる。幼い頃から音楽好きだったため、父親は家業を継がせるのを断念。まずフルートを学び、1855年、ウィーン楽友協会コンセルヴァトーリウムに入学。1858年、ヨーゼフシュタット劇場のフルーティストとなり、楽長スッペに可愛がられ、彼の勧めによりグラーツのタリア劇場の楽長に就任。ブダペストのドイツ劇場の楽長を経、1869年、テアター・アン・デア・ウィーンの副楽長に就任。1879年《デュバリー伯爵夫人》、1882年《乞食学生》、1884年《ガスパローネ》他で成功を収める。

19世紀後半のウィーン・オペレッタは黄金時代（古典時代）と称され、生きいきとして陽気で豊かな楽想、甘く優雅な情感ある作品が多数生み出されていた。ミレッカーはスッペ、ヨハン・シュトラウス2世と共にこの時期を代表する作曲家で、その代表作が《乞食学生》。

台本作家は、フリードリヒ・ツェル（1829-95）とリヒャルト・ジュネ（1823-95）。実は彼らは同時期にシュトラウス2世とミレッカーの二人から台本を依頼されていて、《ヴェネツィアの一夜》（もともと《ヴェネツィアの夜》という題名で注文されていた）と同時に《乞食学生》の台本を書き上げていた。

先に台本を読んだミレッカーは《乞食学生》が気に入り、この台本をもらえないか頼み込んだという。ツェルとジュネからその話を聞いたシュトラウス2世は《乞食学生》をミレッカーに譲り、《ヴェネツィアの一夜》を手にした。

1882年6月19日、台本作家を訪ねたミレッカーは、日記に「オペレッタ《乞食学生》の作曲」と初めて書き込んでいる。その後、《乞食学生》の作曲は順調に進んで行く。しかし、劇場側との間では、様々な確執があったようだ。彼の日記によると、12月5日、ゲネプロ当日は、午前中にソロ、午後には第2幕フィナーレと第3幕の練習が行われ、ゲネプロは6時から行われた。翌6日、初演の日の午前中には、再度確認の練習が行われている。しかし、ここに至っても、一箇所の合唱をどうするかで、劇場ディレクターのフランツ・ヤウナーとミレッカーとの間で意見の対立があり、初演の幕が上がる直前まで調整がなされたという。

結果1882年12月6日、《乞食学生》はテアター・アン・デア・ウィーンで初

演され、大成功を収めた。初演の際のキャストは、アレクサンダー・ジラルディ（シモン）、ヨーゼフ・ヨゼフィー（ヤン）、フェーリクス・シュヴァイグホイファー（オーレンドルフ）、カロリーネ・フィナリー（ラウラ）と記録されている。《乞食学生》は、その後2ヶ月間、毎晩上演され、続く2年間で150回の幕を上げることとなる。《乞食学生》の成功で、ミレッカーはバーデンに別荘を購入している。

1896年、オペレッタ《北極光》の初演後、脳卒中で倒れて半身不随となり、1899年、ウィーン近郊バーデンで世を去る。シュトラウスの死亡を知らされた際（同年の6月3日）、ミレッカーは既に身体が不自由だったが、信じようとしなかったという。

29 エドゥアルト・シュトラウス
Eduard Strauß

Nr.42
*1835年3月15日 ウィーン
†1916年12月28日 ウィーン
作曲家

ヨハン・シュトラウス（父）の四男。ヨハン・シュトラウス2世とヨーゼフ・シュトラウスの弟。

ラテン語、ギリシア語、フランス語、イタリア語などを習得し外交官を目指すも、母の反対で断念。兄ヨハンの勧めで音楽家となる。G. V. プレイヤーに作曲を学び、ハープ、ピアノ、ヴァイオリンを修める。1855年2月11日、兄のシュトラウス楽団でハープ奏者としてデビュー。1861年、指揮者としてデビュー。1885年からイギリスやアメリカへの演奏旅行を行う。

1869年、ポルカ《テープは切られた》を発表。1870年、母と次兄ヨーゼフが死去。気を落とした兄ヨハンから1872年、宮廷舞踏会音楽監督の職を譲り受ける。しかし、ヨハンが突如コンサートの最後に現れて指揮するなど、兄ヨハンの奔放な態度に関係がこじれ、兄ヨハンが遺言状で「恵まれた環境にある」という理由からエドゥアルトを相続から除外したことで一層悪化する。1897年、妻子による浪費で生活破綻。1899年、

兄ヨハンが死亡。1900年12月12日、メトロポリタン歌劇場で慈善演奏会を行い、引退。1901年、楽団との不和で楽団を解散。

1903年、回顧録を出版。これによると、1869年、エドゥアルトは兄ヨーゼフとシュトラウス楽団の楽譜がシュトラウス家の者にだけ所属するものであり、

PART 1　お墓めぐり

楽団を解散すれば、その時点で廃棄処理されなければならないという契約が取り交わされたという。

1907年10月22日、2つの大きな運送会社が呼ばれ、楽団所有のオーケストラ用全ての楽譜、一族の直筆譜、ベートーヴェン、ヴェルディ、ヴァーグナー、メンデルスゾーン他の作曲家の編曲譜が箱に詰めて運び出され、焼却炉に投げ入れられた。その楽譜枚数たるや70万枚から100万枚といわれている。エドゥアルトは何日間にもわたって焼却炉の前に座り、楽譜が灰になるのを見ていたという。

エドゥアルトの復讐ともいえる行為により重要な楽譜の多くが失われたが、大部分の作品は複写されて遺っていたため、再構成することができた。作品は、ポルカを中心に、318曲を数える。

1916年12月28日、心臓麻痺で死去。遺言により、宮廷舞踏会音楽監督の制服をまとったままウィーン中央墓地に埋葬されたという。享年81歳。

エドゥアルトが解散したシュトラウス楽団は、1966年、彼の孫のエドゥアルト・シュトラウス2世がヨハン・シュトラウス管弦楽団として再興し、活動を続けている。また、父、兄ともに姓のシュトラウスを「Strauss」と表記するが、エドゥアルトだけは「Strauß」と表記している。現在までそのシュトラウス姓を名乗るのは彼の子孫のみである。

30　ヨーゼフ・シュトラウス
Josef Strauss

Nr.44

＊1827年8月20日　ウィーン
†1870年7月22日　ウィーン
作曲家・指揮者

シュトラウス（父）の次男で、シュトラウス2世の弟。エドゥアルトは弟。愛称は「ペピ（Pepi）」。子供の時は母からピアノのレッスンを受け、兄ヨハンと連弾して遊んでいた。身体が弱かったヨーゼフは工学技士になることを希望し、ショッテンギムナジウムを卒業。ウィーン総合技術専門学校（現ウィーン工科大学）で機械工学、製図などを学び、技師としてのキャリアを積む。

特に、1853年、同僚と共にウィーン市議会に提出した回転ブラシを自動車に取り付ける路面清掃車は、実際的ではないと却下されてしまうが、今日の路面清掃車の前身となっている。

この頃、ヨーゼフは、詩や絵画に興味を持ち、他方、歌曲やピアノ曲を趣味で作曲していて、仲間内で演奏されていた。1849年《演奏会大ギャロップ》を作曲している。

1849年、父ヨハンが亡くなり、仕事が兄ヨハンに集中し、そののち、連日の演奏会と作曲で兄ヨハンが病気で倒れる。この時、母アンナと兄ヨハンから、代わりに指揮をしてほしいと説得される。1853年7月23日、療養中の兄に代わり、「カフェ・シュペール」で兄の楽団の指揮を引き受けたことを契機に音楽家としてデビュー。療養中の兄ヨハンが依頼されていたワルツを、ヨーゼフが代わりに作曲。《最初で最後》Op.1が発表される。その後、一時、臨時指揮者を退くも、再度兄が体調を崩し、ついに1854年、代理指揮と作曲を手掛け、音

楽家となる決意を固める。

　1854年7月、正式に技師を辞め、ワルツ《最後の後の最初》Op.12を発表。それから作曲の本格的な勉強を始め、1857年まで音楽理論と作曲をフランツ・ドレッシャーに師事し、ヴァイオリンを兄の先生でもあったフランツ・アモンに師事。1857年3月16日、2年間の音楽教育を修了。その後、兄シュトラウスと競い合いながら、次々と作品を発表していく。

　作曲家としてヨーゼフ・シュトラウスは、初期ロマン派音楽、特にシューベルトの作品に大きな影響を受け、詩情あふれる作風の点で「ワルツのシューベルト」とも呼ばれた。また、ヴァーグナー、リスト、シューベルトの作品も自らの演奏会のレパートリーに加えている。兄ヨハンは「私はただ人気があるだけだ。ヨーゼフのほうが才能に恵まれている」と語っている。ポルカ、マズルカの作品は、兄ヨハンより評価が高い。

　リヒャルト・シュトラウスの《バラの騎士》では、オックス男爵のワルツの主題に彼の作品《ディナミーデン》Op.173の旋律の一部が転用されている。映画『会議は踊る』では、《天体の音楽》《我が人生は愛と喜び》が用いられている。亡くなるまでの17年間で280曲以上の曲を作曲、500曲以上の編曲を手掛けた（ただし、プログラムでただ「J.」として発表したため、兄ヨハンの作品と間違われているものや兄との共作もある）。

　ほかに作品には《鍛冶屋のポルカ》《オーストリアの村つばめ》Op.164、《水彩画》Op.258など。ブラームスは自身のピアノ演奏で《トンボ》を録音している。

　1870年6月1日、ワルシャワ公演の最中に脳卒中を起こし、指揮台で倒れ、小康状態を保った後6月15日、再度発作を起こす。この時、残っていたワルシャワでの契約のため、兄ヨハンがヨーゼフの代わりに指揮をしている。7月17日、妻カロリーネは夫をウィーンに連れ戻し、7月22日、ヨーゼフは自宅「雄鹿館」で亡くなる。マルクス墓地に埋葬されたが、1909年10月12日、母アンナと共に中央墓地に改葬された。

　10月18日、追悼会では兄ヨハンの指揮で《女心》と《オーストリアの村つばめ》が演奏された。

　妻カロリーネは夫の遺品として、シュトラウス楽団とは関係のない夫のピアノ譜などを所有していた。そのため1907年、弟エドゥアルトが楽団所有の楽譜、一族の直筆譜、他の作曲家が創った編曲譜などを焼却した際も、ヨーゼフの作品の一部は焼却を免れ、現在に伝わっている。

31 エドムント・アイスラー
Prof. Edmund Eysler（本名：Eisler）

Nr.46A
＊1874年3月12日 ウィーン
†1949年10月4日 ウィーン
作曲家

1874年、商人の息子として生まれる。レオ・ファルと知り合ったエドムントは、ウィーン楽友協会コンセルヴァトーリウムで、作曲をロベルト・フックス、ピアノをドールに師事、ピアノ教師と指揮者としての教えを受ける。1901年、カペルマイスターに就任。室内楽、ピアノ曲、オペラ、バレエを作曲。

1903年2月20日、アレクサンダー・ジラルディ主演でオペレッタ《旅職人》を初演、大成功を収める。その中でも主題歌の〈キッスは罪がない〉は、ウィーンで大流行した。1905年《射撃上手なお嬢さん》が上演。哀愁をおびた〈母の歌〉はウィーンの人々に愛唱された。ブルク劇場のためにはオペレッタ《不滅の無頼漢》が作曲され、1910年10月14日、最初の公演が行われ、大成功。1911年12月23日、オペレッタ《女の大食漢》…と、作品を次々と発表する。

第一次世界大戦後、アイスラーは《素晴らしい女主人》を発表。民族社会主義下ではユダヤ人の血統ということで作品の上演が禁止されるが、友人たちによって守られ、ウィーンに留まった。戦後1947年12月22日、《ウィーンの音楽》をブルク劇場で発表、大成功。1949年、75歳の誕生日にはウィーン市名誉リングを授与される。1949年10月4日、ウィーンで舞台から落下し、亡くなる。

作品には60のオペレッタ、3つのオペラ、バレエ1作、ピアノ曲、歌曲、他がある。

32 クリストフ・ヴィリバルト・フォン・グルック
Christoph Willibald von Gluck

Nr.49
＊1714年7月2日 エラスバッハ
†1787年11月15日 ウィーン
作曲家

グルックは「グルックの改革」という言葉で有名である（しかし、その言葉は知られているが、多くの人にその内容は知られていない）。声楽において過剰なカデンツ（母音だけで歌う）を抑制し、台本を重視する姿勢を打ち出したグルックは、

18世紀最大のオペラ・セリアの作曲家。高名なわりには、現在その作品が上演される機会が乏しいのは、現代人には作品の内容が真面目すぎるのかもしれない。

グルックは12歳から18歳までイエズス教会のカレッジで教育を受ける。そこで音楽教育も受けたのだろう。後、プラハで声楽、ヴァイオリン、チェロを学び、チェルノホルスキー神父に教会音楽とイタリア音楽のスタイルを学ぶ。

1736年、ウィーンでロプコヴィッツ家の室内楽奏者となる。またメルツィ公はグルックの楽才を認め、ミラノでサマルティーニに師事させている。1741年、グルックは初めてのオペラ《アルタセルセ》を発表。その後ミラノ、ヴェネツィア、トリノの歌劇場から作曲依頼を受け、9曲のオペラを作曲。

1745年、グルックはロンドンに行き、翌年ここで新作オペラを2曲発表。その後、しばらくイタリアの巡回歌劇団の指揮者として各地を巡演。1750年にウィーンの裕福な銀行家の娘と結婚した。

1752年の暮からはウィーンを中心に活躍するようになり、この頃の主要作品には《エツィオ》《皇帝ティトゥスの仁慈》がある。1754年の夏、マリア・テレジアを招いてヒルトブルクハウゼン公の別邸でおこなわれた《中国人》の初演の大成功で、グルックは宮廷劇場カペルマイスターに任命される。

1756年、ローマで《アンティゴーノ》を上演してローマ教皇より黄金拍車勲章を授けられ、騎士として称号を受ける。1761年、グルックは、ウィーンにきたイタリアの台本作家ラニエーリ・カルツァビージを知り、「グルックの改革」といわれるオペラを作ってゆく。カルツァビージの台本による作品は《オルフェ

ウス》《アルチェステ》《パリスとヘレネ》の3作である。グルックはこのオペラで台本の言葉を重んじて、歌手の不必要なカデンツを取り除き、序曲を劇全体の雰囲気と密接に関連づけるといったオペラ改革の先駆者たちの意図を集大成した。

1774年、グルックはかつての教え子で当時フランス皇太子妃になっていたマリー・アントワネットの強力な後押しにより、自らの指揮で《オーリッドのイフィゲニー》をパリで初演し、大成功を収める。また《オルフェウス》《アルチェステ》をフランス・オペラふうに改作し、いずれも好評を博した。パリのオペラ界はグルック派とイタリア派に分かれて対立し、互いにオペラを上演して、自派の優位を主張した。ついに同じ台本《トーリッドのイフィゲニー》に作曲して優劣を決することになったが、決着はつかなかった。

1780年、グルックはウィーンに帰り、安らかな晩年を送り、1787年、73歳で逝去。脳溢血だった。

33 アロイス・フォン・リヒテンシュタイン
Aloys Prinz von und zu Liechtenstein

Nr.54
＊1846年11月18日 プラハ
†1920年3月25日 ウィーン
政治家

リヒテンシュタイン侯爵アロイス2世の弟の次男として生まれ、一族が通うウィーンのショッテンギムナジウムで学び、法律の研究に専念。兵役でオーストリア騎兵連隊に従軍。1860～73年まで、外交官としてミュンヘン、ロンドン、ベルリンに勤務。自由主義に反対し、1878～89年、カトリック保守党として旧オーストリア議会議員、1875年からフォン・フォーゲルザングと接触、1887年からカール・ルエーガーと共に1891年、キリスト教社会主義党のメンバーとなる。

1910年、ルエーガーが亡くなった後、1918年、キリスト教社会主義党の議長になり、その後、すべての職を辞任。「赤いプリンス」と呼ばれる。

中央墓地の「音楽家」のコーナーの入口に墓があるが、他のお墓に比べ高さも低く、あまり目立たない。それにモーツァルトの記念碑、ベートーヴェン、シュ

ーベルトのお墓を撮影する際、絶好の場所にその墓が位置しているため、土足で乗る方も多いようだ。願わくば、故人の眠りを妨げないよう、決して墓上に乗ったりなさいませんよう。

34 ヴォルフガング・アマデウス・モーツァルト
Wolfgang Amadeus Mozart

記念碑 Nr.55
＊1756年1月27日 ザルツブルク
†1791年12月5日 ウィーン
作曲家

洗礼名：Johannes Chrysostomus Wolfgangus Theophilus Mozart

モーツァルトは1756年、音楽家一族の家庭に生まれた。幼少期から楽才を示し、ウィーン古典派音楽を代表する作曲家の一人となる。作品は、交響曲、室内楽、宗教曲、オペラまで、多種多様なジャンルにわたり、600曲以上。

モーツァルトはイタリアの音楽家が当時もてはやされていたことから、ギリシャ語で「神を愛する」「神に愛された」を意味する自らの洗礼名Theophilus（原型Theophilos）のラテン語を意訳したAmadeusを通称として使用した。ま

たドイツ語に訳した Gottlieb も使用したことがある。

32A区の中心には右手に《レクイエム》の楽譜、左手に月桂樹と竪琴を持つ女性像が台座に立つモーツァルト記念碑（Nr.55）が建っている。この記念碑は、1859年に彫刻家ハンス・ガッサーによってつくられ、モーツァルト没百年の1891年、ザンクト・マルクト墓地（現在は史跡保護地域。1784年開設、1874年新規の埋葬を禁止）から中央墓地に移された（モーツァルトの骨は未だにザンクト・マルクス墓地に埋められている。彼の頭蓋骨と思われるものはザルツブルクのモーツァルテウムにある）。なお、モーツァルトの死から埋葬までの経緯は別項（ザンクト・マルクス墓地）を参照。

シュテファン大聖堂事務局にある死者台帳には、モーツァルトの死因となった病名は「急性粟粒疹熱」と記載されている。彼が亡くなって34年後、モーツァルトの知り合いのウィーン大学医学部のグルデナー教授は、モーツァルトの死に関する鑑定書を書いている。その診断

によるとモーツァルトはリューマチ性炎症熱に冒されていたという。当時、急性炎症性疾患には消炎的処置としての瀉血が、通常1回350〜400g、週に6〜8回行われた。このことからモーツァルトはリューマチ熱から心臓弁膜症（大動脈弁狭窄）を起こし、これに瀉血による貧血が重なり、心不全で死亡したのではないかと見られている。

32C区

Ehrengräber Gruppe 32

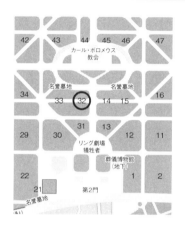
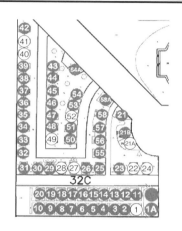

35　カール・ミヒャエル・ツィーラー
Carl Michael Ziehrer

Nr.1

＊1843年5月2日 ウィーン
†1922年11月14日 ウィーン
作曲家・軍楽隊長

　ウィンナ・ワルツの作曲家で、ウィンナ・オペレッタの「金の時代」を築いた一人。続く「白銀の時代」でも活躍。「最後のワルツ王」とも呼ばれ、名軍楽隊長としても有名。

　1863年、作曲家・指揮者としてデビュー。ルーマニア王国の宮廷楽長を一時期務め、ウィーンの軍楽隊の最高峰といわれたホーフ＝ドイッチェマスター第4歩兵連隊軍楽隊長にまで上りつめ、1893年には管弦楽団編成の同楽隊と共にシカゴで開催された世界万博に派遣されている。

　1908年、エドゥアルト・シュトラウスの後任として宮廷舞踏会音楽監督に任じられ、1918年までオーストリア＝ハ

ンガリー帝国最後の宮廷舞踏会音楽監督を務めた。しかし、第一次世界大戦でほとんどの財産を失い、共和国樹立により宮廷舞踏会音楽監督の座も追われ、1922年、失意のうちに亡くなった。享年79歳。

舞踏会の指揮者と軍楽隊長を兼務しながら、ワルツ132曲、行進曲83曲、各種ポルカ200曲以上等、作品番号のあるものだけでも600曲余、オペレッタ等の舞台作品29編を作曲。

《ウィーン市民》《ウィーン娘》などが有名だが、《扇のポロネーズ》はオペラ座舞踏会でデビュタント（社交界にデビューする年頃の女性）を迎える際、必ず流されている。

36　アルノルト・シェーンベルク
Arnold Schönberg

Nr.21A
＊1874年9月13日 ウィーン
没1951年7月13日 ロサンゼルス
作曲家

新ウィーン楽派の旗頭。十二音技法を創始したことでも知られている。

8歳でヴァイオリンを習い、チェロを独学で学ぶ。15歳のとき父が亡くなり、家計が苦しかったこともあり、銀行に勤めるが、夜間にウィーンの作曲家兼指揮者のツェムリンスキーに師事。1925年、ベルリン芸術アカデミー作曲の教授に就任、ナチス・ドイツから逃れ、1933年、フランス経由でアメリカへ移住。

1941年、アメリカの市民権を得る。カリフォルニア大学で教えた。弟子にはジョン・ケージ、ルー・ハリソンなどがいる。アメリカでは、Schoenbergと自らの名前を綴っている。1940年以降、糖尿病、喘息、めまい、視力障害等が現れ、1946年、心筋梗塞に罹患、回復後、作曲活動をつづけた。1949年10月、ウィーン市の市民権を授与される。1951年7月13日、喘息発作を起こし、ロサンゼルスで心不全により死去。享年76歳。

オラトリオ《ヤコブの梯子》《現代詩

篇》などが未完に終わる。代表作品に《ペレアスとメリザンド》《月に憑かれたピエロ》《モーゼとアーロン》。1906年から11年、60作品以上の絵画（ポートレイトや風景画）も描いている。

晩年、テニス・卓球・製本を趣味としていて、テニス仲間の一人にジョージ・ガーシュインがいる。

37 ヴェルナー・クラウス
Werner Johannes Krauss

Nr.22
＊1884年6月23日 ゲシュトゥングスハウゼン
†1959年10月20日 ウィーン

宮廷俳優

1901年からクロイツブルクの教員養成大学で学ぶが、劇場でエキストラとして働いていたことが知られるようになった後、旅公演の劇団に加わることを決意。1903年、ブーベンの劇場でデビュー。アーヘンの劇場、ニュルンベルク、ミュンヘンで活動。1913年、劇場監督マックス・ラインハルトと出会う。

ラインハルトはクラウスをベルリンのドイツ劇場へ連れていくが、シェイクスピアの『ハムレット』のクラウディウス王、ゲーテ『ファウスト』のメフィストフェレスなどの役しか得られなかった。1916年、海軍を退役後、映画俳優としての経験を得る。1924年、ベルリンのプロシャ国立劇場のアンサンブルに参加し、劇場でのキャリアを積む。

1926年からドイツ劇場に再び登場し、ストリンドベリの『夢の戯曲』で5役を演じ、1931年『ケペニックのキャプテン』の初演でヴィルヘルム・ヴォイクトを演じた。また、ウィーンのブルク劇場でも演じ、ロンドンやニューヨークのブロードウェイにも客演。「千の顔を持つ男」「史上最高の男」等と称された。第二次世界大戦では、1934年「国家俳優」に認定されたうえでナチスのプロパガンダに利用され、ナチスの文化大使とされた。

戦後、クラウスはオーストリアから追

放、舞台や映画での出演を禁止される。1946年、オーストリア国籍となり、1950年、ルール・フェスティヴァルで『リア王』を演じる。1951年、クラウスは再びドイツの市民権を得る。1959年、ウィーンで帰天。

代表作は『カリガリ博士の内閣』『ブルク劇場』など多数。『ブルク劇場』では19世紀末のブルク劇場の名優フリードリヒ・ミッテルヴルツァーをモデルにした人気俳優ミッテラーを重厚に演じている。また毎年、ザルツブルク音楽祭で上演されているホーフマンスタール作『イェーダーマン』の第1回公演にも出演している。

ロベルト・シュトルツ
Robert Elisabeth Stolz

Nr.24
＊1880年8月25日 グラーツ
没1975年6月27日 ベルリン
作曲家・指揮者

　1896年、ウィーン国立コンセルヴァトーリウムで、音楽の国家試験に合格。1897年、グラーツ市立劇場でコレペティートルとして契約。その後、マールブルク・アン・デア・ドラウ、1902年、ザルツブルク市立劇場でカペルマイスターとなる。

　1903年、オペレッタ《美しきロールヒェン》で作曲家デビュー。1905〜17年、テアター・アン・デア・ウィーンの音楽監督をつとめ、1905年12月30日、レハール作曲《メリー・ウィドウ》初演の指揮をおこなう。

　シュトルツの《ウィーンの陽気な女房たち》（1909年）のような作品は、ウィーンの小さな舞台でのみ上演され、かなり成功していた。まもなく最初の3幕のオペレッタ《幸運の乙女》を作曲、1910年にウィーンのライムント劇場で初演される。そして彼の最初の有名なシャンソン《Servus Du（プラーター公園は花盛り）》が書かれる。

　1914〜18年、第一次世界大戦に軍楽隊のカペルマイスターとして従軍、1920年代の初め、彼自身の劇場で独立しようとするが、ベルリンへ赴く。そこで指揮者として活動し、映画音楽、オペレッタなどを作曲、1926年、ウィーンへ戻る。しかし独墺合併の後、再度1938年、オーストリアを去る。

　シュトルツはまずチューリヒへ、その後、パリへと逃げ、最終的にニューヨークへ移住。アメリカで1944年、オスカーの映画音楽部門にノミネートされるが、終戦後オーストリアへ帰国することを決

める。1952年、アイスレヴューのために音楽を提供（《永遠のエヴァ》《愛のメロディ》等）、19のアイス・オペレッタを作曲。これらの「アイス・オペレッタ」を携え、アメリカ、カナダ、ヨーロッパなどに客演。

　ウィーン芸術週間で指揮をつとめ、世界中に客演。作品には約2000曲の歌曲、コンサート・ワルツと行進曲、約65のオペレッタ、ミュージカル、100以上の映画音楽、バレエ、オペラがある。「ウィーン・オペレッタの最後の作曲家」と呼ばれた。

　1975年、ベルリンでのレコーディングの際、天に帰る。今なお、多くの人に彼の作品は愛されている。

　さらに、シュトルツ指揮のワルツ集のディスクは、今でも愛聴されている。ウィンナ・ワルツに精通したコンダクターシップが随処に生かされている。

ハンス・モーザー

Nr.27

Hans Moser(本名:Johann もしくは Jean Julier)

＊1880 年 8 月 6 日 ウィーン
†1964 年 6 月 19 日 ウィーン
俳優

演劇学校オットーで宮廷俳優ヨーゼフ・モーザーに師事。第一次世界大戦に従軍。戦後、キャバレー、レヴューの舞台でアナウンサーや歌手として働く。

1923年、ロベルト・シュトルツはロナハー劇場でのレヴューのためハンス・モーザーと契約。1926年、モーザーはベルリンのラインハルトのドイツ劇場でデビュー。また、1927/28年のアメリカ・ツアーではラインハルトに同行し、性格俳優として活躍。

1930年以降、活動の場を映画に移す。モーザーならではのユーモアとコメディだけでなく、特徴的なつぶやきやジェスチャーも人々に愛された。

約150本に及ぶ映画で当時の偉大なドイツの映画俳優クルト・ユルゲンス、ロミー・シュナイダー、テオ・リンゲン、ソニヤ・チーマン、ルドルフ・プラックらと共演。戦争の終わりまで、モーザーは『チロルのばら』(1940)、『愛は免税』(1941)、『大富豪』(1944)などに登場。パウル・ヘルビガーとは相性がよく、2人は『ダンスをお願い致します』(1941年)、『シュランメルン』(1944年)、『ホーフラート・ガイガー』(1947年)、『ハロー・ディーンストマン』(1952)等で共演した。

戦後、ハンス・モーザーはオーストリアでのキャリアを続け、1954年からヨーゼフシュタット劇場、また初めてウィーン・ブルク劇場に登場。

晩年はテレビにも出演した。日本公開の映画だけでも『未完成交響楽』(1933年)、『たそがれの維納(ウィーン)』(1934年)、『春のパレード』(1934年)、『ハンガリア夜曲』(1935年)、『郷愁』(1935年)、『ブルク劇場』(1936年)などがある。某評論家はモーザーのことを「ウィーン風のものの第一級のエッセンスであり、磨き抜かれた鏡」と評している。

| 40 | Nr.28 |

ルートヴィヒ・アントン・グルーバー
Prof. Ludwig Anton Gruber

＊1874年7月13日　ウィーン
†1964年7月17日　ウィーン
作曲家

叔父にピアノを習い、コンセルヴァトーリウムでオルガン、ピアノ、和声学を修める。そこでロベルト・フックス、フェルディナント・レーヴェ、フランツ・シャルクなどに師事。第一次世界大戦に従軍、ロシア軍の捕虜にされ、1920年、帰国。

オペレッタ、ダンス音楽、マーチ、映画音楽などを作曲。約2000のヴィーナー・リートを残している。その中には今なお歌われている《私のお母さんはウィーン娘だった》などがある。

…
　　お母さんはウィーン子だった
　　だから私もウィーンがとても好き
　　お母さんは身をもって教えてくれた
　　このかけがえのない、素晴らしい
　　ウィーンを愛することを

| 41 | Nr.40 |

ハンス・スワロフスキー
Prof. Hans Swarowsky

＊1899年9月16日　ブダペスト
†1975年9月10日　ザルツブルク
指揮者

ウィーン大学で心理学と歴史を学ぶ。指揮をヴァインガルトナーとリヒャルト・シュトラウスに師事。音楽理論をシェーンベルクとヴェーベルンに師事。シュトゥットガルト、ハンブルクで指揮者として活動。1933年、ベルリン国立歌劇場でエーリヒ・クライバーのアシスタントを務め、1935～36年、ウィーン国立歌劇場指揮者、1937～40年、チューリヒ歌劇場の首席指揮者に就任。

その後、ザルツブルク音楽祭アドヴァイザー、戦後にはウィーン交響楽団の首席指揮者を務める。

1946年から1969年、ウィーン音楽アカデミーの指揮法の教授として数多くの門弟を育てる（クラウディオ・アバド、ズービン・メータ、マリス・ヤンソンス、ジュゼッペ・シノーポリ他、日本人の指揮者としては、尾高忠明、大町陽一郎、矢崎彦太郎等）。

1957〜59年、スコットランド国立管弦楽団（現ロイヤル・スコットランド国立管弦楽団）の首席指揮者を務めた。

かつて1910年のこと、マーラーの第8交響曲の初演の際には、合唱団員として参加していたという。

スワロフスキーの講義とエッセーをまとめた『Wahrung der Gestalt（形式の維持）』（1979年）は、演奏と指揮に関する百科事典といわれている。

また、リヒャルト・シュトラウスの《カプリッチョ、音楽のための会話劇》（サリエリの《まずは音楽、それから言葉》の翻案）に登場する16世紀フランスのピエール・ド・ロンサールのソネットは、オペラの共作者で指揮者のクレメンス・クラウス（1893-1954）の依頼によりスワロフスキーがドイツ語に訳したものだという。

---

42   Nr.41

フランツ・サルムホーファー
Prof. Franz Salmhofer

＊1890年1月22日　ウィーン
†1975年9月22日　ウィーン
劇場監督・指揮者・作曲家

ピアニストの父の息子としてウィーンに生まれる。1909〜14年、シュタイアーマルク州のベネディクト会修道院アドモント（フレスコ画と図書館で有名）で学ぶ。1916年、ウィーン大学音楽学研究所で音楽学、作曲、クラリネットを修める。1929〜45年、ブルク劇場のカペルマイスター。1945〜55年、戦後初のウィーン国立歌劇場監督、1955〜63年、ウィーン・フォルクスオーパー監督。

1945年5月1日、彼の指揮で、戦後初めて国立歌劇場引っ越し公演《フィガロの結婚》をフォルクスオーパーで上演。

オペラ、バレエ、交響曲、室内楽、歌曲、映画音楽など多くの作品がある。

ロッテ・レーマン

43   Nr.49

KS. Lotte Lehmann（本名：Charlotte〔Lotte〕、旧姓 Kraus）

＊1888年2月27日 ペルレベルク
†1976年8月26日 サンタ・バーバラ（米国）

宮廷歌手

1902年、ベルリンへ移住。ベルリン王立音楽大学とエテルカ・ゲルステの私設の声楽学校へ通い、マチルデ・マッリンガーに学ぶ。1910年、ハンブルク歌劇場と契約、モーツァルトの《魔笛》の童子役でデビュー。

1914年、ウィーンへ行き、2年後、ウィーン宮廷歌劇場と契約。1916～38年、ウィーンで活躍。特にリヒャルト・シュトラウスの《インテルメッツォ》で大成功を収めた。ベルリン、パリ、ロンドン、シカゴ、ニューヨークで客演、オーストラリアにもコンサートツアーを行う。

1933年以降、ユダヤ人の夫と別れなかったことからドイツでの演奏が許可されなくなり、1938年、独墺合併後、他の多くの人たち同様、移住しなければならなくなり、ニューヨーク、その後カリフォルニア州サンタ・バーバラに定住。

1938～51年、ニューヨークのメトロポリタン歌劇場を中心に活躍。彼女のリート・コンサート（シューベルト、シューマン、メンデルスゾーン、ブラームスなど）のチケットは常に完売、レハールやオッフェンバックのオペレッタ・メロディにも観客は熱狂した。

1945年、メトロポリタン歌劇場で

墓碑銘には「彼女が歌うと星々が感動した　リヒャルト・シュトラウス」とある。

《バラの騎士》のマルシャリン役を歌い、歌劇場から引退。そして1951年、ニューヨーク市庁舎でのリサイタルで、リート歌手としてもステージから離れる。

その後、西部音楽アカデミーで声楽の教授として後進の指導にあたった。1937年、自伝『歌の道なかばに』を含む9冊の著書を執筆。1945年から米国国籍だった彼女は1976年8月26日、サンタ・バーバラで亡くなる。

1977年、ウィーン中央墓地名誉区の墓に埋葬された。

パウル・ヘルビガー
Paul Hörbiger

Nr.52
＊1894年4月29日 ブダペスト
†1981年3月5日 ウィーン
俳優

　ウィーンの工科大学で化学を学ぶが、戦争が始まり、卒業はしなかった。従軍して戦後、演劇をウィーンの演劇学校オットーで学ぶ。1919年、ライヘンベルク、1920年、プラハの「新しいドイツ劇場」、1926年、ドイツの劇場の舞台に立つ。1926～40年、ベルリンのマックス・ラインハルト・アンサンブルで活動。

　無声映画の終わり頃（1928/29年）、23の映画に出演し、1931年には『会議は踊る』に出演、ホイリゲ歌手役で、ロシア皇帝と別れることになったヒロイン、クリステル（手袋屋の娘）の前で《ただ一度だけ》を歌った。この他に『カイザーワルツ』『ワルツ戦争』『南国のバラ』等、多くの作品に出る。

　第二次世界大戦中、ベルリンの様々な劇場に出演、オーストリアをテーマ（『オペラ舞踏会』『オペレッタ』『シュランメルン』など）とした映画に出た。1940～43年、ブルク劇場にはコメディ俳優として、1943年、ザルツブルク音楽祭にも出演。独墺合併後、1943～45年、レジスタンスに加担したという理由で、

1945年、反逆罪で逮捕され、死刑を宣告されるが、終戦までウィーン地方裁判所に留まっていて、ウィーン陥落直前に釈放される。

　戦後、1949年にはアパートの管理役で『第三の男』にも出演。ハンス・モーザーのパートナーとして数多くの映画に登場した。1957年『野ばら』では息子のトーマスと共演している。1965年、ブルク劇場へ戻る。

33E区
Ehrenger Gruppe 33E

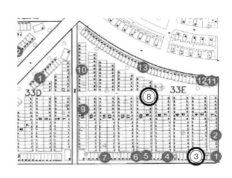

45 ロベルト・フックス
Robert Fuchs

Reihe 3, Nr.5 [上記の③]

＊1847年2月15日 フラウエンタール
†1927年2月19日 ウィーン

作曲家

　ヨハン・ネポムーク・フックス（1842-99、作曲家・指揮者・理論家）の弟。学校教師の13人目の子として生まれる。グラーツの師範学校で職業教育の最初の課程を修了。その後、1865年、ウィーンへ行き、作曲をフェーリクス・オットー・デソフに、アントン・ブルックナーに師事する。

　1867年、交響曲を発表（卒業作品）。彼のオーケストラ作品は成功を収め、ブラームスから称賛された。1874年に書かれた彼の《5つのセレナーデ》の最初のものは有名になり、「セレナーデ・フックス」と呼ばれた。

　1875年からウィーン楽友協会のコンサートで指揮。1894～1905年、宮廷オルガニスト、1875～1912年、ウィーン・コンセルヴァトーリウムの楽理科教授に就任、多くの生徒を指導した。生徒には、レオ・ファル、リヒャルト・ホイベルガー、エーリヒ・コルンゴルト、グスタフ・マーラー、フランツ・シュミット、フランツ・シュレーカー、ジャン・シベリウス、ロベルト・シュトルツ、リヒャルト・シュトラウス、フーゴ・ヴォルフ、アレクサンダー・フォン・ツェムリンスキー、さらには動物学者のパウル・カンメラーがいる。

　1881年、ピアノ協奏曲でベートーヴェン賞を受賞。1927年、80歳の誕生日の4日後に死亡。

　作品にはオペラ2、シンフォニー3、

オーケストラのためのセレナーデ5、室内楽、オルガン曲、歌曲などがある。

46 アレクサンダー・ジラルディ
Alexander Girardi

Reihe9, Nr.16 ［上記の⑧］
＊1850年12月5日 グラーツ
†1918年4月20日 ウィーン
俳優

1850年、錠前工の息子として生まれる。

ジラルディは父親から錠前の技術を学ばなければならなかったが、劇場に熱狂し、密かに歌の練習をし、素人芝居に明け暮れていた。父の死後、正式なレッスンを受けることなく、もっぱら役者の武者修行さながら、各地に赴く。

1869/70年、ロヒッチ・ザウアーブルンのサマーシアターへ行き、1870年から71年にかけてシュルツブルクのサマーシアターに参加、冬にはクレムス、1870/71年にはイシュルのサマーシアター、冬にはザルツブルクで演じている。

1871～74年、ウィーン・シュトラムプファー劇場、1874～96年、テアター・アン・デア・ウィーンと契約。若々しいブッフォと歌の喜劇役者として成功を収める。1896/97年、カール劇場、1898～1900年、ドイツ国民劇場、ヨーゼフシュタット劇場、ライムント劇場、ヨハン・シュトラウス劇場、ウィーン市立劇場、ベルリン、ハンブルク、ドレスデンの劇場に客演。

1913年、オペレッタ映画『百万長者のおじ』で主役を演じる。第一次世界大戦の初め、舞台を引退し、グラーツへ戻る。1918年2月15日、亡くなる2ヶ月前、ライムントの《百万長者の農夫》においてフォルトゥナートゥス・ヴルツェル（役）でブルク劇場でのデビューを祝う。1918年、ウィーンで亡くなる。

キャラクター俳優として及びヨハン・シュトラウス、ミレッカー、レハール等のオペレッタの喜劇役者として、さらに映画でも活躍した。

かつて、1881年、テアター・アン・デア・ウィーンでヨハン・シュトラウス

の《陽気な戦争》が初演された際、一喜劇役者だったジラルディは劇場側に劇中で歌うソロを一つ入れてほしいと要求。シュトラウスのほうも当初は拒否するが、代役が見つからず、昔作ったワルツの旋律を彼に渡し、ヴァーグナーという男が歌詞を付け、それをジラルディが歌った…。それがにわかに人気を集め、初演は大成功を収める。

この後、ジラルディはミレッカー作《乞食学生》(1882年)のヤン、《ガスパローネ》(1884年)のベノッツォ、ツェラー作《小鳥売り》(1891年)のアダム等、ウィーン・オペレッタの黄金時代に大きく貢献した。

シュトラウスとジラルディの二人の組み合わせによって、オペレッタはウィーン人好みになっていったとも言われる。シュトラウスも彼のために作曲し、《ジプシー男爵》のジュパン役はまさにジラルディのための役で、ジラルディの死後しばらくはこの役を演じる人がいなかったという。

ジラルディはウィーン的なものを典型的に表現し、「ウィーン風のもの、真のウィーンらしさを正真正銘、具現化している」人だった。

33G区

Ehrengräber Gruppe 33G

47   Nr.32

マルセル・プラヴィ

Prof. DDr. Marcel Prawy （本名：Marcel Horace Frydmann）

＊1911年12月29日 ウィーン
†2003年2月23日 ウィーン
音楽評論家

1955年からウィーン・フォルクスオーパー演出家。『キス・ミー・ケート』(1948年初演のブロードウェイ・ミュージカル) のドイツ語版等、アメリカのミュージカルをオーストリアに持ち込んだ人でもある。

1972年、ウィーン国立歌劇場首席演出家、1976～82年、ウィーン音楽大学教授。ウィーン大学演劇学講師など、幅広く活躍するとともに、アメリカおよび日本の大学でも客員教授を務める。オペラの見識者としてテレビ（シリーズ "Opernführer（オペラ入門）" は特に有名)、ラジオ放送に出演、数多くの音楽家と親しく交流した。

『ウィーンのオペラ』(1969年) から

『ウィーン・シュターツオーパーの125年』（1994）まで著書多数。ヴァグネリアンとしても知られる。ウィーン国立歌劇場名誉会員。

48 ハンス・カーン
Prof. Hans Kann

Nr.35
＊1927年2月14日　ウィーン
†2005年6月24日　ウィーン
ピアニスト

ピアノをアドルフ・ブロッホ、アウグスト・ゲルナー、フリードリヒ・ヴューラーに師事。さらに、室内楽をオットー・シュールホーフ、作曲をヨーゼフ・レヒトハーラー、楽曲分析をヨーゼフ・ポルナウアーに師事する。

1946年から世界中に数多く演奏旅行を行う。1950〜52年、ウィーン音楽アカデミーで教鞭をとる。1955〜58年、東京芸術大学、1962〜67年、ダルムシュタット市立アカデミーで指導。日本では上野学園でも教えた。1977〜95年、ウィーン国立音楽大学のピアノ科教授を務める。

ウィーンでは、ピアノ付きの部屋を賃貸する大家さんでもあり、ピアノを学ぶ日本人学生の中にはお世話になった方も多い。部屋のシャワーの排水等の故障が

起こると自ら駆けつけ、修理してくれる優しいおじさまでもあった。

49 ジェルジ・リゲティ
Ligeti György Sándor

Nr.37
＊1923年5月28日　ディチェーセントマールトン（ルーマニアのティルナヴ）
没2006年6月12日　ウィーン
作曲家

ハンガリーのユダヤ系外科医の息子として生まれる。彼の父親の家族は、ヴァイオリン奏者レオポルト・アウアーを含め、「アウアー」と呼ばれていたが、世紀の変わり目に氏名をアウアーからリゲティと変えた。

第二次世界大戦では、家族はバラバラに強制収容所に入れられた。父親は、1945年4月にベルゲン＝ベルゼン強制収容所で、弟のガボールは1945年3月にマウトハウゼン強制収容所で殺害された。母親はアウシュヴィッツ＝ビルケナ

ウ強制収容所を生き延びた。

　音楽理論やオルガンをF.ファルカシュに就いて学びつつ、1941年、物理学と数学を志望したが、ユダヤ人の血統のために拒否される。ブダペストで勉強を続けるが、1944年、強制労働旅団に送られ、勉強を中断しなければならなかった。リゲティはソヴィエトの捕虜となるが、キャンプへの爆撃で逃げることが出来た。

　戦後、ブダペストのフランツ・リスト・アカデミーで作曲の勉強を再開し、シャンドール・ヴェレシュ、ゾルタン・コダーイ、パル・ヤールダーニ、ラヨス・バルドシュらに師事。1949年、卒業。コダーイやヴェレシュの影響でトランシルヴァニアの民族音楽の研究を行う。1年後、フランツ・リスト・アカデミーに戻り、1950～56年、ハーモニー、対位法、音楽分析の教師となる。

　当時、共産党はハンガリーと西側のコミュニケーションを制限していた。1956年12月、ウィーンへ亡命、1967年、オーストリアの市民権を取得。その後、リゲティはケルンに向かう。カールハインツ・シュトックハウゼンとゴットフリート・ミヒャエル・ケーニヒらと出会い、現代音楽の手法に触れ、前衛的な作曲技法を身につけていった。ダルムシュタットの新しい音楽にふれながら、ケルン電子音楽スタジオで創作を続けた。

　1961～71年、ストックホルムの作曲科の客員教授。1972年、米国、スタンフォード大学にコンポーザー・イン・レジデンスとして滞在。ダルムシュタット、ストックホルム、ハンブルク等、世界の各地で多数の講義を行う。最先端の作曲家として、ウェーベルン後の前衛音楽とは対照的に、新しい音楽語法を開発。

1973～89年、ハンブルク音楽演劇大学の作曲科教授に就任し、数多くの学生を教える。

　ルネッサンス音楽からアフリカ音楽に至るまで、様々な音楽スタイルに対する広範囲な興味の他に、文学（ルイス・キャロル、フランツ・カフカなど）や絵画・建築・数学などにも関心を抱いていた。1987年、科学と芸術勲章、1990年、オーストリア大賞、2001年、京都賞（芸術部門）など受賞多数。

　その実験的な作品はオペラ（《ル・グラン・マカーブル》、管弦楽曲（《アトモスフェール》《ロンターノ》《アパリシオン》他）から協奏曲、室内楽曲、声楽曲（合唱曲《ルクス・エテルナ》他）、ピアノ曲、電子音楽等、多岐にわたる。作品がキューブリック監督作『2001年宇宙の旅』（レクイエム、ルクス・エテルナなど）や『シャイニング』（ロンターノ）などに使用されたことでも知られる。

　晩年のリゲティの言葉には、この作曲家の本懐が示されている——「私は、前衛もポストモダンも時代遅れだと思います。むしろ、そのようなイデオロギーとは無縁の現代芸術があると信じています。それは20世紀の精神のあり方や傾向、生命観にふさわしいもののはずです」（1994年）。

| 50 | Nr.46 （場所は Nr.85） |

ウド・ユルゲンス
Udo Jürgens

＊1934 年 9 月 30 日 クラーゲンフルト
†2014 年 12 月 21 日 ミュンスターリンゲン

歌手

エンターテイナーにして歌手。ピアノの弾き語りの達人。1964 年から 3 年連続オーストリア代表としてユーロビジョン・ソング・コンテストに出場し、1966 年《メルシー・シェリー》で優勝。

1971 年 10 月、日本で発売された《別れの朝》の原曲の作詞・作曲者。原曲は "Was ich dir sagen will"（僕が君に伝えたいこと）で、彼のヴァージョンは「夕映えの二人」としてシングル発売された。2007 年以降、スイス国籍。最後のステージは 2014 年、チューリヒでのコンサートとなった。

2014 年 12 月 21 日、スイスのミュンスターリンゲンで心不全のため亡くなる。

| 51 | Nr.71 |

アレクサンダー・フォン・ツェムリンスキー
Alexander von Zemlinsky

＊1871 年 10 月 14 日 ウィーン
†1942 年 3 月 16 日 ラーチモント

作曲家

幼少よりピアノを始め、シナゴーグでオルガンを弾く。1884 年、ウィーン楽友協会コンセルヴァトーリウムでピアノをヴィルヘルム・ラウホに師事。3 年後、ルビンシテイン奨学金を得る。1887 年、アントン・ドーアのピアノ・クラスを修了。フランツ・クレンとロベルト・フックスに音楽理論を学ぶ。1890 年、コンセルヴァトーリウムの年次ピアノコンクールで、ブラームスの《ヘンデル変奏曲》を弾く（金メダルとベーゼンドルファーのグランドピアノを獲得）。その後、作曲をヨハン・ネポムーク・フックスに師事。

1895 年、アマチュア・オーケストラ「ポリヒムニア」を結成。チェリストとして参加したシェーンベルクと出会い、対位法の指導を行う。1901 年、妹マティルデがシェーンベルクと結婚。ツェムリンスキーの門弟には、他にアルマ・マーラー、カール・ヴァイグル、エーリヒ・コルンゴルトなどがいる。

1896 年、オペラ《サレマ》で、ルイトポルト賞を受賞（その後、《サレマ》は 1897/98 シーズンにミュンヘンの宮廷オペラで初演）。同年、ブラームスに敬意を

表して《春の埋葬》を書く。1897〜99年、《ただ一度》を作曲、マーラーが初演する（1900年1月22日、ウィーン宮廷オペラでの初演は大成功を収める）。

世紀の変わり目に、ツェムリンスキーはフリーメーソンになる。1906年頃、プロテスタントに改宗。名前のスペルと公式の生年月日を「1872年10月4日」に変更する。1900年、楽友協会の黄金のホールでのオラトリオ《春の埋葬》の世界初演でアルマ・シンドラーと出会い、彼女の音楽教師になる（1902年、アルマはグスタフ・マーラーと結婚）。

1899年、カール劇場のカペルマイスター、1904年、フランツ・ヨーゼフ皇帝即位50周年記念市立劇場（後のフォルクスオーパー）の監督、1907年、ウィーン宮廷歌劇場カペルマイスター、1911〜27年、プラハ・ドイツ国立劇場、その後、ドイツへ移住。1927〜31年、オットー・クレンペラーが監督を務めるベルリン・クロール歌劇場で指揮者に就任。

マーラーを名誉会長とする作曲家集団に加わり、ルドルフ・ホフマン、ゲルハルト・フォン・コイスラー、オスカー・ポーザ、カール・ヴァイグル、アルノルト・シェーンベルク、ブルーノ・ヴァルターらと共に活動、若い世代に影響を与えた。1933年、ウィーンに移り、ウィーン・コンサート・オーケストラの音楽

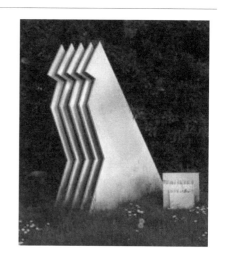

監督を務める。1938年9月15日、妻と一緒にアメリカへ亡命。

ニューヨークに到着後、深刻な脳卒中に陥り、ほとんど作曲は出来なかった。アメリカ時代の作品の中には、「アル・ロバーツ」名義で作曲した3曲の英語歌曲などがある。ニューヨーク州ラーチモントで低血圧性肺炎にかかり、1942年に逝去。1985年、彼の遺灰はウィーン中央墓地に移された。

作品には、ほかに、1910年《馬子にも衣装》、1917年《フィレンツェの悲劇》等、オペラ、交響曲、室内楽、ピアノ曲、合唱曲、歌曲等、多岐にわたっている。

---

52 Nr.78

ヴィリー・ボスコフスキー
Prof. Willi (Wilhelm) Boskovsky

＊1909年6月16日 ウィーン
†1991年4月21日 フィスプ（スイス）
コンサートマスター・指揮者

ウィーン国立音楽アカデミーでヴァイオリンをマイレッカー、室内楽をモラヴェッツに師事。フリッツ・クライスラー賞受賞。卒業後、1932年にウィーン国

立歌劇場管弦楽団と共演、翌年からウィーン・フィルハーモニー管弦楽団に入団し、1939年、ハンス・クナッパーツブッシュの推薦により第2コンサートマスターに就任。1948年、弟のアルフレート（クラリネット首席奏者）とウィーン八重奏団を結成し、ルツェルン音楽祭でデビュー、室内楽の分野でも活躍。同時にリリー・クラウスとヴァイオリン・ソナタを録音。

1949年、ヴォルフガング・シュナイダーハンの後を受け、ウィーン・フィルの第1コンサートマスターに就任。

1955〜79年、「ニューイヤー・コンサート」の指揮者として登場。ヨハン・シュトラウス2世に倣い、ヴァイオリンを弾きながら指揮をするウィーンの伝統スタイルで聴衆を魅了した。

1961年、バリリ弦楽四重奏団を引き継ぎ、ウィーン・フィルハーモニー弦楽四重奏団を結成し、1965年まで継続。1969年、ウィーン・ヨハン・シュトラウス管弦楽団首席指揮者に就任。

1970年、ウィーン・フィルを引退

（1971年という説もある）。1935年以来、ウィーン国立音楽大学で後進の指導にあたる。ニューヨーク交響楽団、ロンドン・フィルハーモニー管弦楽団、カナダ放送管弦楽団、北ドイツ放送交響楽団他世界各地のオーケストラに客演。数多くの録音を残している。

1991年4月21日、スイス・ナスティの病院で死去。

53　　　　　　　　　　　　　　　　　　　　　　　　　　　　Nr.83

ヴァルデマール・クメント
KS. Waldemar Kmentt

＊1929年2月2日　ウィーン
†2015年1月21日　ウィーン
宮廷歌手

ピアニストを志すが、声楽に転向。オーストリア国立音楽大学で学ぶ。アドルフ・フォーゲル、ラドー女史に師事。1951年、ウィーン・フォルクスオーパーでのウィーン国立歌劇場引っ越し公演（空爆で爆撃された国立歌劇場は復旧中だった）でプロコフィエフの《3つのオレンジへの恋》の王子役でデビュー。ウィーン国立歌劇場再開記念公演《フィデリオ》に出演。

ウィーン・モーツァルト・アンサンブルのメンバーとしても活躍し、カール・ベームの《第九交響曲》の独唱に起用されるなど、有望な新人として早くから注目を集めた。ヨーロッパの諸歌劇場に二枚目テノール役として出演。

ザルツブルク音楽祭、バイロイト祝祭歌劇場にも登場。アルマヴィーヴァ（セ

ヴィリアの理髪師)、タミーノ(魔笛)、ロドルフォ(ラ・ボエーム)、カヴァラドッシ(トスカ)、ドン・ホセ(カルメン)、ホフマン(ホフマン物語)等のオペラ、アイゼンシュタイン、アルフレート(こうもり)、スー・チョン(微笑みの国)等、数多くのオペレッタの大役を得意とした。

ウィーン国立歌劇場では1982公演に出演。1978〜95年、ウィーン市立音楽大学オペラ科教授としてW.バンクル他、日本人を含む後進の指導にあたった。オペラ科のツアー公演では、演出を行うと共に自ら《売られた花嫁》のサーカス団長を楽しそうに演じていた。

なお、ウィーンでかつて行われたアンケート「ウィーンで一番セクシーな男」の投票では、俳優のマーロン・ブランドを抑えて1位に輝き、周囲に嬉しそうに話していた。「永遠の王子様」のような方でした…。

14A区

Ehrengräber Gruppe 14 A

54　ルートヴィヒ・アンツェングルーバー
Ludwig Anzengruber

Nr.1
＊1839年11月29日　ウィーン
†1889年12月10日　ウィーン
劇作家・小説家

父ヨハン・アンツェングルーバーは『ベルト・シュヴァルツ』という作品で成功した作家。父の跡を継ぎ、シラーやシェイクスピア等の作品を読んで育ち、書店の店員をしていたが、腸チフスになり、俳優に転身。1869年、警察の書記の傍ら戯曲を書く。1870年、教会を批判した『キルヒフェルトの神父』を発表、一躍劇作家として成功を収める。

1871年、自然主義的な戯曲『偽善農夫』、1877年、『第四の戒律』を発表。1885年、写実主義的な小説『シュテルンシュタイン屋敷』を書く。伝統的な民衆喜劇に当時の農村社会の諸問題をモチーフとして取り入れ、自然主義的な色彩の濃い作品を書いている。

民衆や農民を題材にした戯曲が多く、方言が生かされた登場人物の写実的な性格描写に定評がある。「ウィーン民衆劇の最後の劇作家」と称される。1885年、戯曲『帰宅』を発表。1887年、フランツ・グリルパルツァー賞を受賞。1889年12月10日、炭疽菌に罹り、逝去。

戯曲の他に多くの教訓物語（カレンダー物語）や小説も書いている。

テオドール・ビルロート
Dr. med. K. K. Prof. Hofrat (Christian Albert) Theodor Billroth

Nr.7
＊1829年4月26日 ベルゲン
†1894年2月6日 アバツィア
外科医

近代腹部外科の基礎を作った外科医。「内臓外科医の父」と称される。リューゲン島ベルゲン生まれ。グライフスヴァルト、ゲッティンゲン、ベルリンの各大学で学ぶ。

ベルリン大学卒業後、同大学外科学教室に入り、1853年からベルリン大学外科のベルンハルト・フォン・ランゲンベック（1810-87）の助手を務め、1856年、ベルリン大学講師となり、病理学研究に従事。1860〜67年、チューリヒ大学外科教授、1867年、ウィーン大学外科教授を務めた。外科学におけるウィーン学派の創始者。

1872年、食道切除術、1881年、癌に侵された胃の幽門切除術に初めて成功。腸の切除、縫合法の開発にも業績が多く、内臓外科の発展に大きく貢献した。胃を切除後の消化管の吻合方法（手術法）に、「ビルロートⅠ法」（胃癌の切除後、胃と十二指腸を直接縫合すること）、「ビルロートⅡ法」（胃癌の切除後、胃を空腸に吻合すること）という呼称が今なお用いられている。主著に『外科的病理学と療法総論』（1863）がある。

ビルロートは幼いころからピアノやヴァイオリンを学び、音楽愛好家としても知られていた。現存していないが、室内

楽曲や歌曲の作曲、音楽評論も行っていたという。ウィーン大学在職中、ベルリン大学から教授招聘があったが、ブラームスとの別離が忍びないとして、この話を断ったというエピソードもある。

1893年、静養中に民謡を研究していたビルロートはブラームスに意見を求め、それに対しブラームスは皮肉めいた手紙を送ってしまう…。1894年2月6日、ビルロートは静養先のアバツィアで客死。ビルロートが亡くなる20日前に届いた

ブラームスの手紙にビルロート夫人は怒り、1894年2月10日、ウィーンで行われたビルロートの葬儀へのブラームスの出席を許さなかったという。

ハンス・マカルト
Prof. Hans Makart

Nr.32
＊1840年 5月28日 ザルツブルク
†1884年10月3日 ウィーン
画家

　1840年、宮廷官吏の息子としてザルツブルクに生まれる。ミュンヘンの美術アカデミーで絵画を学び、1861～65年、歴史画で有名なカール・テオドール・フォン・ピロティに師事。フランツ・フォン・レンバッハと知り合う。その後、イギリス、フランス、イタリアで絵画修業を積む。

　主として神話画、歴史画、寓意画のジャンルで装飾的効果をねらった豊麗な色彩による巨大な絵を制作。1861年に設立された画家・彫刻家及び建築家の協会「芸術家の家協同組合」会長。1869年、ウィーンに招かれ、1870年、ウィーン美術アカデミー教授に就任。

　19世紀後半のウィーン社交界・画壇の中心人物となり、「画家の王」と呼ばれるようになる。また、アルフォンス・ミュシャ、グスタフ・クリムトにも影響を与えた。

　マカルトをウィーンに呼び戻した皇帝フランツ・ヨーゼフは、グスハウス街にアトリエを与えた。マカルトは自分のアトリエをヴェネツィアングラス、ギリシャ彫刻などで飾り、1871年、毎日午後、市民に開放した。1873年には芸術家や裕福な市民階級の社交場となり、ウィーン・ファッションの中心ともなった。「マカルト・ロート」と称される紅色は彼のファッションのポイントで、「マカルト帽」なども登場した。

　ルーベンス生誕300年を記念して制作した『カール5世のアントワープ入城』には、1878年の初め、数日で3万4000人の見物客を集めたという。

　1879年4月28日、皇帝夫妻の銀婚式を祝う祝賀パレードが挙行される。マカルトは行列全体のデザインと演出を担当。このパレードには全ての職能組合と1万人もの芸術家や職人が動員され、マカルト自身、ルネッサンス風の衣束を身にまとって参加する。マカルトのアトリエを訪ねたことがあったエリーザベト皇后もマカルト風衣装でパレードに臨んでいる。リング通りをマカルトが考案した山車やルネッサンス風の衣装を身に着けた人々が行進する様は、歴史絵巻を見る

ようだったという。

　1870年から約10年間、ウィーンの美術界と社交界の寵児だったマカルトだが、1881年、バレリーナとの結婚を境に上流社会から次第に遠ざけられ、1884年10月3日、梅毒による麻痺のため44歳で死亡。

　近年「肖像画」の分野で評価される。

フランツ・ヨーゼフⅠ世在位50年記念祝賀パレード、子供たちの行列。
(1898年6月24日)
マカルトが考案した伝統的なパレード・シーンといってよいだろう。

14C区

Ehrengräber Gruppe 14 C

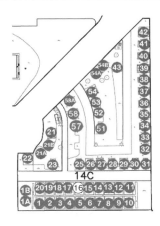

57		Nr.16

ハンス・プフィッツナー
Dr. Prof. Hans Erich Pfitzner

＊1869年5月5日 モスクワ
†1949年5月22日 ザルツブルク
作曲家

　ライプツィヒ音楽院管弦楽団のヴァイオリニスト兼音楽監督の父ロベルト・プフィッツナー（1825–1904）の子として生まれる。1872年、両親と共にフランクフルト・アム・マインに移住。父親から最初の音楽レッスンを受ける。

　1886年から90年まで、ハンスは、フランクフルト・ホッホ・コンセルヴァトーリウムでイヴァン・クノールに作曲を学び、ピアノをジェームス・クヴァストに師事。1892～93年、コブレンツ音楽院に学び、1894年、マインツ市立劇場で無給の指揮者見習いとなる。1895年、マインツで《あわれなハインリヒ》とイプセンの戯曲のための付随音楽《ゾルハウクの祭》初演。1901年、

PART 1　お墓めぐり

2作目のオペラ《愛の園のバラ》の初演がアム・ブラウゼンヴェルト市立劇場で行われる。

1905年、ウィーン宮廷歌劇場で、《愛の園のバラ》がマーラーの指揮で再演。1907～08年、ミュンヘンのカイム・オーケストラの指揮者に就任。1908年に家族はシュトラスブルクに引っ越す。市立コンセルヴァトーリウムとシュトラスブルク・フィルハーモニー管弦楽団の監督。1910年、シュトラスブルク・オペラの音楽監督も務め、演出家としても活躍。1913年、教授に任命。第一次世界大戦では、1915年に軍隊に志願したが、猶予される。

1917年、代表作《パレストリーナ》が、ミュンヘンの摂政宮劇場でブルーノ・ヴァルターの指揮によって初演。1919年、ウンターショーンドルフ・アム・アマーゼーに移る。1919/1920年、ミュンヘン・フィルハーモニーの指揮者。1920年、プロイセン芸術アカデミーで作曲のマスタークラスの指導者となる（校長を務める）。ヨーゼフ・フォン・アイヒェンドルフの詩による《ドイツ魂》（1921）と彼の最も重要な器楽作品、ピアノ協奏曲変ホ長調（1922）、ヴァイオリン協奏曲ロ短調（1923）、弦楽四重奏嬰ハ短調（1925）を作曲。

1923年、胆汁手術を受けた際には、ヒトラーが病院に彼を見舞っている。

1932年、弦楽四重奏曲ハ短調（1925年）を交響曲に改作。1926年、妻が亡くなった後、ミケランジェロ、ゲーテ、コンラート・フェルディナント・マイヤー、リヒャルト・デーメルの詩に基づく葬送音楽《冥土》（1930）を作曲。1929年、60歳の誕生日に祝賀会が行われる。1930年、ミュンヘンに移り、翌年には最後のオペラ《こころ》を作曲。1934

年、ミュンヘンの国立音楽アカデミーを退職。1939年、再婚。1942年、プフィッツナー夫妻は、ニュルンベルク近郊での爆撃により、移動中の寝台車が完全に破壊されるが、生き延びる。1943年、ミュンヘンの彼の家が爆弾に見舞われ、彼はウィーンのロダウンに移る。1939年、娘アグネスの自殺後、1944年、次男のペーターもロシアで死去。1945年、ガルミッシュ゠パルテンキルヒェンに逃亡、そこで難民シェルターに入る。1946年、ミュンヘン゠ラマースドルフの老人ホームに移る。

1947年10月13日、ナチスの活動に加担した一級戦犯として起訴される。しかし、1948年、ナチス追放の一環としてナチス党員として活動していたかどうかを審査するミュンヘンの非ナチ化審査機関で、無罪判決となる。この調査には、作曲家および指揮者のヴァルター・ブラウンフェルス、ハンス・フランケ、ハンス・クナッパーツブッシュ、ハンス・ロスボー、アルノルト・シェーンベルク、ブルーノ・ヴァルター、アルマ・マーラー・ヴェルフェル、カール・ザックマイヤーによる名誉宣言が含まれていた。

1949年、ハンス・プフィッツナーはザルツブルク訪問の途中、2回目の卒中発作で死亡。

ウィーン・フィルハーモニーの発起で、中央墓地の名誉墓地に葬られる。1950年、彼の芸術を記念し、普及を目的とするプフィッツナー協会が設立された。門人にはオットー・クレンペラー、カール・オルフ、ロベルト・レーハン、ゲルハルト・フロメルなど多数。

作品の様式はドイツ・ロマン派を基盤としており、「最後のロマン主義者」と呼ばれている。しかし、プフィッツナーは、愛国主義者であることを自認、反ユ

ダヤ的言動等で今日でも評価が定まっていない。パウル・ベッカーやフェルッチョ・ブゾーニに反駁して書かれた著作もある。

作品にはオペラ、歌曲、交響曲、協奏曲、管弦楽曲、室内楽曲、ピアノ曲他。多くの日本人学生を指導したウィーン国立歌劇場首席演出家 Prof. KS. ヨーゼフ・ヴィットは、"伝説的パレストリーナ"と称された名テノール。

プフィッツナー《パレストリーナ》
1937年11月10日、シュターツオーパー公演

第2幕の舞台

ヨーゼフ・ヴィット
↑
サイン入り

15E区

Ehrengräber Gruppe 15

58	Reihe13, Nr.2 [上記の⑥]
テオ・ツァッシェ Theo(dor) Zasche	＊1862年10月18日 †1922年11月15日 画家

ミニチュア、ファエンツァ焼き、磁器、エナメルの画家ヨーゼフ・ツァッシェの息子で、ウィーンに生まれる。まず父から学び、後ウィーンの美術工芸学校でフェルディナント・ラウフベルガーとユリウス・ヴィクター・ベルガーに師事。父の死後、磁器絵付けの仕事をし、水彩画の仕事に従事する。ウィーンの「Floh（フロー）」「Wiener Witzblatt（ウィーン滑稽新聞）」、ベルリンの「Lustige Blätter（愉快な新聞）」、ミュンヘンの「Fliegende Blätter（迅速な新聞）」など、多くの雑誌のイラストで特に知られている。

1910年から「Volkszeitung（国民新聞）」で働き、政治風刺を行う。1892年

3月24日から、ウィーンキュンストラーハウスのメンバー。1922年11月15日、ウィーンで天に帰る。1923年夏、キュンストラーハウスはツァッシェの記念展覧会を開催。

ツァッシェはスケッチで肖像画の忠実さを実現した画家だった。彼が描いた皇帝フランツ・ヨーゼフ、皇后エリーザベト、宮廷貴族、宮廷で働く人々を描いた多くの作品は現在、ホーフブルク、シェーンブルン等で飾られているので、ご覧になった方は多いと思われる。

戦前、彼は菫売りの娘から伯爵夫人に至る、輝くような魅力的なウィーンの女性たちを描くのを得意とした。ウィーンとウィーン人の鑑識者として、ウィーンとそこで泣き笑うウィーンの人々を上品に描いた画家だった。その力量ぶりは本書のPART3でとくとご覧ください。

16A区

Ehrengräber Gruppe 16A

---

59   **Reihe 7, Nr.23**［上記の①］

ルートヴィヒ・フォン・ケッヘル   ＊1800年1月14日 シュタイン・アン・デア・ドナウ
Dr. Ludwig Alois Ferdinand Ritter von Köchel   †1877年6月3日 ウィーン

音楽史家・法律家

　1862年、『モーツァルト全音楽作品の年代別主題別目録』("Köchel-Verzeichnis")を出版、作品にふられた番号は「ケッヘル番号」として現在も用いられている。

　1827年、ウィーン大学で法学を修め、カール大公一家の家庭教師となる。1842年、レオポルト騎士団勲章授与。1843年、ウィーン楽友協会副総裁。1848年、革命でテシェンに移り、その後、ザルツブルクへ移る。

　1862年に出版された『モーツァルト作品目録』は、1761年作曲の《クラヴィーアのためのメヌエット　ト長調》から《レクイエム》(1791年、未完)までの626曲を作曲年代順目録、直筆譜・

写譜・出版譜の有無、保管先のデータなどが掲載され、各曲に通し番号（ケッヘル番号）が付けられている。

1863年、ウィーンへ戻り、ベートーヴェンの書簡集の編纂、宮廷音楽の歴史に関する本などを出版。ヨハン・ヨーゼフ・フックス研究の功績によりウィーン楽友協会名誉会員となる。1877年、死去。追悼式ではモーツァルトの《レクイエム》が演奏された。

ケッヘル番号は、新しく作品が発見されたり、後世の研究により作品の成立時期が見直されたりして、1905年、パウル・ヴァルダーゼー伯爵（1831-1906）によって改訂、1937年、1946年にはアルフレート・アインシュタイン（1880-1952）によって改訂。最新版は第8版となっている。ケッヘル番号は通常、K.V. もしくは K. と省略されて記載される。

17B区

Ehrengräber Gruppe 17B

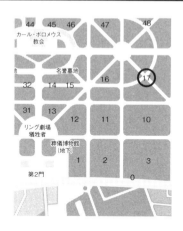

60 ルートヴィヒ・ベーゼンドルファー
Ludwig Bösendorfer

Reihe1, Nr.10 ［上記の②］
＊1835年4月10日 ウィーン
†1919年5月9日 ウィーン
ピアノ製造者

　1828年、ウィーンでイグナーツ・ベーゼンドルファー（1796-1859）によって設立されたピアノ製造会社ベーゼンドルファーを受け継ぎ、発展させた。各国の王室、帝室（オーストリア、ロシア、フランスなど）の御用達として選定され、名声を高めた。「ベーゼンドルファー」（ピアノ）は、フランツ・リストの演奏に耐えたことで、多くの作曲家、ピアニストから支持され、スタインウェイと人気を二分。ヴィルヘルム・バックハウス、フリードリヒ・グルダ、アンドラーシュ・シフ等が好んで使用。

　1872年、ハンス・フォン・ビューローのピアノ演奏で、ベーゼンドルファーザールを開場。1913年までウィーンで

最も有名なコンサートホールだった。こ
こでは、リスト、ルビンシテイン、ヘル
メスベルガーなどがコンサートを行った。

1878 年以降、ウィーン楽友協会理事
会会員。1909 年、実子がいなかったベ
ーゼンドルファーは、ピアノ製造会社を
彼の友人、ピアニスト・作曲家のカー
ル・フッターシュトラッサーに売る。

2008 年からヤマハの子会社となる。
標準的な 88 鍵のピアノに加えて、低音
部が拡張された 92 鍵および 97 鍵のピ
アノを製造していることで知られる。

PART 1　お墓めぐり

18区

Ehrengräber Gruppe 18

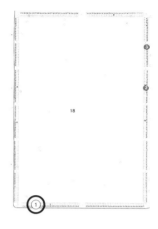

[61]　　　　　　　　　　　　　　　　　　　　　　Reihe1, Nr.9 ［上記の①］

エドゥアルト・ハンスリック
Prof. Dr. Eduard Hanslick

＊1825年9月11日　プラハ
†1904年8月6日　バーデン
音楽学者・批評家

　少年時代からピアノが巧みで、自宅でピアノを教えることもあった。ピアノと作曲をヴェンツェル・ヨハン・トマシェックに師事。プラハ大学とウィーン大学で法律を学び、1849年、博士号を取得、司法官試験に合格。1850年、クラーゲンフルトの税務署に勤める。1852年、ウィーンの大蔵省に転任。

　余暇に音楽論文を『ウィーン新聞』に寄稿。1854年、『音楽美について』を出版（生存中に10版を重ね、フランス語やロシア語など、数ヶ国に翻訳された）。1856年から無給のウィーン大学講師、1861年、助教授となり、大蔵省から退く。

　1867年と1878年、パリ万国博覧会

における音楽部の審査員、1873年と1892年、ウィーン博覧会における音楽部の審査員を務める。

1870年からウィーンの音楽史と美学の大学教授（16世紀の大学改革以来、ドイツ語圏最初の大学での音楽学者）。名誉博士号を得る。1886年、宮中顧問官の称号を受ける。

交際範囲も広く、フロトウ、ロルツィング、グリルパルツァー、グスタフ・ノッテボーム、哲学者のロベルト・ツィンマーマンらと交友。音楽批評を1846年『ウィーン音楽新聞』、1848年『ウィーン新聞』、1853〜64年『新聞Presse』、1864〜1901年『新自由新聞』に書く。その批評眼は鋭く、音楽界に多大な影響力を放った。

ハンスリックの「音楽美論」は、音楽の独自性を形式に見いだし、「音楽の内容とは鳴り響きつつ動く形式」とし、音楽そのものに美を求める「自律的音楽美学」を主張。ヴァーグナーを痛烈に批判し、ブラームスを支持した。1869年から毎夏訪れていたバーデンで、心不全の発作を起こし、逝去。

ウィーンの新聞に載った風刺画（1890年）。ブラームス像の前で香炉をふりかざすハンスリック。

40区

Ehrengräber Gruppe 40

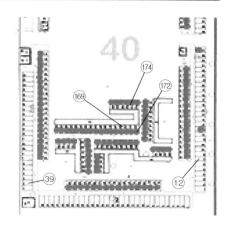

62 Nr.12
オットー・エーリヒ・ドイッチュ
Prof. Dr. Otto Erich Deutsch

＊1883年9月5日 ウィーン
没1967年11月23日 ウィーン
音楽学者・自然科学者

　ウィーン大学とグラーツ大学で美術史と文学を学ぶ。1908〜09年、音楽評論を執筆。1909〜12年、ウィーン大学美術研究所の助手、1919〜24年、出版社勤務。1926〜35年、アントニー・ヴァン・ホーボーケンの音楽アーカイヴで司書として働く。1928年、教授就任。1939〜51年、民族社会主義党員によるユダヤ人迫害により、イギリスへ亡命（ケンブリッジ）、イギリス国籍を取得（1947年）。

　1951年、シューベルトの全作品の完全リスト『ドイッチュ目録 Deutsch-Verzeichnis』（英語版、1978年にドイツ語版）を出版。全作品に作品番号を付け、D番号（ドイチュ番号）と命名。1952年、

ウィーンへ戻る。モーツァルトとヘンデルの伝記も上梓（ドキュメンタリー伝記の「創始者」と呼ばれる）。

63 アントン・パウリク
Prof. Anton Paulik

Nr.39
＊1901年5月14日 プレスブルク
†1975年4月22日 ウィーン
指揮者

薬学を学んだのち、ブダペストとウィーンで音楽を学ぶ。1921～38年、テアター・アン・デア・ウィーンの指揮者。カールマン作曲《マリッツァ伯爵令嬢》《サーカスの女王》の初演を指揮し、大成功を収める。1936年、ウィーン国立歌劇場で客演指揮。

戦後、亡くなるまでウィーン・フォルクスオーパーのカペルマイスターを務めた。

1946年、ブレゲンツ音楽祭創設の一人。多くのオペレッタの指揮をする。「ウィーン気質」「ウィーン我が夢の街」「私のウィーンよ／オペレッタ名歌集」「ウィーン・女・歌」「ローレライ、君を愛す（歌：エーリヒ・クンツ）」等のアルバム録音がある。

64 ハンス・ガボア
Prof. Hans Gabor

Nr.169
＊1919年7月5日 ブダペスト
†1994年9月4日 ビアリッツ
演出家・オペラ監督

ブダペストのリスト音楽院でゾルタン・コダーイやベラ・バルトークに師事し、1946年、ウィーンへ。1948年、ウィーン・オペラ・ストゥーディオを始め、1950年までヴァルター・ベリー、エバーハルト・ヴェヒターたちとオーストリアやヨーロッパ諸国へ公演をおこなう。

1953年、若手歌手で構成するウィーン・カンマーオーパーを設立。世界的キャリアをめざす若手歌手の登龍門ともいうべきベルヴェデーレ声楽コンクールを主宰、多くの若い歌手を育てた。

夏にはガボアのアンサンブルでシェー

ンブルン宮殿内の劇場で小規模の公演を行う。とりわけモーツァルトの演出は世界的に有名。1961年からはフライシュマルクトにあるホテル・ポストのコンサート＆舞踏会ホールを劇場として使用。オーストリア及びウィーン市から多くの勲章を授与されている。

　生涯、多くの若い歌手を育て、日本人留学生も数多くお世話になった。

65　カール・デンヒ
Prof. Hofrat KS. Karl Dönch

Nr.172
＊1915年1月8日　ハーゲン
†1994年9月16日　ウィーン
宮廷歌手・演出家・劇場監督

　ドレスデン音楽院卒業（声楽、演劇）後、マリア・チェボターリに師事。21歳のときバルトロ（セヴィリアの理髪師）でゲルリッツ歌劇場でデビュー。翌年、ベックメッサー（ニュルンベルクのマイスタージンガー）を歌い、絶賛を博す。ボン歌劇場を経て1942年、ザルツブルク州立歌劇場と契約、実質的な支配人兼首席演出家に迎えられ、再建に努めた。当時、自ら演出の《蝶々夫人》に活動の機会を失っていたチェボターリを迎えている。

　1945～47年、モーツァルテウム音楽院オペラ科を指導。1947年からウィーン国立歌劇場専属歌手となる。バイロイト祝祭歌劇場、ミラノ・スカラ座、パリ・オペラ座等世界中のオペラハウス、およびザルツブルク、ブレゲンツ、メルビッシュ各音楽祭に出演。

　レパートリーは200を超す。1973～87年、ウィーン・フォルクスオーパー総監督として、ウィーン・フォルクスオーパーの黄金期を築き上げ、世界中にオ

ペレッタの魅力を伝えた。総監督時代も《地獄のオルフェ》《メリー・ウィドウ》《こうもり》《ヘンゼルとグレーテル》と、自ら多くの作品に出演、演出を行った。若手歌手を育て、ベテランを中心にアンサンブルを大切にし、常に前進するためにオペレッタ（美しきガラテア他）、オペラ、ミュージカル（キス・ミー・ケート、マイ・フェア・レディ、ウエストサイド物語）など、様々な作品に挑戦した。

また、《チャールダーシュの女王》（1982年10月23日、カールマン生誕100年）やヘンデルのオペラ等も復活させた。また、ホワイトハウスでも《ヘンゼルとグレーテル》の魔女役を熱演している。この役はご本人も大好きな役の一つで、自ら描いた絵で作る（絵本のような）プログラムも子供たちのために制作している。現在のフォルクスオーパーの公演でも《こうもり》《ヘンゼルとグレーテル》などの演出に、デンヒのユーモアを見出すことができる。

1946年、ヨーゼフ・クリップスの指揮で《ドン・ジョヴァンニ》のマゼットをデンヒが歌っていた時、（戦後1年間）指揮活動を禁止されていたカラヤンがプロンプターを担当していたという話は有名。歌手になるには誰もがオペレッタから勉強しなければいけないと語る、優しく心暖かい"ホーフラート"だった。

ウィーン国立歌劇場＆ウィーン・フォルクスオーパー名誉会員。

Nr.174

エーリヒ・クンツ
KS. Erich Kunz

＊1909年5月20日 ウィーン
†1995年9月8日 ウィーン
宮廷歌手

ウィーン国立音楽大学でテオドール・リアーハンマー、ハンス・ドゥハンに師事。グラインドボーン音楽祭合唱団に参加。オパヴァのオスミン（後宮からの逃走）でデビュー。1936年、プラウエン、1937～40年、ブレスラウの後、1940年、ウィーン国立歌劇場と契約。ザルツブルク音楽祭でフィガロ、1943～44年、バイロイト音楽祭でベックメッサー（ニュルンベルクのマイスタージンガー）を歌ったのち、ザルツブルクや他の音楽祭からも毎年招待されるようになる。

1947年、コヴェント・ガーデンでレポレッロ（ドン・ジョヴァンニ）、グリエルモ（コシ・ファン・トゥッテ）、フィガロ（フィガロの結婚）を歌い、1948～50年、グラインドボーン音楽祭でもグ

リエルモを歌う。1952年11月、レポレッロでメトロポリタン歌劇場デビュー。

ユーモアあふれる歌手として、フィガロ、レポレッロ、パパゲーノ（魔笛）、ベックメッサー等の役を得意とする。演技力も優れていて、フロッシュ（こうもり）、執事長（ナクソス島のアリアドネ）などの公演、録音にも参加している。

戦後の国立歌劇場公演で、パパゲーノ338回、フィガロ249回、レポレッロ211回演じるという素晴らしい記録も残している。また、ドイツ学生歌やドイツ民謡、ヴィーナー・リートの歌手としても有名。

47B区

Ehrengräber Gruppe 47B

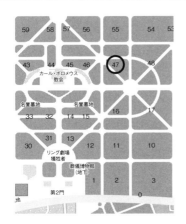

67		Reihe G1, Nr.9 [上記の③]
カール・ツェラー Carl Adam Johann Nepomuk Zeller	＊1842年6月19日 ザンクト・ペーター・イン・デア・アウ †1898年8月17日 ウィーン	作曲家

ウィーン宮廷礼拝堂少年合唱団（現在のウィーン少年合唱団）に第一ソプラノとして入団。ここでフランツ・フォン・スッペやジーモン・ゼヒター（ブルックナーの先生）に音楽を学び、最初の合唱曲を作曲。

退団後、ウィーンとグラーツで法学を学び、1873年、文部省の官吏となり、後に文部省芸術顧問に任命される。ゼヒターの許で個人的に音楽を師事し、官吏となってからも作曲を続け、1876年、《ジョコンデ》を、ひき続き《浮浪人》《小鳥売り》《坑夫長》を作曲。

1897年（55歳）、脳の病気による記憶障害を発症、民事裁判での誤った証言により禁固刑1年の有罪判決を受ける。同時期に、ひどい麻痺の兆候も表れる。保養地バーデンに運ばれたが、翌年、当地で肺炎のため世を去る。

ツェラーの死後、《ワイン醸造主任》は他の人によって完成され、1900年、ライムント劇場で上演された。彼の作品にはほかに歌曲《トーマスの夜》などがある。

代表作《小鳥売り》初演の際は、アダムをアレクサンダー・ジラルディ、クリステルをイルカ・パルメイが演じ、貧富・身分の差なく、人々が名優ジラルディの演技に酔ったといわれている。この成功により、ツェラーはウィンナ・オペレッタ黄金時代の作曲家の一人へと押し上げられた。

ツェラーの作品には幾つかの興味深い要素があるように思えるが、その1つは「田舎」である。1840年代以降、急速に進んだ鉄道路線の整備により、人々の遠距離移動が容易で快適なものになり、市民階級の間で遠隔地への避暑旅行が一般化する。5月の到来とともに始まるウィーンの家政をそっくり移動させる避暑旅行は、上流市民階層にとってのステイタスともいえるものだったし、彼らほどでないにしても、中流以下の人々の間でも避暑旅行が流行していた。

作品に登場するチロルの小鳥売り、言葉（方言）、踊りは、避暑旅行に慣れ親しんだウィーンの市民階級にとっては大いに好まれるモチーフだったのだろう。

ちなみに、「小鳥売り」はパパゲーノが有名だが、この職業は実在したもので、高貴な人々の所への出入りを許されていたことから、18世紀ヨーロッパでは尊敬すべき職業の1つだったという。彼らは珍しい小鳥を売って、生活費（食物）を得ていた。鳥かごをもってドイツからザンクト・ペテルブルク、モスクワ、

コンスタンティノープルへまで足を伸ばしていたという。

19世紀初めまで"Gelbe Vögel trag I'raus, golden Vögel bring I'z'Hous（黄色い小鳥を運び出し、黄金の小鳥をお宅へお届けいたします）"という古くから伝わる短唱句を口にしながら、トルコからカナリアを輸入して行商していた彼らの姿が資料に残っている。

中央墓地の人々

古いアーケード付きの墓
Ehrengräber Alte Arkadengrüfte

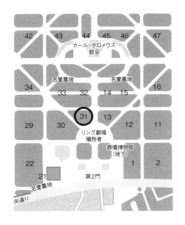
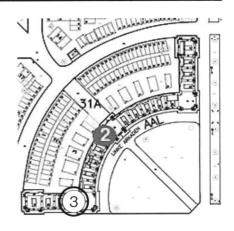

| 68 | Reihe G1, Nr.9 ［上記の③］ |

エバーハルト・ヴェヒター
KS. Eberhard Freiherr von Waechter

＊1929 年 7 月 8 日 ウィーン
†1992 年 3 月 29 日 ウィーン
宮廷歌手

ウィーン音楽アカデミーでピアノと楽理を学び、声楽をラドーに師事。シルヴィオ役（道化師）でウィーン・フォルクスオーパー、デビュー。

1954 年からウィーン国立歌劇場と契約。1956、59 年、コヴェント・ガーデン、1960 年、伯爵（フィガロの結婚）でミラノ・スカラ座にデビュー。1958〜59 年、1962〜63 年、1966 年、バイロイト音楽祭、1961 年、メトロポリタン歌劇場で歌う。グラインドボーン、パリ・オペラ座、ザルツブルク音楽祭にも登場。アルマヴィーヴァ伯爵、ドン・ジョヴァンニ、アムフォルタス、オレステス、エスカミーリョ、ヴォルフラムを持ち役とした。ゴットフリート・フォン・ア

91

イネムのオペラ《老婦人の訪問》の初演でイル（役）をつとめる。1986 〜 92年、ウィーン・フォルクスオーパー、1991 〜 92年、イオアン・ホレンダーと共にウィーン国立歌劇場総監督。ウィーンの森を散歩中、突然亡くなった。

ウィーン・フォルクスオーパーは、カール・デンヒとアンサンブルにより黄金期を迎えたが、彼の引退後、新監督のヴェヒターは、オペラ志向だったこともあり、「伝統を作るのは大変だが、壊すのは簡単」ということを実感させてくれた人物だった。

そういえば、世の中に日本人嫌いの方はいるが、ヴェヒターは嫌いというのではなく、日本人を憎んでいるような人だった。日本人歌手で大変な思いをした人は少なからずいた…。

第1門ユダヤ教徒墓地

Tor 1 - Jüdische Ehrengräber

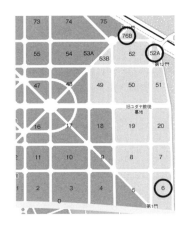

シュニッツラー
第1門を入るとすぐ右側の一画がグループ6。ここの0列4番。

ゴルトマルク
第1門を入り直進。大きな十字路を四つ越えた先の右側が52aグループ。道沿いが1列で、その1番。

フランクル
第1門を入り直進。大きな十字路を四つ超えた先の突当りが76bグループ。23列27番。

---

[69]

アルトゥール・シュニッツラー
Dr. med. Arthur Schnitzler

Gruppe 6, Reihe 0, Nr.4
＊1862年5月15日 ウィーン
没1931年10月21日 ウィーン
医師・作家

1879～84年、ウィーン大学で医学を学び、1885年、医学博士号を取得。1885年から1888年までウィーン市総合病院の医局員として勤務した後、1893年までウィーンのポリクリニック病院の咽喉科で父の助手として働くが、その頃からすでにアルトゥールは作家活動を行っていた。1893年、父が亡くなった後、個人の診療所を開く。精神疾患、無意識と潜在意識等、心理療法に特に興味を抱く。

1890年からシュニッツラーは、ヘルマン・バールの文学サークル「若きウィーン」に参加、友人のフーゴ・フォン・ホーフマンスタールらと共にカフェ・グリーンシュタイドゥルに集っていた。

シュニッツラーのデビュー作は、ミュンヘンの雑誌『フライエ・ラントボーテ』に掲載された『踊り子の恋の歌』で、その後も雑誌・新聞に詩や小説が発表されていった。1895年『リーベイ』がブルク劇場で上演される。

20世紀に入り、ドイツの舞台でもっとも上演される戯曲家のひとりとなり、1914年以前ではブルク劇場で200回以上も公演されている。しかし、1921年『輪舞』初演の際、公序良俗に反した罪で裁判にかけられ、上演許可が取り消される。

それ以降、身体的（聴覚障害）・精神的（1921年の離婚、1928年の娘の自殺）問題のため、ひきこもるようになる。1931年10月21日、脳出血で死去。

1981年、17歳から亡くなる2日前まで書き続けられた日記が出版された。

シュニッツラーの戯曲・物語の多くは世紀が変わる時代のウィーンを舞台に、医者、芸術家、ジャーナリスト、少尉、郊外からやってきた可愛い女の子等、当時のウィーン社会の典型的人物たちが登場する。精神分析を行ったフロイトとほぼ同時期、彼も社会が抑圧してきた性的タブーを、心理分析と洗練された技法で表現したといわれている。代表作は『アナトール』『輪舞』。

70 カール・ゴルトマルク
Karl Goldmark

Gruppe 52a, Reihe 1, Nr.1
*1830年5月18日　ケストヘイ
没1915年1月2日　ウィーン
作曲家

ハンガリー出身のためゴルトマルク・カーロイ（Goldmark Károy）とも呼ばれる。

ウィーンのカール劇場でヴァイオリニストとして活動。1858～60年、ブダペストで音楽理論を独習。1865年、《シャクンタラー Sakuntala》序曲で成功を収める。1866年、ウィーン楽友協会名誉会員。1875年にはオペラ《サバの女王》で世界的な成功を収め、注目を浴びる。ウィーン・アカデミック・ヴァーグナー協会の創立メンバーでもある。

作品の中でも、弦楽四重奏曲変ロ長調Op.8、ヴァイオリン協奏曲第1番イ短調Op.28、交響曲第1番《田舎の婚礼》Op.26がしばしば演奏される。

他の作品では、オペラで1886年《マーリン》、1908年《冬のおとぎ話》他

に演奏会用序曲として、《春に》Op.36、《サッフォー》Op.44、《イタリアで》Op.49、他にピアノ曲、歌曲、合唱曲、室内楽などがある。

ヴィクトール・エミール・フランクル
Prof. Dr. Viktor Emil Frankl

Gruppe 76b, Reihe 23, Nr.27
＊1905年3月26日 ウィーン
没1997年9月2日 ウィーン
精神科医、思想家

　1905年、母はプラハ出身、父はモラヴィア出身のユダヤ人公務員の家に生まれる。ギムナジウムの時代に既に精神分析と哲学に没頭し、「哲学的思考の心理学」と題された論文を書いている。その後の医学研究の中で、うつ病と自殺が主要なテーマとなる。

　ウィーン大学ではアドラー、フロイトに師事、精神医学を学ぶ。1924年からオーストリア社会主義高等学校の指導者となり、1928年、ウィーンの青年カウンセリングを設立し、ヴィルヘルム・ライヒからベルリンへの招待を受ける。

　1931～32年、神経学の分野の研鑽を深めるべくデーブリングにあるウィーンの精神病院「マリア・テレジア小館」で働く。1933～37年、ウィーンのシュタインホフにある精神病院で「女性の自殺者パヴィリオン」の責任者を務めた。1937年、神経学と精神医学の実践を開始する。

　1938年、独墺合併により、ユダヤ人がドイツ人を治療することを禁じられる。1940年、ユダヤ人の患者が治療を受けられた唯一のロスチャイルド病院の精神科を指導。

　1942年、結婚。1942年9月に家族と共にゲットー・テレージエンシュタットに強制送還され、父親はここで1943年死亡、母親はアウシュヴィッツで殺害され、妻はベルゲン・ベルゼン強制収容所で亡くなった。1944年10月、フランクル自身は絶滅収容所アウシュヴィッツに送られ（数日後にダッハウ強制収容所のサテライトキャンプへ移送）、1945年4

月、アメリカ軍によって解放され、8月、ウィーンへ戻る。

　1946年、ウィーンの精神科病院に招かれ、1971年まで勤務する。1947年、エレオノーレ・シュヴィントと再婚。1948年、ウィーン大学で神経学と精神医学の講師となる。数年後、オーストリアの心理療法医学会を設立、初代会長を務める。

　1955年、ウィーン大学から「教授」の称号を受ける。カリフォルニアの合衆国国際大学、ピッツバーグ、ハーヴァード、ダラスなどの大学で客員教授を務める。世界の大学から29の名誉博士号を授与される。

　フランクルは、フロイト、アドラーの後を受け、ウィーン第三学派と称される「ロゴセラピー」を創始し、実存（ない

し人間性）の立場に立つ精神療法を唱えた。1992年、「ヴィクトル・フランクル・インスティテュート」がウィーンで設立。

32冊の著書を残しているが、その多くは二十数ヶ国語に翻訳されている。1995年、ウィーン大学で最後の講義を行い、1997年、ウィーンで心不全により逝去。

著作には強制収容所における体験記録『一心理学者の強制収容所体験』（『夜と霧』霜山徳爾訳、新版・池田香代子訳、みすず書房）、『識られざる神』（佐野利勝・木村敏訳、みすず書房）、『それでも人生にイエスと言う』（山田邦男・松田美佳訳）、『制約されざる人間』『意味への意志』他（以上、山田邦男監訳、春秋社）などがある。

ちなみに「夜と霧」とは、ナチスドイツが反対する人間を拉致して抹殺する「夜と霧に隠れ、夜陰に乗じて」なる「作戦名」という。

中央墓地の人々

第5門ユダヤ教徒墓地*

Tor 5 - Jüdische Ehrengräber

＊新ユダヤ教徒墓地

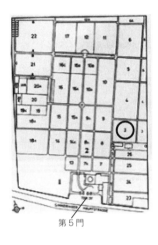

第5門

72

レオ・ファル
Leo Fall

Gruppe 3, Reihe 4, Nr.1

＊1873年2月2日 オルミュッツ
没1925年9月16日 ウィーン
作曲家・指揮者

　軍楽隊長モーリツ・ファルの息子。幼少時からヴァイオリンの才に恵まれ、14歳でウィーン楽友協会コンセルヴァトーリウムのロベルト・フックス、ヨハン・ネポムーク・フックスに師事。フランツ・レハールの率いる軍楽隊に所属した後、ベルリンにあるファル父のオーケストラのメンバーとなる。

　1895年、ハンブルクでオペレッタの指揮者となり、ベルリン、ケルンでも指揮者として活動。ベルリンでは作曲及び中央劇場、メトロポール劇場で指揮を行った。1904年、音楽理論家ヤーダースゾーンの娘と結婚。

　1906年、ウィーンへ移り、オペレッ

タの作曲に専念、ウィーン・オペレッタ
の作曲家として成功を収めた。ロンドン
へは作品の上演、コンサートの指揮など
でたびたび訪れた。

　彼の弟ジークフリート（1877年11月
30日生）は作曲家、リヒャルト（1882
年4月3日生-1943年または1944年アウ
シュヴィッツ没）はポピュラーソングの

作曲家。また、戦前はチェコ、戦後は英
国で指揮者・作曲者として活躍したヴィ
レム・タウスキー（1910-2004）は甥。

　レオ・ファルについては、W. ツィン
メリ著『レオ・ファル』がある。

　代表作は《ドルの女王》《愛しのアウ
グスティン》《マダム・ポンパドゥール》
他。

31B区

Ehrengräber Gruppe 31B

73	Reihe12, Nr.10 ［上記の④］
エメリヒ・カールマン	＊1882年10月24日 シオーフォーク
Emmerich Kálmán（ハンガリー名はカールマン・イムレ Kálmán Imre）	没1953年10月30日 パリ
	作曲家

　幼年時代、エメリヒは住んでいた家の隣にシオフォーク夏期劇場（柿落としは1888/89年のシーズン）が建設されると、稽古の際には必ず顔を出す常連だった。そこで彼はヨハン・シュトラウス2世の《こうもり》、オッフェンバックの《美しきヘレナ》といった当時流行のオペレッタに親しんだという。しかし、温泉宿を経営していた父が事業を拡大しようとして失敗。

　1897年、一家はブダペストへ移った。音楽好きのエメリヒは当初ピアニストを志したが、腕に痛みを感じるようになり、ピアニストへの道を断念。ブダペスト大学で法律を学びながら、ブダペスト音楽院で音楽理論と作曲を学んだ。ハンス・ケスラーの下で作曲を学んだ同級生にはバルトークやコダーイがいる。

　1904年、卒業後、法律事務所に勤めながら、作曲と並行して『ペシュト・ジャーナル』で音楽評論を担当（1904～08年）。1905年、コロマン・イムレイというペンネームでキャバレーのために歌曲を作曲。この頃から彼は、オペレッタへの道を選択したようだ。1907年「フランツ・ヨーゼフ賞」を受賞。

　彼の名前が知られるようになったのは、キャバレー「ボンボニエーレ」の柿落としのために作曲した《サーリ・フェダクの小間使い》のクープレだった。この成功のおかげで、1908年、当時有名な作家カール・フォン・バコニーを自分のオ

ペレッタ処女作《タタールヤラシュ（愉快な騎兵）》の台本作家として迎えることとなる。

1908年2月22日、ブダペストで初演された《タタールヤラシュ》は大成功。ウィーンからテアター・アン・デア・ウィーンの支配人たちも、この作品を見るためにブダペストを訪れるほどのヒットとなった。

この作品がテアター・アン・デア・ウィーン劇場で採用されることになり、カールマンは1908年、ウィーンへ移り住む。そして、1909年1月21日《タタールヤラシュ》はボダンツキーのドイツ語訳《秋の演習》と改題され、テアター・アン・デア・ウィーンで上演されることとなり、同年、グラーツ、ハンブルク、ベルリン、ストックホルムでも上演された。

こうしてカールマンは、オペレッタ作曲家として一歩を踏み出した。1915年《チャールダーシュの女王》、1921年、《マリッツァ伯爵令嬢》などの代表作がつくられる。その後、1926年《サーカスの姫君》、1927年《黄金の夜明け》などを発表、1934年、フランス政府からレジョン・ド・ヌール騎士勲章を叙勲。

しかし1934年、ナチス・ドイツの台頭により、カールマンのオペレッタはドイツで上演禁止となる。さらに1938年3月13日、独墺合併により、彼はパリ

とチューリヒを経、1940年、アメリカへ亡命する。亡命先のアメリカでは、1942年、60歳の誕生日を祝って、カールマン作曲のオペレッタの数々が上演された。そして1945年にはルドルフ皇太子と男爵令嬢マリーの『うたかたの恋』を題材としたミュージカル風オペレッタ《マリンカ》を作曲している。

第二次世界大戦終戦後、1949年、一度パリへ戻るが、病気で再度アメリカへ戻る。そして《アリゾナ・レディ》完成後の1951年、パリへ戻り、1953年10月30日、重い心臓病のためパリで亡くなる。死去から5日後の11月4日、遺体は、ウィーン中央墓地に埋葬された。

74　フェルディナント・レーヴェ
Ferdinand Löwe

Reihe13, Nr.9 ［上記の⑩］
＊1865年2月19日　ウィーン
†1925年1月6日　ウィーン
指揮者

1877〜81年、ウィーン楽友協会コンセルヴァトーリウムでブルックナーに学ぶ。カイム管弦楽団（現在のミュンヘン・フィルハーモニー）音楽監督を経て、

1898年、ウィーン宮廷歌劇場のカペルマイスター、1900年、自らウィーン演奏協会管弦楽団（現在のウィーン交響楽団）を設立、音楽監督となる。

1903年2月11日、楽友協会ホールで、ウィーン演奏協会管弦楽団を指揮し、ブルックナーの交響曲第9番の初演を行う。1906年、ブルックナー最後の交響曲第9番の改訂に携わる。1918～22年、ウィーン音楽アカデミー（現・ウィーン国立音楽大学）学長。

「次は、St. マルクス、St. マルクス墓地でございます。お墓めぐりの方は、ここでお降り下さい…」

ウィーン各地の墓地 他

ザンクト・マルクス墓地

ヒーツィング墓地

カルクスブルク墓地

グリンツィング墓地

ハイリゲンシュタット墓地

シーフェアリング墓地

ヨーゼフスドルフ・ヴァルト墓地

ノイシュティフト・アム・ヴァルデ墓地

ヘルナルズ墓地

ドルンバッハ墓地

オーバー・ザンクト・ファイト墓地

貧民墓地(元)

ヴェーリング墓地(元)

皇帝霊廟

ザンクト・マルクス墓地

Friedhof St.Marx

Leberstraße 6–8, 1030 Wien

■ オープン
6:30–20:00　4月1日〜9月30日
6:30–18:30　10月1日〜3月31日

※広さは約5万5千平方キロメートル。1874年に閉鎖。

75　　　　　　　　　　　　　　　　　　　　　記念碑 Gruppe 7

ヴォルフガング・アマデウス・モーツァルト
Wolfgang Amadeus Mozart

＊1756年1月27日 ザルツブルク
†1791年12月5日 ウィーン

作曲家

墓地のほぼ中央、グループ7にある。

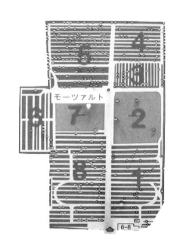

モーツァルトは、1791年11月20日から病床に伏し、1791年12月5日午前0時55分に息を引き取った。そして12月7日と思われる激しい風雨の中、ヨーゼフ2世の頃の習慣で、付き添いもなく馬車で墓地に運ばれ、40もの遺体が入る共同墓穴に葬られた。遺族の生活等のことも考えて、コンスタンツェに助言を与えるスヴィーテン男爵は、第3等の葬儀を勧めたようである。

埋葬の際、使用された棺は底が観音開

きとなっていて、墓穴の上で底を開き、亜麻布の袋に入れた裸の遺体だけを落とすものだった（この柩は葬儀博物館で見ることができる）。この柩は評判が悪く、1786年1月には廃止され、柩での埋葬が許されている。

共同墓地は定期的に掘り返されたため、モーツァルトの死後17年たって、妻コンスタンツェが初めて墓を訪ねたときには、亡き夫の埋葬された場所を知る人がいなかった、と伝えられている。

1842年、ジャーナリストのフランツ・グレッグルがモーツァルトの埋葬された場所を調べ始める。それがきっかけとなり、1855年、本格的調査が開始され、埋葬された位置がほぼ確認される。そして、1859年に記念碑が建てられ、モーツァルトの死後100年目、記念碑は中央墓地の現在の位置に移された。

その10年後、荒れ果てたモーツァルトの埋葬地にザンクト・マルクト墓地の管理人が、捨てられていた古い墓地の天使像や石柱を集めて記念碑を作った。

物思いに沈む天使の像、折れた石柱に移ろいやすさと悲しみを感じさせるという方も多い。ウィーン大聖堂の建物の左側面には、12月6日、モーツァルトの遺体が安置され、葬儀が行われた礼拝堂場所を示す銘がある。

76　　　　　　　　　　　　　　　　　Gruppe 8

アントン・ディアベッリ
Anton Diabelli

＊1781年9月6日　マットゼー
†1858年4月7日　ウィーン
作曲家・出版業者

モーツァルト記念碑を経て直進し、坂の中腹を左に折れ、すぐ。

少年時代、ミヒャエル・ハイドンが指導するザルツブルクの聖歌隊に所属。ミュンヘンのラテン語学校を出、ライテンハスラッハ修道院で聖職者になる。1803年に還俗し、ウィーンへ行き、ヨーゼフ・ハイドンに師事。ピアノとギタ

ーを教えながら、ミサ曲や多数のピアノ曲、歌曲などを作曲。

　1818年、友人ピエトロ・カッピと楽譜出版社を創業（カッピ＆ディアベッリ社）。同社はその主力を舞曲、変奏曲、曲集に置いた。1819年、当時のオーストリアで活躍する作曲家50人に自分が創作した主題を与え、1人1曲ずつ変奏曲を書いてもらい、1つの作品に仕上げようという企画を立ち上げた。

　集まった曲は《祖国の芸術家同盟による変奏曲集》の名称で出版。シューベルト（D.718）、リスト（S.147）、チェルニーは変奏曲のコーダを作曲し、各自提出している。当初、ベートーヴェンもこの中の一人だったが、叶わなかった。1823年、その主題による独自の変奏曲を作曲、ディアベッリ社から単独で出版された（《ワルツによる33の変奏曲〔通称：ディアベッリ変奏曲〕》Op.120）。

1824年、社名を「ディアベッリ商会」とし、ベートーヴェン、シューベルト、チェルニー、ランナーなどの作品を出版することになる。

ヒーツィング墓地

Friedhof Hietzing

Maxingstraße 15, 1130 Wien

■ オープン（正門）
8:00–17:00　1・2月
7:00–18:00　3月、
7:00–19:00　4〜9月
7:00–18:00　10月・
　　　　　　諸聖人祭（11/1）・
　　　　　　死者の日（11/2）
8:00–17:00　11/3〜12月
700–20:00　毎木曜日
　　　　　　（5月〜8月）

PART 1　お墓めぐり

77　エルンスト・マリシュカ
Ernst Marischka

Gruppe 66, Nr. 1
＊1893年1月2日　ウィーン
†1963年5月12日　クール（スイス）
脚本家・映画監督

正門を入り直進し、初めのお墓群を抜けた十字路の右向うの角。

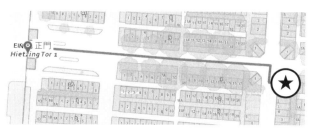

　高等学校卒業後、映画界へ入る。最初の仕事は1913年、映画会社サシャが制作した壮大で豪華なオペレッタ映画『金持ちおじさん』の脚本だった。その後、1921年まで無声映画の脚本を執筆、1915年から監督も務める。

　1931年、脚本家として再出発。『ウィーン気質』『ウィーンの物語』『シュランメル』など、ウィーンを題材にした作品を制作。『ある王女の少女時代』とパウル・リンケの『ルナ夫人』の脚本を手掛ける。そして16歳のロミー・シュナイダーを少女時代の皇后エリーザベト役に抜擢した。

　1955～57年、「プリンセス・シシー三部作」は大成功を収め、この作品は現在なおクリスマス・シーズンにテレビで放映されている。1958年、フランツ・ヴェルフェルの『はるかな空』の映画化も成功。自らの映画制作会社をつくり、オーストリアの戦後の多くの映画を制作した。

　1913～62年、93本の映画脚本を執筆。1915～62年、29本の映画を監督。「シシー三部作」（1955～57年）を制作・監督・脚本。1946年、アカデミー賞オリジナル脚本賞に選ばれた。

　『シシー』は4作目も予定されていたが、「シシー」のイメージが定着してしまうというロミー・シュナイダーの反対

で実現しなかったという。マリシュカ監督はシシーのほとんどのシーンをウィーンのローゼンヒューゲルのスタジオで撮影しているが、家具調度品は本物の宮廷家具が使用された。これらの小道具・宮廷家具は現在、宮廷家具調度品博物館で見ることができる。

「シシー三部作」以外の代表作は、『青きダニューヴの夢』（1940年原作）、『楽聖ショパン』（1944年原作）、『マタイ受難曲』（1950年監督）、『別れの曲』（1934年脚本）、『女王様はお若い』（1954年脚本・監督）、『未完成交響楽』（1959年脚本・監督）など。

78 アンナ・ナホフスキ
Anna Nahowski

Gruppe 22, Nr.17
＊1860年 ウィーン
†1931年 ウィーン

正門を入り右方向に進む。道なりにお墓の端を回り込み、二股に分かれるところで左の道（感覚としては真直ぐの道）を進む。2つ目の道を左折（角に水道の蛇口）。直進し、左側5つ目のお墓グループ22の中央の道を左折、右側奥17。

15歳で絹工場の主人ヨハン・ホイドゥクと結婚したが、3年後、離婚。1875年、アンナは朝の散歩中、シェーンブルン宮殿の庭で皇帝フランツ・ヨーゼフと出会う…。

その後、ビアラ市長の息子で南部鉄道会社（後のガリシア州鉄道）の公務員フランツ・ナホフスキと再婚。フランツ・ヨーゼフは、アンナの夫が旅行好きなのを知り、2人の関係をうまく続けられるよう、彼女に高額の金を渡し、ナホフスキはたびたびウィーンから離れた遠隔地へと転勤させられることとなる。結局、アンナは夫と離婚。

1883年秋、アンナは皇帝から渡されたお金でシェーンブルン宮殿の近くに邸宅を購入。皇帝が通ってくるようになる。1885年、アンナはヘレーネを出産。しかし、1886年になると、皇帝は皇后エリーザベトから紹介された女優カタリーナ・シュラットと親交を深めていた。

1889年、ルドルフ皇太子の死後、アンナは、宮内庁長官から皇帝が関係を終わらせたい旨、告げられる。アンナは皇帝との面会を希望するが拒絶され、結局1889年3月14日、大金を受け取ったこと、皇帝との出会いに関して他言しないことを文書化し、示談に応じる。

アンナの5人の子供のうち皇帝フランツ・ヨーゼフの子供といわれた1人はヘレーネで、彼女は1911年5月3日、作曲家のアルバン・ベルクと結婚した。もう一人の子供と考えられていたフランツ・ヨーゼフは、神経障害に苦しみ、ウィーン市のアム・シュタインホフ精神病院に入院し、1942年、姉のヘレーネに看取られて他界した。

アンナは、皇帝フランツ・ヨーゼフが亡くなった後も、皇帝を悼み続け、1931年、71歳で世を去る。アンナの日記は娘のヘレーネ・ベルクの死後、1976年、出版、公開された。

79 アルバン・ベルク
Alban Maria Johannes Berg

Gruppe 49, Nr.24
＊1885年2月9日 ウィーン
†1935年12月24日 ウィーン
作曲家

2番門を入り直進。左側グループ49Aの1とグループ50の18の間の道を左折。その道を抜けた交差点を左にずれて斜めに直進し、左側からの道と合流して道が一本になる部分の左側24F。

ウィーンで富裕な商家の子として生まれ、父が没した頃から独学で作曲を開始。15歳のとき神経性喘息の発作を起こす。1902年にはベルク家の別荘で働いていた女中との間に子供ができ、1903年、ギムナジウムの卒業試験に失敗して自殺を図る。1904年、ベルクの兄が弟の作品をシェーンベルクの許に持ち込み、交友が始まる。卒業後、ベルクは公務員となるが、2年で辞職し、ウィーン国立音楽院へ入学。

1907年に、《4つの歌曲》Op.2などで作曲家として世に出る。1908年、喘息を再発。当時23歳だったベルクは

「23」という数字を自己の運命の数と決め、この数は以後の作品の構成に関わることになった。

1911年に、ヘレーネ・ナホフスキと結婚。ヘレーネは、オーストリア皇帝フランツ・ヨーゼフ1世の庶子ともいわれている。1912年には、《アルテンベルク歌曲集》Op.4を完成。1914年に、ゲオルク・ビュヒナーの戯曲『ヴォツェック』の上演を見たベルクはこの戯曲を基に無調オペラの作曲を始めたが、1915〜18年、兵役で従軍、作曲は中止せざるを得なかった。

ベルクは1917年にオペラ《ヴォツェック》Op.7の作曲を再開。その5年後に完成した。以降、《ヴォツェック》はその内容だけでなく、新しい上演のたびに過激な演出について賛否両論がたたかわされた。1923年、回復していた喘息発作がまたもや再発。

《ヴォツェック》完成後、シェーンベルクの50歳の誕生日のために、《ピアノとヴァイオリンのための室内協奏曲》に取り組んだ。しかし、誕生日には間に合わず、1925年に完成。その同じ年に《ヴォツェック》がベルリン国立歌劇場でエーリヒ・クライバーの指揮によって初演された。この初演のために総計150回の練習が行われたという。

この作品によってベルクの作曲家としての名声が確立。この年、プラハ訪問中に知り合ったハンナ・フックス゠ローベッティーンとの不倫関係が始まり、そのなかで《抒情組曲》が生まれるが、体調を崩してしまう。

1928年、オペラ《ルル》の作曲を開始したが、翌年には一時中断して演奏会

用アリア《ワイン》を作曲。しかし、1933年のナチス・ドイツ政権発足で、彼の音楽は「退廃音楽」としてドイツでの演奏が叶わなくなる。

1935年、マノン・グロピウス(グロピウスとアルマ・マーラーの娘)が死亡。ベルクは《ルル》作曲を中断してヴァイオリン協奏曲を書き上げた。1935年12月16日から体調を崩し、22日、心臓衰弱症状が現れ、24日0時30分、死亡。享年50歳。解剖後、肺、肝臓に敗血症が認められた。敗血症の原因は歯槽膿漏(化膿性歯根炎)ではないかとされている。

未完のオペラ《ルル》は2幕までと《ルル組曲》の抜粋という形で初演されたが、ベルクの未亡人ヘレーネは補筆を禁じ、3幕の形での《ルル》はヘレーネ没後の1979年にパリのオペラ座で初演された(フリードリヒ・ツェルハによる補筆。ピエール・ブーレーズ指揮)。

80 カタリーナ・シュラット
Katharina Schratt

Gruppe19, Nr.108
＊1853年9月11日 バーデン
†1940年4月18日 ウィーン
宮廷俳優

2番門を入り直進し、ロータリーの先2つ目の十字路を右折し、左側108。

　事務用品店の娘として生まれる。ウィーンのキエルシュナー演劇学校へ通う。17歳のとき、ウィーン・アカデミー劇場のゲストとしてデビュー。1872年、最初の契約でベルリンの宮廷劇場に出演、数ヶ月滞在した後、ウィーン市立劇場に戻る。

　1873年12月2日、ブルク劇場で催された皇帝フランツ・ヨーゼフ即位25周年記念の『じゃじゃ馬慣らし』に出演。ニューヨークにゲスト出演した後、1883年にウィーンのブルク劇場と契約。

　ビルヒ・ファイファー作『村と町』の純情娘役は話題となり、オーストリアで最も人気のある女優の一人となる。1887年には宮廷俳優を拝命。しかし新しいブルク劇場のディレクターと意見があわず、1900年10月、47歳で引退。この間、彼女は1879年春、ハンガリー領事館ミクロス・キッス・ドゥ・イテッベ男爵と結婚するが、1880年別居。子供を引き取り、育てている。

　ところで、オーストリア皇帝夫妻とカタリーナの関係だが、3者には不思議な友情があったようだ。1885年8月25日、オーストリア皇帝夫妻はロシア皇帝夫妻とクロミェルジーシュで会見。その晩餐会に寸劇のため同行したカタリーナを含むブルク劇場の俳優も同席。カタリーナを紹介されたエリーザベトは、彼女に好意を持ち、フランツ・ヨーゼフとの仲を取り持って、二人を親しくさせようと思ったらしい。エリーザベト公認で親しく付き合い始めた二人は、互いの別荘などを往き来し、家族ぐるみで交流して

いる。皇帝はカタリーナに住居やシェーンブルン宮殿近くの別荘、装飾品等を与えた。シュラットも1889年、ルドルフ皇太子死去のときも、エリーザベトが暗殺されたときも皇帝の許に駆けつけ、皇帝をいたわり慰めた。彼女と皇帝フランツ・ヨーゼフとの友情は1916年11月16日、皇帝が亡くなるまで続いた。

晩年、彼女は信仰心厚い人となり、週に数回、亡くなった皇帝の墓を訪れている。1940年4月17日、86歳で世を去った。

81 フランツ・グリルパルツァー
Franz Grillparzer

Gruppe13, Nr.107
*1791年1月15日 ウィーン
†1872年1月21日 ウィーン
作家

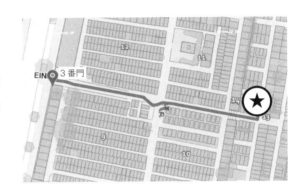

3番門を入り直進し、墓地域の3つ目の十字路（グループ13、108と69の間）を左折。左側初めの角107。

ウィーンの弁護士の家に生まれ、少年時代は家庭教師によって教育を受け、ウィーン大学で法律を学ぶ。1809年、父の没後、家庭教師をして母と三人の弟の生活の面倒をみる。1813年、宮廷図書館の無給の見習いとなり、1814年、大蔵省に役人として採用される。1816年、ブルク劇場監督ヨーゼフ・シュライフォーゲルと知り合い、指導を仰ぎ、『先祖の女亡霊』を執筆。1817年、ブルク劇場で上演され、大成功を収め、宮廷劇作家の指名を受ける。

1817年、弟がドナウ川に入水自殺、1819年、母親が精神錯乱を起こし自殺。同時期、従兄弟の妻と不倫関係となる等、不幸が続くなか、1817年、『サッフォ

ー』、1818〜19年『金羊皮』、1823年『オットカール王の幸福と悲惨』、1826年『主人の忠僕』、1829年『海の波恋の波』、1831『人の世は夢』等の戯曲を発表し、成功を収める。

1832年、宮廷資料室長に任命。1838年に執筆した『嘘つきに災あれ』のブルク劇場での初演が不評だったことから、以後、執筆した戯曲の出版・上演に応じなかった。

1848年の三月革命でラデツキー将軍を讃える詩を書いたことから愛国詩人と呼ばれた。1856年、宮廷資料室長の職を退き、枢密顧問官の名誉称号を受ける。引退後、ウィーン大学他から名誉博士号を授与、貴族院議員に選任される。しかし、耳が聞こえなくなり、それが原因で階段から落ちて怪我をする不幸もあった。

ブルク劇場に就任したハインリヒ・ラウベによって、グリルパルツァーの戯曲の再演が企画されたが断り、1872年、世を去る。享年81歳。

音楽好きで内気、そして傷つきやすい人だったのだろう。オーストリアが生んだ最大の劇作家と称されるが、小品も捨てがたい。彼の不倫体験の懺悔ともいわれる『ゼンドミールの僧院』と老楽師を描いた『ウィーンの辻音楽師』の2つの短編もお薦めである。

82 グスタフ・クリムト
Gustav Klimt

Gruppe 5, Nr.194

＊1862年7月14日 バウムガルテン
†1918年2月6日 ウィーン

画家

3番門を入り即左方向に進む。突き当りを右折して最初の十字路を左折。水道の蛇口がある交差点も直進して右側1つ目の道（グループ5、81と8の間）を右折。直進して突き当り（右角が190）を右折して進むと、右側194。

クリムトは、浮世絵や琳派の影響を受けた作品でも知られているが、カンバスに描く絵だけではなく建築物の装飾などの仕事でも成功している。後輩たちの世話もよく行い、エゴン・シーレも彼の援助なくしては成功しなかったかもしれない。

工芸学校在学中にクリムトは、美術やデザインの請負業を始め、卒業後には芸術家商会を設立し、劇場の装飾を中心に活動した。この仕事は順調で、ブルク劇場の装飾で金功労十字賞を授与、絵画

『旧ブルク劇場の観客席』では第1回皇帝賞を受ける。また、ウィーン美術史美術館でも装飾の仕事に従事している。1894年にウィーン大学大講堂の天井画の制作を依頼されたが、作品への賛否両論で大問題となり、報酬を返却して契約を破棄した。そのとき描いた3枚の絵は、ナチスによって没収されたのち、焼失。

1897年、保守的な美術家組合を嫌った芸術家たちがウィーン分離派（セセッション）を結成し、クリムトが初代会長となる。彼の家には、裸婦モデルを務める十数人もの女性が寝泊まりしていたこともあったという。生涯結婚はしなかったが、多くのモデルと愛人関係にあり、子供も多数いた。

1892年、弟エルンストが亡くなり、クリムトは弟の遺児の後見人となる。弟の妻ヘレーネはエミーリエ・フレーゲの妹だった。エミーリエとヘレーネは建築装飾用の石材工場を経営していた家に生まれた。クリムトは20代の初めに弟たちと建物の装飾画を制作する工房を起こしているので、そんな関係で弟はヘレーネと知り合ったのかもしれない。

1902年、クリムトは『エミーリエ・フレーゲの肖像』を描く。また1905年、エミーリエ・フレーゲとヘレーネが開いたモード・サロン「小さな家」の女性服のデザインも行っている。この店の設計とインテリアはヨーゼフ・ホフマンとコロマン・モーザーが、調度品はウィーン工房が担当した。エミーリエはクリムトの「宿命の女」だったようである。彼女は1918年、クリムトが亡くなった後も店を続け、1938年店を閉める。そして1952年、両大戦を一人で生き抜いたエミーリエはウィーンで亡くなる。

クリムトは、官能的なテーマを取り上

げ、女性の裸体、妊婦、セックスなどを描いた。そこに妖艶甘美なエロスと共に、死を感じる人もいる。「ファム・ファタル」もテーマとしてよく用いた。19世紀末から20世紀にかけてヨーロッパでジャポニズムがブームとなった時期がある。1900年には分離派会館でジャポニズム展が開催。日本文化に興味を持っていたクリムトは、甲冑や能面などの収集でも知られているが、作品にも浮世絵や琳派の影響を受けた形跡が見受けられる。金箔を多用した絵があるのも、琳派の襖絵からの影響といわれている。

クリムトが1902年の第14回分離派展に出品した『ベートーヴェン・フリーズ』は長年行方不明だったが、1970年にオーストリア政府により買い上げられ、以来、分離派館（セセッション）に展示されている。

ちなみに、1903年の第18回分離派展に出品された『人生は戦いなり（黄金の騎士）』は愛知県美術館に収蔵されている。馬に乗った騎士が足から頭まで一直線に背筋を伸ばして乗っている構図の絵は、当時のクリムトが置かれた状況を

映し出したものだとも指摘されている。なお、クリムトはかなりの数の風景画も残している。

1918年2月6日、クリムトはウィーンで脳梗塞と肺炎（スペイン風邪の症状悪化）により逝去。生誕150年後の2012年には、晩年に創作活動を行ったアトリエが再現されている。数多くのモデルと女性たちに関わったクリムトだが、猫好きなおじさんでもあったようだ。

---

83 Gruppe13, Nr.73

ヘンリエッテ・シュトラウス
Henriette Karoline Josefa Stauss（旧姓 Chalupetzky）

＊1818年7月1日 ウィーン
†1878年4月8日 ウィーン
歌手

3番門を入り直進し、お墓地域3つ目の十字路（108と69の間）を左折し、右側73。

1818年、ヘンリエッテ・カロリーネ・ヨーゼファ・トレフツ＝ハルペツキー（Henriette Karoline Josefa Treffz-Chalpetzky）は、金銀細工師の家の一人っ子として生まれる。

ウィーンで音楽を学び、メゾ・ソプラノの声楽家として母親の旧姓トレフツを芸名として名乗った。1837年、歌手としてケルントナートーア劇場でデビュー。1839〜41年、ドレスデン宮廷劇場、ブリュン、ライプツィヒでも舞台に立つ。その後、ケルントナートーア劇場へ戻る。1844〜48年、ヨーゼフシュタット劇場、テアター・アン・デア・ウィーンで歌う。オーストリア、ドイツ、フランスを中心にキャリアを積む。

1844年、ユダヤ人資産家モーリツ・トデスコと結婚。子供にも恵まれたが、ヘンリエッタがヨハン・シュトラウスと結婚を望むと彼は身を引く。ヘンリエッタは手持ちの現金を持参金として1862年8月27日、聖シュテファン大聖堂でヨハン・シュトラウス2世と結婚。夫

妻は現在のプラーター通りに居を構え、1870年までそこに住んだ。

この頃、シュトラウス夫妻は、債券と賃貸住宅に投資をしている。彼女は巧みな音楽ビジネスセンスでシュトラウスを支え、1863年、シュトラウスは「宮廷舞踏音楽監督」の肩書を授与される。1870年、テアター・アン・デア・ウィーンと専属契約を結ぶ。

同年2月、シュトラウスの母アンナが死去、7月、弟ヨーゼフも死去。シュトラウスはヒーツィングに家を購入する。そしてテアター・アン・デア・ウィーンのマクシミリアン・シュタイナーとヘンリエッテは、シュトラウスをオペレッタ作曲へ向かわせることになる。1871年《インディゴと40人の盗賊》、1873年《ローマの謝肉祭》、1874年《こうもり》が誕生。

1878年4月9日、ヘンリエッテは心臓発作を起こし、59歳で死去。彼女の葬儀はエドゥアルト・シュトラウスによって手配され、夫シュトラウスは出席しなかった。ほどなく5月28日、ヨハン・シュトラウス2世はアンゲリカ・ディットリッヒと再婚する。

84 オットー・ヴァーグナー
Prof. Dr. Otto Koloman Wagner

Gruppe13, Nr.131
＊1841年7月13日 ウィーン
†1918年4月11日 ウィーン
建築家

3番門を入り、お墓地域3つ目の十字路（115と68の間）を右折し、右側131。

ウィーン分離派（セセッション）の中心人物の1人。機能性・合理性を重視し、近代建築の理念として「芸術は必要にのみ従う」と主張した。彼の建築作品のほとんどはウィーンにある。

1841年、ウィーン郊外で生まれた。父は公証人だったが、オットーが5歳のときに死亡。母は遺産で賃貸住宅を建て、生活を支えた。1857〜59年、ウィーンの工科大学、1860〜61年、新古典主義を標榜するベルリンの建築アカデミーで学び、ウィーン美術アカデミーに進学し、1863年、卒業。同年、ウィーン市立公園に建設予定のクアサロンの建築設計競技に応募し、1等を獲得。当時、リングシュトラーセに建てられた多くの公共建築は古典主義的な建築観を呈するものが主流で、ヴァーグナー初期の

連邦銀行や自身の別荘、あるいは都市計画案なども古典主義を踏襲するものだった。

オットー・ヴァーグナーは母親の意向により1863年に結婚、しかし母の死亡後に離婚。1881年に18歳若いルイーゼと再婚した。1890年、市の都市計画顧問となり、ドナウ運河の水門、ウィーン環状鉄道の駅舎、トンネル、橋梁（1894～99年）などの計画に携わった。1891年に作品集を刊行。1894年にウィーン美術アカデミーの教授に就任。

1897年、グスタフ・クリムトを中心にウィーン分離派が結成されると、ヴァーグナーの教え子ヨーゼフ・マリア・オルブリヒやヨーゼフ・ホフマンらが参加し、後にヴァーグナー自身も分離派に加わる。この頃（1898～99年）の作品にはアールヌーヴォー的な傾向が表れたマジョリカハウス、カールスプラッツ駅などがある。

1905年、意見の対立からクリムト、オルブリヒ、ホフマンらとともに分離派を脱退。ヴァーグナーはフランツ・ヨーゼフ皇帝博物館の設計に打ち込み、1900年にはカールスプラッツに博物館を建設することを提案する。翌年、ウィーン市は第1次の建築設計競技を行い、ヴァーグナー案を含む8案を入賞としたが、反対派のため実行に至らなかった。ヴァーグナーはたびたび設計変更を行い、1910年には建設予定地に実物大模型を造り、世論に訴えた。しかし、支持者を増やすことはできず、博物館が実現することはなかった。

ヴァーグナー後期の作品には、ウィーン郵便貯金局（1906～12年）、シュタインホーフ教会堂（1907年）などがある。ヴァーグナーは1914年までアカデミーの客員教授として学生を指導。妻が未亡人になったときのことを考えて第2の別荘を建てたが、1915年、妻に先立たれる。その後、第一次世界大戦中は失意の中で過ごし、1918年に亡くなった。

さすがオットー・ヴァーグナー、期待を裏切らないお墓です。

|85| | Gruppe 6, Nr.12A |

ファニー・エルスラー
Fanny Elßler（本名：Franziska）

＊1810年 6月23日 ウィーン
†1884年11月27日 ウィーン
バレエダンサー

ウィーンのグムペンドルフで生まれる。ウィーン宮廷劇場の有名なバレエスクールで学び、子供の頃、妹のテレジアと一緒にテアター・アン・デア・ウィーンで

3番門を入り即左方向に進む。突き当りを右折して最初の十字路を左折。水道の蛇口がある交差点も直進して突き当りを左折。左折後最初の右側の道へ右折。右折後右側の最初の道を右折して左側12A。

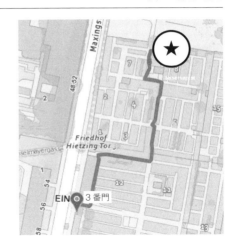

踊っている。バレエをジャン・オーメールに師事。7歳でデビューした彼女は、最初の契約で1824年、ナポリのテアトロ・サン・カルロの舞台に立つ。その2年後、ウィーンに戻ったエルスラーは、ケルントナートーア劇場の舞台に登場。その後、ベルリン、ロンドンで踊り、1834年、パリでも客演した。

1836年、ジャン・コラリが振り付けた作品の主役を踊り、大評判となる。その後、妹テレジアと共にアメリカへ渡り、2年間滞在し、舞台に立つ。

ヨーロッパに戻った後、ベルリン、ロンドン、ブダペスト、ミラノで公演を行い、1848年から3年間ロシアに滞在。ザンクト・ペテルブルク、モスクワの舞台に立つ。1851年、ウィーンで引退興行を行った後、6月引退。

ファニー・エルスラーは19世紀の半ばもっとも有名な舞踏家の一人だった。彼女の当たり役の1つは、カチューシ

ャ。カスタネットを手にピンクのドレスでギャロップを踊るカチューシャに人々は熱狂したという。彼女の姿は版画、マイセンにも残され、映画『ファニー・エルスラー』『踊り子ファニー・エルスラー』もつくられた。

光子・青山・クーデンホーフ＝カレルギー
Mitsuko Aoyama Coudenhove-Kalergi

Gruppe13, Nr.69
＊1874年7月24日 東京
†1941年8月27日 ウィーン
外交官夫人

3番門を入り、お墓群に入ってから3つ目の十字路を渡った角。

　クーデンホーフ光子こと、青山みつは、東京府牛込で骨董品店を営む家に生まれた。1892年、オーストリア＝ハンガリー帝国駐日代理大使として赴任したハインリヒ・クーデンホーフ伯爵に見初められ、1893年、みつはハインリヒと結婚し、カトリックに改宗。みつの両親には、ハインリヒの立場にふさわしい結納金が渡されたと見られる。

　夫妻は市ヶ谷の洋館に住み、東京で長男・ヨハネス光太郎、次男・リヒャルト栄次郎が生まれる。1896年、ハインリヒに帰国命令が下り、夫妻はオーストリア＝ハンガリー帝国へ渡る。その際、ハインリヒは光子に、アジア勤務を希望することを約束したようである。

　ボヘミアとハンガリーに跨がる領地を所有するクーデンホーフ伯爵家で、ハインリヒの庇護の下とはいえ、日本人の光子は相当な苦労をしたと思われる。しかし、領地管理人の不正が発覚。ハインリヒは外交官を辞し、領地を自ら管理することになる。

　こうしてアジア駐在の話は夢と消え、夫妻はボヘミアのロンスペルク城で暮らすこととなった。光子は日本から連れてきた2人の子供の乳母も日本に帰国させる。この頃、子供たちは、自分たちにはわからない日本語で壁に向かって独り言をつぶやく光子の姿を目撃している。その後、夫妻は全部で7人の子供に恵まれた。

　ハインリヒは子供たちがヨーロッパ人として成長することを望み、光子も語学・礼儀作法他、猛勉強した。しかし、1906年5月14日早朝、ハインリヒが

心臓発作で死去。遺産を相続した光子は、子供たちの教育のため、遺産の一部を処分し、ウィーンに引っ越す。夫を亡くし、日本に帰ることもなく、一人で子供たちをヨーロッパ人として育てるという重圧は、光子の性格を一変させた。子供たちを厳しく教育し、使用人や子供たちは光子を恐れるようになったという。

　第一次世界大戦では、光子は赤十字を通して食料供給に努め、長男・三男は従軍している。1918年、次男リヒャルトは、舞台女優で離婚歴があり子供もいるイダ・ローラントとの結婚で光子と対立。一族からも反対され絶縁状態となり、駆け落ちする。大事に育ててきた子供たちは光子の厳しさを嫌い、光子の許を離れていった。

　戦後、帝国の崩壊により光子も大部分の財産を失い、1925年、脳出血で半身不随となる。1941年8月27日、次女オルガに見守られながら天に帰る。

　なお、クーデンホーフ＝カレルギーという名字は、1903年、実母を敬愛してやまないハインリヒが、母の旧姓を加えて名乗り始めてからのもの。

　メートリング博物館トーネートシュレッスルには光子のコーナーが設置されている。ここには光子の写真のほか、遺品のクーデンホーフ家家紋入りナプキンなどが展示されていて、窓の外には約30人の日本の職人が造った日本庭園もある。光子が亡くなった家は、彼女たちに仕えていた方が娘オルガから購入し、現在はその方の親族が暮らしているとのこと。光子は2階の窓のある部屋で亡くなったという。

87　　　　　　　　　　　　　　　　　　　　　Gr.15, Nr.4D

ヨーゼフ・ヘルメスベルガー
Josef Hellmesberger sen.

＊1828年11月3日　ウィーン
†1893年10月24日　ウィーン
ヴァイオリニスト

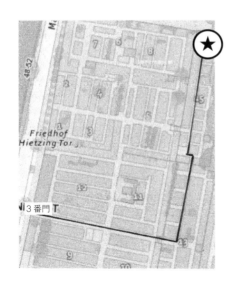

3番門を入り直進。最初の十字路を左折して直進。次の広めの十字路を右折して直進。突き当たる手前の十字路を左折して直進。再度突き当たった右角。

ヘルメスベルガー父子の墓

ゲオルク・ヘルメスベルガー1世の息子として生まれる。父は音楽家・教育者で、父からヴァイオリンの指導を受ける。ヨーゼフの息子はフェルディナントとヨーゼフ・ヘルメスベルガー2世。

1849年、ヘルメスベルガー・カルテットを設立。1891年までカルテットを率い、数多くの初演を行う。1851〜59年、楽友協会コンサートの指揮者及び楽友協会ディレクター。ウィーン・コンセルヴァトーリウム教授。1860年からウィーン宮廷歌劇場のコンサートマスターに就任。

88 ヨーゼフ・ヘルメスベルガー2世
Josef Hellmesberger jun. ("Pepi")

Gr.15, Nr.4D
＊1855年4月9日 ウィーン
†1907年4月26日 ウィーン
ヴァイオリニスト・指揮者

愛称は「ペピ」。1855年、ヨーゼフ・ヘルメスベルガー1世を父にウィーンに生まれる。父親にヴァイオリンを習う。

1870〜87年、父のヘルメスベルガー・カルテットに第2ヴァイオリニストとして参加。1870〜73年、ウィーン宮廷歌劇場オーケストラ（現・ウィーン国立歌劇場）のメンバー、1874年、リング劇場のコンサートマスター。1875年、コンサートマスター（弦楽器部隊）及び打楽器奏者（金管楽器部隊）として、オーストリア歩兵連隊第4軍楽隊で兵役につき、その後、ドイツ・マイスター（軍楽隊）でカペルマイスターとなる。1887年、父からカルテットの統率と首席奏者を任される。

1878年以来、ウィーン宮廷歌劇場のソロ・ヴァイオリニストをつとめてきたが、同年、ウィーン楽友協会コンセルヴァトーリウムのヴァイオリン科の教授に就任。1886年、バレエとコンサートの宮廷カペルマイスター。1890年、ウィーン宮廷管弦楽団の第1宮廷カペルマイスターとなり、リング劇場でカペルマイスターとして働き、1901年に起った同劇場の火災を目撃する。

1901〜03年、マーラーの後任としてウィーン・フィルハーモニー管弦楽団のコンサートの首席指揮者となり、輝かしいキャリアを積んでいたが、1903年、個人的理由でウィーンの全ての職を辞し、カペルマイスターとしてシュトゥットガルトの宮廷劇場へ転任。しかし1年後、ウィーンへ戻り、帰国まもなく病を得て、1907年、逝去。

オペレッタ 22、バレエ 6、管弦楽曲、歌曲、舞曲、マーチなどの作品もある。

またフリッツ・クライスラーを指導したことでも知られている。

89 アントン・デルモータ
KS. Anton Dermota

Gruppe 58, Nr.371
＊1910 年 1 月 4 日　クロパ
†1989 年 6 月 22 日　ウィーン
宮廷歌手

4 番門を入り直進すると変形交差点兼小広場のような場所に出る。広場の正面右部分 364・363 のお墓の奥、三角地帯先端の先の左側。

リュブリヤーナ音楽院でオルガンと作曲を学び、1934 年奨学金を得、ウィーンへ行き、声楽をマリー・ラドーに師事する。

1934 年、クルジュでデビュー。1936 年、武士役（魔笛）でウィーン国立歌劇場に登場、専属契約を結ぶ。1937 年、アルフレート（椿姫）を歌う。同年、トスカニーニの指揮《ニュルンベルクのマイスタージンガー》でザルツブルク祝祭歌劇場デビュー。

デルモータはウィーンの聴衆に愛され、ウィーン国立歌劇場に 40 年以上も在籍している。戦後、テアター・アン・デア・ウィーンでの国立歌劇場引っ越し公演にも参加。1955 年、国立歌劇場再開記念では、フロレスタン役（フィデリオ）で登場（203 頁参照）。1946 年、宮廷歌

手。1950年、デルモータはアルフレート（こうもり）も歌っていて、ロンドン・グラモフォンで録音をしている。

デルモータは20年にわたり、毎夏ザルツブルク祝祭音楽祭で歌い、ロンドンのコヴェント・ガーデン、パリ、ローマ、ナポリ、ブエノスアイレス、さらにはオーストラリア、チェコスロヴァキア、ハンガリーの各都市で客演。

モーツァルトの役を得意とし、特にドン・オッターヴィオ（ドン・ジョヴァンニ）は有名。持ち役のレパートリーは約80。また、彼は歌曲やオラトリオも得意とし、数多くのコンサートを行っている。1966年以降、ウィーン国立音楽大学で教鞭をとる。

国立歌劇場で70歳の誕生日のお祝いでタミーノ（魔笛）を歌い、「私がまだ生きているのはファンタジーではありませんか」と言い、大喝采を受けている。その1年後、カルロス・クライバー指揮《トリスタンとイゾルデ》の録音では、羊飼い役を歌っている。1989年、ウィーンを中心に活躍したデルモータはウィーンで世を去った。

90　ゴットフリート・フォン・アイネム
Prof. Gottfried von Einem

Gr.60, Reihe 7, Nr.18

*1918年1月24日　ベルン
†1996年7月12日　オーバーデュルンバッハ

作曲家

4番門を入り、右折して直進。お墓群が終わり、左に緑地帯が出てくるところで左折。お墓群を抜けて広い通りへ出たら右折。直進して道が右へカーブする手前の左側18。

スイス駐在オーストリア大使館付き陸軍武官の子として生まれる。イギリスで語学を学んだ後、1934年、パウル・ヒンデミットのもとで音楽を学ぶため、ベルリンへ赴く。1938年、ベルリン国立歌劇場のコレペティトールとして活動を

ウィーン各地の墓地

始め、1941年から43年にかけて、作曲をボリス・ブラッハーに師事する。ブラッハーは師としても友人としてもアイネムのその後の音楽的展開に大きな影響を及ぼすことになり、後年、アイネムの代表作となるオペラ(《ダントンの死》や《審判》)の台本を提供している。バイロイト祝祭歌劇場でアシスタントの職を得、1944年、ドレスデン国立歌劇場の劇場付き作曲家として働く。

戦後、ウィーン国立歌劇場から新作オペラの委嘱を受け、1947年、ザルツブルク音楽祭で初演されたゲオルク・ビュヒナーの戯曲に作曲した《ダントンの死》は、センセーションを巻き起こした。1948〜51年、ザルツブルク音楽祭委員会の議長を務めるなど、1950年代以降、様々な組織の管理運営者として活躍。1963〜73年、ウィーン音楽アカデミーの作曲科教授。数々の国内外の名誉と賞に加えて、1989年にニーダー・エスターライヒの文化賞を受賞。

1990年代初頭、マイサウのオーバードゥルンバッハにある旧校舎を購入、そこで最後の作品(室内楽と歌)が生まれ、1996年に死去。亡くなった家に彼の記念碑がある。

アイネム作品としては、1960年代のヴァイオリン協奏曲や《ヘクサメロン》などの管弦楽作品や大規模な声楽作品(オーケストラ伴奏歌曲《神秘の薔薇》、オラトリオ《生まれいずる者へ》)などがあるが、なんといってもオペラ、バレエ音楽の分野に注目すべき作品がある。

とくにオペラへの取り組みは意欲的になされ、先の《ダントンの死》は国際的評価を受け、20世オペラに多大な貢献をなした作品。また、カフカの原作による《審判》(1953年、ザルツブルク音楽祭)は、自らの戦時体験(ナチス・ゲシュタポによる身柄拘束と過酷な尋問)をカフカの不条理劇とを重ね合わせた世界を描く。表現主義的な舞台とあいまって、大きな注目を集めた。さらに、ヴォルフガング・サヴァリッシュ指揮で初演された《引き裂かれた者 Der Zerrissene》(1964年、ハンブルク)は、明快な新古典主義的書法を駆使した作品で、ウィーン伝統のファンタスティックな音楽劇を彷彿とさせもする。

こうした音楽語法の変遷は、ほかのジャンルにも共通しており、明確な音楽構造、表現力豊かなオーケストレーションと楽器法、多彩なリズム書法が特徴となっている。やや保守的・折衷的な傾向を示すものではあるが、飽くなき前衛志向とは対極にある現代的表現として位置づけられるだろう。

シュテファンプラッツ傍のカフェ・アイーダ1階で、しばしば立ち飲みコーヒーを楽しむ姿が見うけられた。街の人と気さくに語り合う、モーゼのようなお顔の優しい方だった。

カルクスブルク墓地

Friedhof Kalksburg

Zemlinskygasse 26, 1230 Wien

■オープン（正門）
8:00–17:00　1・2月
7:00–18:00　3月
7:00–19:00　4〜9月
7:00–18:00　10月 & 諸聖人祭（11/1）& 死者の日（11/2）
8:00–17:00　11月3日〜12月
7:00–20:00　毎木曜日（5月〜8月）

91 フーゴ・フォン・ホーフマンスタール
Hugo Laurenz August Hofmann von Hofmannsthal

Gruppe1, Nr.49
＊1874年2月1日　ウィーン
†1929年7月15日　ウィーン
作家

入口から直進して、つきあたり。

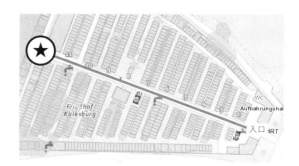

　ウィーンの富裕な商家に生まれる。家名は、フーゴの曽祖父イザークが貴族の称号を受けて「ホフマンの谷」（ホーフマンスタール）と名乗ったところから始まる。
　家庭教師によりヨーロッパの古典文学を学び、その学習範囲はギリシア・ラテン、中世、ルネッサンスに至る。詩作はギムナジウムの頃から始め、16歳の頃には戯曲や随筆を文壇に発表。1891年、5歳年上のシュテファン・ゲオルゲの芸術至上主義の影響を受け、ゲオルゲが主催する『芸術草紙』に寄稿するようになる。1892年、ウィーン大学では法律を学ぶも、文学への関心はさめやらず、ロマンス語とその詩法の研究に向かう。
　世紀末的な雰囲気の韻文劇『痴人と死』などで認められ、27歳のときに、架空の書簡形式で時代の転換期にある芸術家の精神的危機を綴った『チャンドス

卿の手紙』を発表。以降は古典劇の翻案や改作を行い、古典劇の近代的解釈を行う。

カフェ・グリーエンシュタイドゥルに集まるシュニッツラー、アルテンベルク、ツヴァイクらと共に「青年ウィーン Jung Wien」のメンバーの一人。

また、ザルツブルク音楽祭は1877年以来、公演が行われてきたが、本格的に行われるようになるのは、1920年、大聖堂前広場でマックス・ラインハルト演出のホーフマンスタール『イエーダーマン』が演じられてからで、この作品は現在も毎年上演されている。ちなみに、この作品の第1回公演で舞台に立ったのは映画『ブルク劇場』にも登場したヴェルナー・クラウス。

さらに、リヒャルト・シュトラウスのオペラ全15作のうち《エレクトラ》《バラの騎士》《ナクソス島のアリアドネ》《影のない女》《エジプトのヘレナ》《アラベラ》の6作の台本を書いている。

第一次世界大戦後、オーストリア゠ハンガリー帝国崩壊に大きな精神的打撃を受けたようで、晩年は文化評論や書物の編集に携わり、過去の伝統や文化について論じた。1929年、息子のフランツが拳銃自殺をした2日後、息子の葬儀の直前、卒中により喪服のまま死去。

92 オットー・エーデルマン
Prof. KS. Otto Edelmann

Gruppe1, Nr.55A
＊1917年2月5日 ブルン・アム・ゲビルゲ
†2003年5月14日 ウィーン
宮廷歌手

ホーフマンスタールのお墓から向かって右約8つ目。

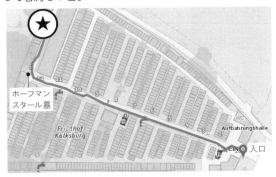

ウィーン音楽アカデミーで学ぶ。1937年、ゲラでフィガロ役（フィガロの結婚）を歌ってデビュー。1936～40年、ミュールンベルク歌劇場でオスミン（後宮からの逃走）、アブドラ・ハッサン（バグダッドの理髪師）等を歌う。第二次世界大戦に従軍。戦後1947年、爆撃で壊されたウィーン国立歌劇場の引っ越し公演でウィーン・フォルクスオーパーにウェーバー《魔弾の射手》の隠者役でデビュー、ウィーン国立歌劇場のメンバーとなる。

ウィーン国立歌劇場では430公演に出演、36役を歌っている。オックス男爵（バラの騎士）、ハンス・ザックス（ニュルンベルクのマイスタージンガー）、ハインリヒ（ローエングリン）、グルネマンツ、アンフォルタス（パルシファル）、レポレッロ（ドン・ジョヴァンニ）等が有名。1950年、クレメンス・クラウス指揮《ファルスタッフ》は大成功を収め、1951年、アンフォルタスでミラノ・スカラ座にデビュー。

1951年、バイロイト祝祭歌劇場、カラヤン指揮でハンス・ザックスを歌い、フルトヴェングラー指揮によるベートー

ヴェン交響曲第9番のソリストも務めた。その後、ハンブルク州立歌劇場のエディンバラ音楽祭公演に客演。1953年、ザルツブルク音楽祭にレポレッロで、1954年にはメトロポリタン歌劇場でハンス・ザックスでデビュー。

1976年、ウィーン国立歌劇場でヴァルトナー伯爵（アラベラ）を歌い引退。引退後、ウィーン国立音楽大学で教鞭をとる。2003年、ウィーンのカルクスブルクで死去。享年86歳。

グリンツィング墓地

Friedhof Grinzing

An den langen Lüssen 33, 1190 Wien

■ オープン（正門）
8:00–17:00　1・2月
7:00–18:00　3月
7:00–19:00　4-9月
7:00–18:00　10月＆諸聖人祭（11/1）＆死者の日（11/2）
8:00–17:00　11月3日～12月
7:00–20:00　毎木曜日（5-8月）

| 93 | Gruppe 6, Reihe 7, Nr.1 |

グスタフ・マーラー
Gustav Mahler

＊1860年7月7日 カリシュト
没1911年5月18日 ウィーン
作曲家・指揮者

正門を入り正面突当りを左折。右側2つ目の道（左側の建物が終わった所）を右折。左側2つ目の道を左折し、すぐ次の左角。

　チェコ生まれのユダヤ人の家庭、14人兄弟の第2子だった。子供の頃から音楽の才をあらわす。1875年、ウィーンに移り、コンセルヴァトーリウムでピアノ、和声学、指揮法を学び、アントン・ブルックナーにもプライベート・レッスンを受けている。卒業後の経歴は華々しく、プラハのドイツ劇場（現プラハ国立歌劇場）、ライプツィヒ歌劇場、ハンブルク歌劇場、ウィーン宮廷歌劇場、メトロポリタン歌劇場など、多数のオペラ劇場の指揮者・芸術監督を歴任している。また、ウィーン・フィルハーモニー、ニューヨーク・フィルハーモニックの指揮者も務めている。

　1902年3月に結婚。1904年にはオ

ーストリア皇帝フランツ・ヨーゼフ1世から第三等鉄十字勲章を授与される。1910年、ウィーンに戻り、強迫神経症に悩まされた彼は、フロイトの診察を受け、回復する。その際、フロイトの行った精神分析の結果は「暴君だった父親が母親を過酷に扱った幼児体験を反復しようとして強制的に妻を悩まし、自分を苦しめてきたことがその原因である」というものだった。マーラーは「分裂気質」に属し、分裂病発病の危険が大いにあったようである。

1910年、ニューヨーク管弦楽団を指揮。1911年2月、扁桃腺炎で熱がある中、アメリカでの最後のコンサートを指揮した後、連鎖球菌性敗血症を起こす。4月、パリで血清治療を受け、ウィーンへ戻り、サナトリウムに入院。敗血症による意識混濁となり、5月18日、ベッドの上で指揮の真似を繰り返し、「モーツァルテル（Mozarterl）」（愛称形）と、繰り返しつぶやいて亡くなった。

ウィーンのグリンツィング墓地に埋葬されたが、「墓を訪ねてくれる人は私が何者か知っているだろうし、知らない人たちに知ってもらう必要はない」というマーラーの意思に沿い、墓石には「GUSTAV MAHLER」という文字以外、生没年を含めて何も記されていない。

マーラーが歌劇場監督として活動した十数年、彼は様々な改革（1. 指揮の位置の変更：指揮の位置を、舞台から見て弦楽器の少し手前くらいまで持って来て、指揮台を高くした。2. 桟敷席と立見席以外での上演中の入場を禁止。3. サクラの追放。当時、サクラは公然と認められていて、専用の椅子も用意されていた。4. 客席を暗くした、等）を行い、オペラ上演中は舞台と音楽だけに専心するよう聴衆に要求した。

しかし、せっかくの改革も彼のエキセ

ントリックな性格ゆえに、空回りしたことも多かったようである。

若い頃の指揮者マーラーはカリカチュアに描かれるほど激しく身体を動かす指揮ぶりと、楽譜に手を入れることで知られていて、反発する者もいたが、彼の楽譜（マーラー版）を好む指揮者もいた。また、マーラーはブルックナーと親交を結び、ブルックナーの死後、彼の交響曲を出版する費用を肩代わりしている。

14歳年下のシェーンベルクは当初マーラーの音楽を嫌っていたが、後に親しくなった。マーラーはシェーンベルクと音楽論で口論し「二度と家に呼ぶな」と怒りながら、しばらくすると「なぜ顔を見せないのだろう」と周囲に尋ねたりしていたという。

指揮者として華々しい活動をしながら、マーラーは作曲家として多数の交響曲と歌曲を書いた。交響曲は大規模で、声楽を伴うことが多い。約10曲中5曲に歌が付いている（第2、3、4、8番、《大地の歌》）。楽器に関しては、カウベル、鞭、チェレスタ、マンドリン、鉄琴・木琴な

どオーケストラには珍しい楽器も使用し、交響曲第6番では大型のハンマーまでかつぎ出して聴衆を驚かせた。当時のカリカチュアを見ると、「しまった、クラクションを忘れていた」「これで交響曲をもうひとつ書けるぞ！」というコメント付きで、奇妙な楽器類の前で頭を抱えるマーラーが描かれている。

94 アルマ・マーラー＝ヴェルフェル
Alma Mahler-Werfel（旧姓：シンドラー）

Gruppe 6, Reihe 6, Nr.7
＊1879年8月31日 ウィーン
†1964年12月11日 ニューヨーク

入口を入り直進し、突き当りを左折。右側二つ目の大きめの道を右折。直進して左側二つ目の道を左折。さらにすぐ左の道へ左折。またすぐ右折して7番。

　1879年、画家エミール・ヤコブ・シンドラー（1842-92）の娘としてウィーンに生まれる。教師アレクサンダー・フォン・ツェムリンスキーのもとで、歌曲の作曲を行う。
　1900年、グスタフ・マーラーと知り合う。1902年、マーラーと結婚。マーラーとの間が冷え込んでいたころ、建築家ヴァルター・グロピウスと知り合い、求愛される。
　1911年、マーラーの死後、アルマは画家オスカー・ココシュカとの関係を深めながらも、1915年、建築家ヴァルター・グロピウスと結婚。離婚後1929年、詩人フランツ・ヴェルフェルと結婚。1938年、フランスに、1940年、アメリカ合衆国に亡命。
　アメリカ亡命後、カリフォルニアで音楽サロンを主宰。シェーンベルク、コルンゴルト等、ヨーロッパからの多くの亡命作曲家が集った。
　16の歌曲が残されている。

| 95 | | Gruppe11, Reihe 3, Nr.11 |

アントン・フリードリヒ・ミッテルヴルツァー
Anton Friedrich Mitterwurzer

＊1844年10月16日　ドレスデン
†1897年 2 月13日　ウィーン
俳優

正門を入り、正面突き当りを左折。右側 2 つ目の道（左側の建物が終わった所）を右折。突当たったら左折して、左側 5 つ目の道を左折。左側 3 つ目の道を左折し、右側 3 つ目の 11。

1862 年、マイセン市立劇場でデビュー。1871 年、ウィーンのブルク劇場の舞台に立ち、ファウスト、メフィストなどの役で大成功を収める。1879 ～ 84 年、ウィーン市立劇場の演出家を務めたのち、カール劇場の監督に就任。1886 ～ 94 年、ドイツ・オランダ・アメリカのツアーで好評を博す。1894 年、ブルク劇場と契約。1897 年、53 歳で世を去る。

ミッテルヴルツァーは生前、火葬を希望していたこともあり、遺体は火葬のため列車でゴタへ送られた。遺骨は息子によってウィーンに運ばれ、1897 年 2 月 27 日、家族の墓に納められた。彼はブルク劇場の名優で、映画『ブルク劇場』のミッテラーのモデルといわれている。

| 96 | Gruppe 20, Reihe 5, Nr.6 |

アルノルト・ヨーゼフ・ロゼ
Prof. Arnold Josef Rosé (Rosenblum)

＊1863年10月24日 ヤシ
没1946年 8 月25日 ロンドン
ヴァイオリニスト

入口を入り直進し、突き当りを左折。右側2地目の角を右折して直進、突き当りを右折。また突き当たって左折し、すぐ右折した6番。

　1863年、ヤシでユダヤ人の役人の息子、アルノルト・ローゼンブルームとして生まれる。7歳でヴァイオリンのレッスンを受け、1874〜77年、ウィーン楽友協会コンセルヴァトーリウムでヴァイオリンをカール・ハイスラーに師事。1879年、ライプツィヒ・ゲヴァントハウスでデビュー。1881〜1938年、ウィーン宮廷歌劇場（オペラ劇場、国立歌劇場）オーケストラのコンサートマスターを長年つとめるが、その間、1881〜97年 と 1898〜1901年、1925〜26年にはゲスト・コンサートマスターとして、1929〜38年、ウィーンフィルハーモニー管弦楽団のメンバーとして、さらに、1888〜96年、バイロイト祝祭音楽祭のコンサートマスターとして、1903年からウィーン宮廷管弦楽団のメンバーとして多方面に活躍。

　他方、1893〜1901年、ウィーン楽友協会コンセルヴァトーリウムで、1908〜29年（1909〜24年説もあり）、ウィーン音楽アカデミーで教えた。

　1882年、兄のエドゥアルトと共にロゼ・カルテットを結成。1883年、ウィーンでデビュー・コンサート。数多くのツアーを行い、世界的名声を得た。カルテットでは特に、ブラームス、コルンゴ

ロゼ親子の墓

133

PART 1　お墓めぐり

ルト、シュミット、シェーンベルク、ヴェーベルン等、現代作曲家の作品を積極的に紹介した。

1902年、マーラーの妹ユスティーネと結婚。息子アルフレート（1902-75）はピアニスト・指揮者・作曲家。娘アルマ（1906-44）はヴァイオリニストで、「ヴァルツァー・メーデルン管弦楽団」の指導者。

独墺合併6日後、ロゼをはじめとするウィーン・フィルハーモニーのユダヤ人メンバーは解雇され、国外追放処分となる。ロゼも1938年7月、強制的に引退させられる。ロゼはロンドンへ亡命、そこでもオーストリア・アカデミーで働き、彼のカルテットで演奏する。1945年、カルテットの最後のコンサートとなった。

97　アルマ・ロゼ
Alma Rosé

Gruppe 20, Reihe 5, Nr.6

＊1906年11月3日 ウィーン
没1944年4月4日 アウシュヴィッツ
ヴァイオリニスト

アルノルト・ロゼを父に、ユスティーネ・マーラーを母に生まれる（グスタフ・マーラーは叔父）。彼女の名前は、叔母のアルマ・マーラー＝ヴェルフェルからとられている。

こうした音楽一家の中で育ち、父親からヴァイオリンを習う。1920年、バート・イシュルでソリストとして登場。1926年、父の指揮の下、ウィーン国立歌劇場管弦楽団のメンバーと共に、ウィーン楽友協会でデビュー。1929年5月、ウィーンでヨハン・セバスティアン・バッハの二重協奏曲ニ短調（BWV 1043）をレコード録音。

1930年、20世紀で最も偉大なヴァイオリンの巨匠の一人といわれたチェコのヴァーシャ・プルシーホダ（1900-60）と結婚。1935年、離婚するまでプラハ近郊で暮らし、1936年、ウィーンの両親の許に帰る。

1932年、女性のオーケストラ「ウィーン・ヴァルツァー・メーデルン」を設立。アンサンブルは高いレヴェルの技量を発揮し、ヨーロッパ中でコンサートツアーを行う。1934～38年、ドイツでのナチスの支配に抗議して、海外でいくつかの連帯コンサートを開催。

1938年3月12日、独墺合併により、7月、女性オーケストラは解散。カール・フレッシュの支援を受け、1939年3月24日にアルマが、5月2日には父アルノルトがロンドンに逃亡。兄のアルフレートはカナダに逃げることができたが、叔父のエドゥアルト（1859-1943）は、後にテレージエンシュタット強制収容所に送られ、そこで殺害される。

1939年11月、アルマはアムステルダムのコンサートへ飛び、1941年1月から1942年8月、オランダでハンガリーの作曲家ゲザ・フリードと共に違法なハウスコンサートをおこなう。また「アーリア人」の名前で保護されると考え、オランダ人エンジニアのコンスタント・アウグスト・ヴァン・レーヴェン・ブームカンプと架空の結婚をする。

1942年12月、アルマは逃亡先のフランスのディジョンでドイツのオルポ（ナチス・ドイツの秩序警察）に逮捕され、

ドラシーの捕虜収容所に収容され、1943年7月18日、強制収容所アウシュヴィッツへ送られる。1943年7月20日、強制収容所に到着、その後すぐアウシュヴィッツ・ビルケナウの女性収容所に移され、監督マリア・マンドルによって、女性囚人のオーケストラに割り当てられる。

女性オーケストラはアマチュアとプロの弦楽器、アコーディオン、マンドリンなどで構成されていた。オーケストラの主な職務は朝・夕、メインゲートで演奏し、囚人の送迎をすることで、囚人とSS（ヒトラー親衛隊）のため週末コンサートを開催した。アルマは収容所の人々の生存を確保するためアンサンブルを組織し、そのレパートリーに加えるべくショパンの《エチュード》作品10の3を編曲する。

アルマはオーケストラを指揮し、時にはヴァイオリンのソロも受け持ったという。メンバーにはチェリストのアニタ・ラスカー、歌手兼ピアニストのファニア・フェネロンがいて、彼女たちはホロコーストを生き延びた。1944年4月2日、アルマはオーケストラを指揮（これが最後となる）、4月4日、原因不明の病気（食中毒ともいわれている）で亡くなる。

ハイリゲンシュタット墓地

Friedhof Heiligenstadt

Wildgrubgasse 20, 1190 Wien

■オープン（正門）
8:00–17:00　1・2月
7:00–18:00　3月
7:00–19:00　4〜9月
7:00–18:00　10月＆諸聖人祭（11/1）＆死者の日（11/2）
8:00–17:00　11月3日〜12月
7:00–20:00　毎木曜日（5月〜8月）

98　ヴァルター・ベリー
KS. Walter Berry

TeilA, Gruppe1, Nr.263
＊1929年4月8日　ウィーン
†2000年10月27日　ウィーン
宮廷歌手

中央入口から入り、建物を右側に見ながら前進、水道の手前を左に曲がり、しばらく進むと広場がある。その右側中央。

　ウィーン音楽アカデミーで声楽をヘルマン・ガロスに師事。1949年、ウィーン楽友協会モーツァルト声楽コンクールに入賞。1950年、ウィーン国立歌劇場のソリストとして契約（バス・バリトン）。1952年、パパゲーノ（魔笛）を歌う。1953年からはザルツブルク音楽祭の常連の歌手となる。1955年、ウィーン国立歌劇場再開の際は《ヴォツェック》の主役とマゼット（ドン・ジョヴァンニ）を歌う。1958年、北米デビュー、以後ベルリン、ミュンヘン、メトロポリタン歌劇場など、世界中の劇場及びフェスティヴァルの舞台に立った。

　ウィーン国立歌劇場でのレパートリーは100を越え、1288回の公演に出演し、

ウィーン各地の墓地

40以上のプレミア上演に関わった。フィガロ（フィガロの結婚）、パパゲーノ（魔笛）、レポレッロ（ドン・ジョヴァンニ）、ヴォータン（ニーベルングの指環）、オックス（バラの騎士）、バラク（影のない女）、ピッツァロ（フィデリオ）などを持ち役とした。

1963年、ウィーン国立歌劇場宮廷歌手。1990年、ウィーン国立歌劇場名誉会員。多くの大学の教授等を歴任、1989年からはウィーン国立音楽大学でも教鞭をとっていた。

オペラやオラトリオ等、多くの録音は国際的な賞を受賞。また、ハインツ・ツェドニックと共に、ヴィーナー・リートの録音も人々に愛された。2000年10月27日早朝、心臓発作で死去。1970年に離婚した奥様は、朝の発声練習でま

ず〈夜の女王〉を歌うというメゾ・ソプラノのクリスタ・ルートヴィヒ。

PART 1　お墓めぐり

シーフェアリング墓地

Friedhof Sievering

Nottebohmstraße 51, 1190

99
ペーター・ミニッヒ
KS. Peter Minich（本名：Gustav Leo Minich）

Abteilung 2, Gruppe 12, Reihe 3, Nr. 3
＊1927年1月29日 ザンクト・ペルテン
†2013年7月29日 ウィーン

宮廷歌手

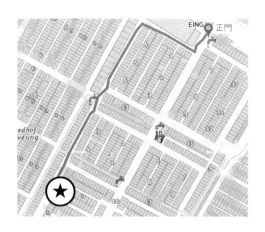

正門を入りお墓群の前を右折。墓地に入る細い道を3つ過ぎて、4つ目の広めの道を左折（右側の建物のトイレの手前）。直進して左側4つ目の道の先。
※もとは中央墓地の40区193番に設けられていたが、2018年11月22日、ここに奥様と一緒のお墓がつくられた。

　ザンクト・ペルテン出身。機械工学を学ぶが、1945年以降、マックス・ラインハルト・セミナーとウィーン・フランツ・シューベルト音楽院で演劇と声楽を学ぶ。最初は役者として出発したが（役者として、1948年、ブルク劇場と、1950年、フォルクスオーパーと契約）、すぐに歌手に転身。スイスのザンクト・ガレンとグラーツで修業し、1956年、ウィーン・フォルクスオーパーでペトルッチオ（キス・ミー・ケート）でデビュー、1957年、アイゼンシュタイン（こうもり）を演じ、1960年専属となり、タシロ（マリッツァ伯爵令嬢）を歌う。

　ウィーン・オペレッタの第一人者として活躍を続けた"ミスター・オペレッタ"。テレビ主演や録音の数も多い。ロベルト・シュトルツ90歳の誕生日を記念したベルリンでの放送にも出演。

　ダニロ（メリー・ウィドウ）、タシロ（マリッツァ伯爵令嬢）、アルフレートやアイゼンシュタイン（こうもり）、ツェドラウ伯爵（ウィーン気質）、シモンやオーレンドルフ（乞食学生）、ヒギンズ教授（マイ・フェア・レディ）、太守セリム（後宮からの逃走）、アルトゥム（トゥーランドット）など、多くのオペレッタ、ミュージカルなどで大活躍。100を超え

移動前＝中央墓地

るレパートリーを持つ。カール・デンヒと共にウィーン・フォルクスオーパーの黄金期を支え、世界中にオペレッタの魅力を広めた功労者。

2005年からパーキンソン病を患い、2008/09年のシーズンで《トゥーランドット》のアルトゥムを演じ、2009年、フォルクスオーパーのクリスマス・コンサートに出演したのが最後の舞台となった。2013年、肺炎で帰天。

歌声、歌いまわし、立ち振る舞い（特に座った時の足がセクシー）、全てに華があり、彼が登場するときは舞台に出る前から拍手が沸くトップテノール。しかし、通常のご本人はまじめで、物静かな紳士だった。ウィーン・フォルクスオーパー名誉会員。

ヨーゼフスドルフ・ヴァルト墓地*

Jopsefsdorfer Waldfriedhof

＊別名：カーレンベルク墓地（Kahlenberger Friedhof）

Kahlenberger Straße. 1190 Wien

※小さなお墓なので行けばわかります。

100
シャルル＝ジョゼフ・ドゥ・リーニュ侯爵
Charles-Joseph Lamoral François Alexis de Ligne

＊1735年 5月23日 ブリュッセル
†1814年12月13日 ウィーン

軍人・外交官

　シャルル＝ジョゼフ・ドゥ・リーニュは陸軍元帥のリーニュ公クロード・ラモラール2世を父に、1735年、ブリュッセルに生まれる。（ド・リーニュ家は現在もブリュッセル最上級貴族の家柄。）

　若い頃から軍隊に所属、長じて、1772年、金羊毛騎士団員となり、1773年、中将に昇進。オーストリアの皇帝ヨーゼフ2世の友人・相談役となる。歩兵大将に昇進後、1789年、墺土戦争でマリア・テレジア司令官十字章を受ける。

　皇帝ヨーゼフ2世が亡くなった後もオーストリアにとどまり、1807年以降、宮廷近衛隊の隊長を務め、1808年、元帥となる。また彼の著書は『Mélanges militaires, littéraires, sentimentaires』として34巻の全集にまとめられ、他に1780年初版の『Fantaisies et préjuge's militaires（軍事偏見と錯覚）』は有名。しかし何といってもウィーン会議を評し

た「会議は踊る、されど進まず」(Le congrès danse beaucoup, mais il ne marche pas) は彼の代名詞として歴史に残っている。

ウィーン会議は、フランス革命及びナポレオン戦争によって撹乱(かくらん)されたヨーロッパの秩序回復のため、1814 年 9 月から 1815 年 6 月にウィーンで開かれたヨーロッパ諸国の国際会議である。会議にはオーストリア外相メッテルニヒ、フランスのタレーラン、ロシア皇帝アレクサンドル 1 世、その他、200 人以上の国家代表が集まった史上空前ともいえる大国際会議だった。開催国オーストリアはこの会議に 1600 万グルデンの巨費を投じ、ウィーン市民は各国の王侯貴族の馬車を歓呼して迎えた。

会議開催 232 日の間、会議より祝宴、閲兵式、音楽会、舞踏会…といった祝典のほうが多数開かれた。各国の貴賓は楽士をともなって出席し、それぞれの国の音楽もウィーンにもたらされた。祝祭は初日から開かれ、ポロネーズやカドリーユで始まる連日の舞踏会は、市民に多くの話題を提供した。

革命思想には検閲を加えた政府も、手が出せなかったものがある。それは、舞踏熱である。フランス革命でバスティーユ陥落後、パリの人々は経験したこともないほど踊り狂い、官能的な輪舞が、あらゆる市民階級の人々に浸透した。この市民の舞踏狂の流行が、ウィーンに伝播。19 世紀を通じてウィーン市民の最大の楽しみはダンスとなった。「シュペール」「ドムマイヤー」などのダンスホールではランナー、シュトラウス（父）が楽団を指揮し、新作のワルツを発表して、爆発的人気を得た。

踊り好きのウィーンといっても、初めからワルツが認められていたわけではな

い。当初、ウィンナ・ワルツも他の新しいダンス同様、流行病の源、「エロティックな求愛ダンス」などと物議をかもし、教会から罪悪、秩序を乱すものとして断罪された。しかし、どんな抗議も禁止もワルツを止めることはできなかった。

そのため、初めの数年は左回りのワルツは「強く抱きしめすぎる」という理由から、右回りのワルツだけを許可するという布告がたびたび出されている。ウィーン会議でも、ワルツを踊る若いカップルを見た伯爵夫人が、「私が若かったころは、あのようなことはベッドの中でしかしませんでしたわ」と、隣の男性にささやいたという話は有名である。

またワルツの一種、ワンガウスは、熱狂的に猛スピードで踊るため、身体を壊す者や死者まで出て、何度も禁止令が発せられた。1920 年でも、ワルツに類似したダンスの姿勢は本来許容されるべきものではなく、「品位ある社交場で、男性が側にいる女性の腰を捕らえて引き寄せる等、許し難いだろう」と記されている。シュトラウス、ランナーらの登場がなか

ったら、ワルツに対してもっと世間の風当たりは強かったかもしれない。

ところで、「一向に進まない」といわれたウィーン会議だが、大きな功績もあった。イギリス、プロシア、ロシア、オーストリアは当時かなりの緊張状態にあったが、長い時間を一緒に過ごし、共に食べ、踊ったおかげで、互いを知ることができ、「ヨーロッパのあるべき秩序」を確認できたのではないだろうか。ウィーン会議後、第一次世界大戦まで、いささかの紆余曲折はあったとはいえ、ヨーロッパ全土を巻き込む戦争は起こらず、ヨーロッパの国際秩序に平和が保たれたのは「会議が踊った」からといえるだろう…。

「私は会議に特別の芝居を提供しよう。オーストリア元帥の埋葬式という芝居を」。

ドゥ・リーニュ侯爵はこう語り、1814 年 12 月 13 日、帰天。葬儀の行われた 15 日、この日だけは会議は踊らず、王侯、貴族、軍人、市民はカーレンベルクの丘近くまで「麗しき屍」と称される壮麗な葬儀に従った。さすがオーストリア元帥、最後までおしゃれである。

ノイシュティフト・アム・ヴァルデ墓地
Friedhof Neustift am Walde

Pötzleinsdorfer Höhe 2, 1180 Wien

■オープン（正門）
8:00–17:00　1・2月
7:00–18:00　3月
7:00–19:00　4〜9月
7:00–18:00　10月 & 諸聖人祭（11/1）& 死者の日（11/2）
8:00–17:00　11月3日〜12月
7:00–20:00　毎木曜日（5〜8月）

101 ヨーゼフ・クリップス
Prof. Josef Alois Krips

Gruppe16, Reihe4, Nr.30
*1902年4月8日 ウィーン
没1974年10月13日 ジュネーヴ
指揮者

3番門を入り斜め左に進む。突き当りを左折、そのすぐ先（水道の蛇口がある場所）を右折して直進。2つ目の十字路を左折。大きな通りへ抜ける所でお墓の角に沿って右折し、2本目の小道を右折し、右側30。

マンディチェフスキーとヴァインガルトナーに師事。1918年、ウィーン・フォルクスオーパーのヴァイオリン奏者となる。1921年、フォルクスオーパーのオペラコーチと合唱指揮者に就任。1925年、ドルトムント市立劇場、1926〜33年、カールスルーヘ歌劇場の音楽総監督。1933年、ウィーン国立歌劇場の指揮者となる。1935年、ウィーン国立音楽大学教授に就任。1938年、独墺合併により、ベオグラードへ移り、地元のオーケストラの指揮者に。

1945年、ウィーン国立歌劇場に復帰する。1947年、イギリス、フランス、

ソ連への楽旅。1951〜54年、ロンドン交響楽団の首席指揮者、1954年、バッファロー交響楽団、1963年、サンフランシスコ交響楽団音楽監督に就任。1963年、コヴェント・ガーデン、1966年、メトロポリタン歌劇場に登場。1970年、ベルリン・ドイツ・オペラ指揮者に就任。1970〜73年、ウィーン交響楽団首席指揮者をつとめ、ジュネーヴで病死。モーツァルトとリヒャルト・シュトラウスを得意とした。

102 ヴィリー・フォルスト
Willi Forst (Wilhelm Anton Frohs)

Gruppe L, Reihe 10, Nr.24
＊1903年4月7日 ウィーン
†1980年8月11日 ウィーン
俳優・映画監督

2番門を入り、正面のお墓群左から2つ目の道（左側11列36と右側10列36の間）に入り、右側24。

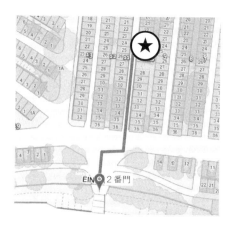

　磁器画家の息子としてウィーンに生まれる。ヴィリーは舞台で経験を積み、1919年、テッシェンで契約。最初の役は1922年、映画『ソドムとゴモラ』のエキストラとして出演。1925年、リリック・テノールとしてベルリンのメトロポールシアターでオペレッタとレビューの契約をする。またウィーンのカール劇場とアポロ劇場にも出演。1928年、マックス・ラインハルトのドイツ劇場に加わる。最初の大きな役は1927年、マレーネ・ディートリヒと一緒に出演した

144

『カフェ・エレクトリック』で、すぐにウィーン映画のスターとなる。

1933年、シューベルトの伝記映画『未完成交響楽』で、映画監督としてデビュー。1934年『たそがれの維納(ウィーン)』では第2回ヴェネツィア国際映画祭・脚本賞を受賞。以降、1936年『ひめごと』、『ブルク劇場』と作品が続く。世紀の変わり目のウィーンを背景にしたこれらの映画に人々は魅了された。

1937年以降、映画制作会社「ヴィリー・フォルスト・フィルム」を設立。1938年、独墺合併の後、フォルストは戦争中人気のあったウィーン・オペレッタの作品に専念し、1939年『ベラミ』、1940年『維納物語』、1942年『ウィーン気質』など、4作に携わる。

戦後、1949年『ウィーンの乙女たち』で映画監督に復帰。1951年『罪ある女』、1957年『許されない時間』を発表。『ウィーン、わが夢の街』で映画監督を引退。1968年、ドイツ映画賞・生涯功労賞を受賞。1973年に妻が亡くなった後、スイスのティチーノで癌におかされながら暮らし、1980年、死去。

独墺合併後の1944年、ナチス・ドイツのゲッペルスによる演劇の劇場閉鎖後

も、ウィーンでは200以上の映画館で上映が続けられていた。第二次世界大戦時にはプロパガンダ的な映画が多く制作されているが、『不滅のワルツ』『ウィーン気質(かたぎ)』『シュランメル』等、オペレッタを映画化した作品も多くつくられていた。

フォルストは独墺合併によってオーストリアがその存在を失ったとき、最もオーストリア的な映画をつくっていたことになる。

---

103 ハインツ・ホレチェック
KS. Heinz Holecek

Gruppe1, Reihe10, Nr.7
＊1928年4月13日 ウィーン
†2012年4月13日 ウィーン
宮廷歌手・俳優

ウィーン生まれの宮廷歌手。ウィーン音楽アカデミー(現ウィーン国立音楽大学)で学ぶ。ウィーン・フォルクスオーパーと契約。ウィーン国立歌劇場でもパパゲーノ(魔笛)でデビュー。その後もウィーンを中心に活躍。レポレッロ(ドン・ジョヴァンニ)、グリエルモ(コシ・ファン・トゥッテ)、フィガロなどを持ち役とする。コンサート歌手としても世界中で活躍。彼の歌うヴィーナー・リートも定評があり、TV出演も多い。

ご子息セバスティアンもバリトンで音

4番門をはいり斜め右方向にお墓群の間の道を進む。広場に出たら右側お墓の前を進んでそのまま真直ぐ次のお墓群に入る。突当たりを左折。角から2つ目の7。

大卒業後、ウィーン・フォルクスオーパーと契約。ホレチェック舞台デビュー50周年を記念したフォルクスオーパーの舞台では、父子の共演が実現し、フロッシュ役（こうもり）を熱演。

ご子息が音大の学生の頃は、音大のオペラ旅公演の際、公演先までおいでになり、同級生まで応援してくださる優しいお父様でした（父親の姿を見ただけで息子は緊張の極みのご様子だったけれど…）。

104 フリードリヒ・フォン・ハイエク
Univ. Prof. DDR. Friedrich August von Hayek

Gruppe1, Reihe17, Nr.11
＊1899年5月8日 ウィーン
†1992年3月23日 フライブルク
経済学者・社会哲学者

4番門を入り直進。お墓群を抜け、広い十字路に出たら右折。緑地帯を突っ切り、次のお墓群を抜け切る2本手前の道を右折。直進して左側11。

146

オーストリアの経済学者。20世紀を代表する自由主義思想家の一人。

医師、植物学の教授アウグスト・フォン・ハイエクの長男として生まれる。1917年、第一次世界大戦、イタリア戦線に従軍。1918年、ウィーン大学入学、この間、カール・メンガーの他に、オーストリア学派の第2世代であるフリードリヒ・フォン・ヴィーザーと出会う。物理学者のエルンスト・マッハとモーリツ・シュリックの認識論の影響を受ける。ウィーン大学で法学と政治学の博士号を取得。1923/24年、ニューヨーク大学へのロックフェラー奨学金を得る。米国の経済および憲法の第一人者であるJ. W. ジェンクスとともに国立経済研究局（NBER）のアシスタントとして働く。1924年、ウィーンへ戻る。1927～31年、ルートヴィヒ・フォン・ミーゼスと共に現在の経済研究所（Wifo）の前身である「オーストリア経済研究所」を設立。1929年、ウィーン大学で無給の講師となる。

師ミーゼスの流れを汲むオーストリア学派の一員として、景気循環をめぐってジョン・メイナード・ケインズと、社会主義経済計算をめぐりオスカー・ランゲらと論争を展開する。

1931年にロンドン・スクール・オブ・エコノミクス（LSE）教授となる。1938年、英国市民権獲得。

1944年、ロンドンで『隷属への道』

を出版（英米でベストセラーに）。1947年、モンペルラン・ソサエティをスイスで組織し、「モンペルラン協会」設立する。1950年、アメリカのアーカンソー大学に移り、その後、シカゴ大学の社会学および道徳哲学の教授として、12年間、教鞭をとる。1962年からフライブルク大学教授。1968～77年までザルツブルク大学客員教授を経、フライブルクに戻る。

1974年、ノーベル経済学賞受賞。1991年、ブッシュ大統領から大統領自由勲章授与。

経済学、法哲学、政治哲学、心理学に至る幅広い業績を残す。主な著書に『貨幣理論と景気循環』『自由の条件』『法と立法と自由』『致命的な思い上がり』『貨幣発行自由化論』などがある。

ヘルナルズ墓地
Friedhof Hernals

Leopold-Kunschak-Platz 7, 1170 Wien

■ オープン（正門）
8:00–17:00　1・2月
7:00–18:00　3月
7:00–19:00　4～9月
7:00–18:00　10月＆諸聖人祭（11/1）＆死者の日（11/2）
8:00–17:00　11月3日～12月
7:00–20:00　毎木曜日（5～8月）

|105|　　　　　　　　　　　　　Gruppe K, Nr.130

ヨーゼフ・ブラートフィッシュ
Josef Bratfisch

＊1847年 8月26日 ウィーン
†1892年12月16日 ウィーン
フィアカー御者・ホイリゲ歌手・口笛奏者

中央口から入って前進。十字路を右折し、すぐ左折。2つ目の十字路を右折し直進、さらに2つ目の十字路をグループKに沿って左折し、左側130。

　「ノッケルル Nockerl（小さなダンゴ）」と呼ばれたヨーゼフ・ブラートフィッシュは、1887年から皇太子ルドルフのお気に入りの「フィアカー御者」だった。フィアカーにはもともと登録番号が与えられていて、番号のついていないフィアカーは特定の人物のお抱えの馬車で、「番号のない馬車」と呼ばれていた。皇太子のお抱えとなったブラートフィッシュの馬車も、「番号のない」の馬車の1つだった。
　口が堅く配慮が行き届いたブラートフィッシュは、皇太子の信頼を得、皇太子のプライヴェートなお出かけの際には、必ずといってよいくらい御者の責務を果たしていた。

ブラートフィッシュはシュランメル楽団とも共演していたヴィーナーリートの歌手で、様々なピッチで複雑なメロディを口笛で吹く「都市の口笛奏者 Kunstpfeifer」の一人でもあった。彼はフィアカー・リート《ヴィンドボナ、素晴らしい街》《ウィーンはいつもウィーン》《ツバメの挨拶》を特に好んで歌っていたという。皇太子ルドルフは、彼が歌うヴィーナーリートと口笛をこよなく愛しており、ブラートフィッシュは皇太子のため、ホイリゲなどでよく歌ったり口笛を吹いたりしていた。

映画『うたかたの恋』でも有名な皇太子とマリー・フォン・ヴェッツェラのマイヤーリングでの心中事件。その際、ウィーン近郊からマイヤーリングまで連れて行ったのもブラートフィッシュだった。皇太子はマリーがマイヤーリングに来ていることを従僕ヨハン・ロシェクとブラートフィッシュ以外には誰にも言っていなかった。皇太子とマリーが心中する前の晩、ブラートフィッシュは二人のため、何時間もヴィーナーリートを歌い、口笛を吹いたという。

翌朝、ロシェクが二人の遺体を発見する。ブラートフィッシュは、この悲劇の詳細を知っているであろう限られた一人だったが、彼からは何一つ聞かれることはなかったという。さすが口の堅いウィーンのフィアカー御者である。

106

ヨハン・シュランメル
Johann Schrammel

Gruppe K, Nr.205
＊1850年5月22日 ウィーン
†1893年6月17日 ウィーン
作曲家・シュランメル音楽家

中央入口から入って、十字路を右折し、すぐ左折。2つ目の十字路を右折し直進。十字路を超えてすぐ細い道に出て左折し、初めの道を右折し22。

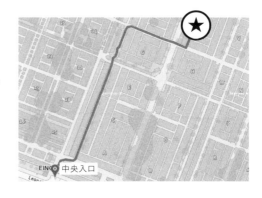

クラリネット奏者を父にウィーンのGaullachergasse 35に生まれる。弟はヨーゼフ・シュランメル。6歳の頃、教会の聖歌隊で歌う。1858年、ヴァイオリンをカール劇場の第一ヴァイオリンのエルンスト・メルツァーに師事。1861年1月、父と弟と一緒に「Zum goldenen Stuck」でのコンサートでデビュー。1862/63～65年、ウィーン楽友協会コンセルヴァトーリウムで、歌のレッスンに加え、ヴァイオリンをヨーゼフ・ヘルメスベルガー（父）、ゲオルグ・ヘルメスベルガーに師事。後にヴァイオリニストのカール・ハイスラーにも師事する。1865年当時、すでに彼はハーモニー劇場とヨーゼフシュタット劇場管弦楽団のメンバーとなっていた。1866年、陸軍に入隊、第2竜騎兵連隊、第32歩兵連隊、第49歩兵連隊で従軍。

1878年、弟ヨーゼフとギタリストのドラスコヴィッツと共にディ・ヌスドルファー（D'Nußdorfer）・トリオを結成。1879年、ギター奏者はアントン・シュトローマイヤーに変わり、同年トリオはクラリネット奏者ゲオルク・デンツァーを加え、シュランメル・カルテットとな

る。1891年、管楽器はクロマチックハーモニカに変えられた。カルテットは民衆的なウィーン音楽を演奏し、大人気を博す。

以後、類似の形態の音楽を「シュランメル音楽」と呼ぶようになる。彼らはサロンにも呼ばれ、ブラームスやヨハン・シュトラウス2世も愛好したという。1893年、ウィーンで死去。代表作はマーチの《ウィーンはいつもウィーン》。

107

ヨーゼフ・シュランメル
Josef Schrammel

Gruppe1, Nr.31
＊1852年3月3日 ウィーン
†1895年11月24日 ウィーン
作曲家・シュランメル音楽家

クラリネット奏者カスパー・シュランメルの息子。ヨハンは兄。ウィーン楽友協会コンセルヴァトーリウムでヨーゼフ・ヘルメスベルガー（父）にヴァイオリンを学ぶ。ヨーゼフは、トリオとカルテットで第一ヴァイオリンを受けもった。兄弟の中でより音楽的だが、静かな性格だったといわれている。その後、叔父と叔母のシュッツが率いる12人の音楽家団体にヴァイオリニストとして参加し、17ヶ月にわたる東洋ツアーを行っている。

帰国後、ホイリゲで演奏し、22歳で民謡歌手と結婚。1875年、5～6人の

ウィーン各地の墓地

中央口から入って前進、十字路を右折し、2つ目の建物（トイレがある）の中央まで直進。左側Tグループとグループの間へ左折し直進。3つ目の十字路を右折し、左側4つ目の道に入り右側 31。

音楽家と共に会社を設立。1878 年、兄たちとディ・ヌスドルファー・トリオとシュランメル・トリオ（後のシュランメル・カルテット）を結成。もっとも成功した作品は《ディ・ヌスドルファー》《ヴィンドボナ、素晴らしい街》。

151

ドルンバッハ墓地

Friedhof Dornbach

Alszeile 28, 1170 Wien

■オープン（正門）
8:00–17:00　1・2月
7:00–18:00　3月
7:00–19:00　4月～9月
7:00–18:00　10月＆諸聖人祭（11/1）＆死者の日（11/2）
8:00–17:00　11月3日～12月
7:00–20:00　毎木曜日（5月～8月）

108 アンナ・ザッハー
Anna Maria Sacher

Gruppe1, Nr.44
＊1859年1月2日 ウィーン
†1930年2月25日 ウィーン
事業家

正門を入り左側建物の先1つ目と2つ目の墓地群の間の道を左折。1区に突当ったら右折して次に突当たる手前の左側44。

1859年、精肉店の娘として生まれる。1880年、ザッハートルテを作ったことで有名なフランツ・ザッハーの次男エドゥアルト・ザッハー（1843–92）と結婚。エドゥアルトは1869年、宮廷オペラ座（現ウィーン国立歌劇場）が建設され、その近くにあったケルントナー門（トーア）が取り壊され、売りに出されたその場所を購入。1876年、1階は店とレストラン、その上を貴族向け「家具付き貸家」として"Hotel d'Opera"を始める。しかし、ザッハーの名前はチョコレートケーキで有名だったため、ホテルの名前も「ホテル・ザッハー」と呼ばれるようになる（この場所はヴィヴァルディが住んでいた場所でもあり、現在も銘がある）。

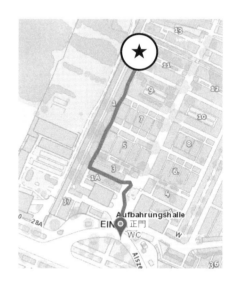

1892年、エドゥアルトが死去、未亡人のアンナ・ザッハーが仕事を引き継ぎ、支配人となる。そして彼女の才覚によりホテル・ザッハーは、貴族や外交官が集

う（オーストリアを代表する）ホテルに成長する。

アンナはきりっとした魅力的な女性（軽妙な小間使い役の顔を持つ）で、葉巻を口にし、2匹のフレンチ・ブルドッグを抱きながらお客を迎えるのが伝説的なスタイルだった。たくさんの著名人がサインしたクロスを後にアンナが刺繍してまとめたテーブルクロスを見ると、ホテル・ザッハーが古き良きヨーロッパの社交界の中心的存在だったことが分かる。

ホテル・ザッハーが大公や伯爵をはじめ、要人に利用されたのには、ホテルの素晴らしい料理・おもてなしだけでなく、他にもいくつかの理由があった。

午後6時から開催される公式晩餐会では7品から13品のコースが出されたが、皇帝が席に着き料理を食している間だけ、他の出席者も食することができた。皇帝が非常に早く食べるため、最後に料理が出される端の席についたお客は食事を口にすることが難しかった。そんなとき、彼らはホテル・ザッハーへ行って「ターフェルシュピッツ」を食したのだった。

さらに、ホイベルガー（1850-1914）作曲《オペラ座舞踏会》に「別室へ行きましょう Komm mit mir ins chambre séparée」というアリアがあるが、ホテル・ザッハーにはパリのホテルと同様の「別室 chambre séparée」があった。そこではアリアのように理性を麻痺させる魅力的な部屋で真夜中の食事（Souper）を前に男女が向かい合い、心を打ち明けた。そしてすべてを心得たアンナ・ザッハーは、二人のため守護天使のように、あらゆる危険を見張ったのだという。

かくして古きヨーロッパ、ホテル・ザッハーを舞台に、アンナ・ザッハー演出の下、お客の大公、伯爵、政治家、芸術家、多くの人々が俳優となり、喜劇から悲劇まで運命に操られながらさまざまなドラマが繰り広げられたのである。

アンナ・ザッハーと彼女のホテルは、文学・オペレッタ・バレエ・映画など様々な分野に登場する。

マックス・シェーンヘル（1903-84）作曲のバレエ《ホテル・ザッハー》では、国立歌劇場の舞台でアンナ・ザッハー、大臣、将校などがダンスを踊る。アルトゥール・シュニッツラー（1862-1931）の『別れのスペー』では、ホテルの「別室」が登場する。

また、第二次世界大戦後の1949年、グレアム・グリーンは、彼の友人の秘密情報機関で二重スパイとして働いていたキム・フィルビーをモデルに映画『第三の男』をこのホテルで書いている。撮影当時、ホテル・ザッハーは英国軍に接収され、高官の宿舎として使われていたが、映画ではホリー・マーチンス（ジョゼフ・コットン）の宿として登場する。

一方、ウィンナ・リート《アンナ・ザッハー》では、思い出だけが残ったウィーンで過ぎ去った幸せを語る二人の年配

の紳士がザッハー夫人とホテルの別室について触れ、あれはもう50年も前のことでしたね、と歌われる。

アンナ・ザッハーはカールマン (1882-1953) 作曲のオペレッタ《オーケストラの女王》にも登場し、紅茶にも「ザッハミッシュング」という紅茶が残されている。さらにホテル・ザッハー創立125周年にはオーストリア・タバックは「アンナ・ザッハー葉巻」を発売。2016年にはテレビ映画でアンナ・ザッハーの人生をテーマとした作品が制作されている。

しかし、全ての人がそうだったように、アンナ・ザッハーも第一次世界大戦の渦に巻き込まれていく。

第一次世界大戦後、オーストリア゠ハンガリー帝国は共和制へと移行。帝国の崩壊による顧客層の衰退は避けられず、

アンナ・ザッハーと2匹のフレンチブルドッグ

1929年、アンナ・ザッハーはホテルの経営を退き、1930年、自分の部屋で逝去する。そしてホテルは1934年、ザッハーの弁護士であったギュルトラー一家に買い取られ、ザッハー家の手を離れる。

現在、ホテル・ザッハーは、ギュルトラー・ファミリーが所有している。

オーバー・ザンクト・ファイト墓地

Friedhof Ober St.Veit

Gemeindeberggasse 26, 1130 Wien

■オープン（正門）
8:00-17:00　1・2月
7:00-18:00　3月
7:00-19:00　4～9月
7:00-18:00　10月&諸聖人祭（11/1）& 死者の日（11/2）
8:00-17:00　11月3日～12月
7:00-20:00　毎木曜日（5月～8月）

109　　　　　　　　　　　　　　　　Gruppe B, Reihe10, Nr.15/16

エゴン・シーレ
Egon Schiele

＊1890年 6月12日 トゥルン・アン・デア・ドナウ
†1918年10月31日 ウィーン

画家

入口を入って進み、すぐ右折して直進。グループBの2列目を左折して、15/16。

グスタフ・クリムトらの影響を受けながらも、独自の絵画を追求したシーレの画風は強烈な個性で迫り、見る者に衝撃を与える。

シーレは、オーストリアでは少数派のルター派プロテスタント教会信者だった。クリムトと同じウィーン工芸学校に入学。さらにウィーン美術アカデミーに進む。ちなみに彼が入学した翌年と翌々年には、アドルフ・ヒトラーが同校を受験して不合格になっている。

アカデミーに満足できなかったシーレは年上のクリムトに弟子入りし、クリムトは才能ある後輩を援助した。シーレはゴッホの作品に多大な影響を受けた。画風はゴッホに代表される躍動感を好み、自らもゴッホと同じ構図の向日葵を作品として遺している。さらに、シーレは、死や性行為など倫理的に避けられてきたテーマを絵画作品の上で展開した。

1911年、シーレはモデルの17歳の

少女ヴァリと同棲する。二人はチェコに移住したが、住民はシーレの家に娼婦などが出入りしヌードモデルをすることを嫌悪した。ウィーン近郊に戻るも、子供をモデルにしたり裸のモデルを庭でデッサンしたりで、この地も追い出される。

1912年、14歳の少女を宿泊させた件で逮捕拘束され、裁判所はシーレの絵を猥褻物として押収した。シーレは家出少女に宿を貸しただけでやましいことはしていないと反論している。

1914年、ウィーンに戻ったシーレはエーディトとアデーレの姉妹と知り合い、シーレは、エーディトと結婚を決意したが、ヴァリとの関係も続けたいと考える。しかし、ヴァリが受け入れることはなくシーレの許を去る。ヴァリは従軍看護婦となり、23歳の時、派遣先で病死している。

シーレは1915年、エーディトと結婚したが、結婚の3日後に第一次世界大戦が勃発し、召集される。軍上層部はシーレを芸術家として優遇し、前線勤務には就かせなかった。後方のプラハで捕虜収容所の看守に任命されたシーレは、戦時中もスケッチや作品の構想を練り続け、ウィーンに転属すると作品制作を再開した。

大戦も終わりに近づいた1918年、シーレはクリムトによる第49回ウィーン

分離派展に作品を出品して注目を集める。絵の価格は上昇し、次々と買取依頼が舞い込み、シーレは独り立ちの画家として歩みだしたが、1918年10月28日、シーレの子供を妊娠中の妻エーディトが死亡。3日後、シーレも亡くなる。死亡原因は二人ともスペイン風邪だった。

シーレの作品群は故郷であるオーストリアのレオポルト国立美術館、チェコのシーレ記念美術館、ニューヨーク市立美術館などに収蔵されている。ナチス時代にヒトラー政権によって没収された作品返還についての交渉が、ドイツ国内の美術館を相手に行われているが、返還に難色を示す場合が多いという。

貧民墓地 (元)
Bürgerspitals-oder Armensünder-Gottesacker Ressel

TU Wien, Karlsplatz 13, 1040 Wien
※現在は墓の跡地にウィーン工科大学が立っている。

110 アントニオ・ヴィヴァルディ
Antonio Lucio Vivaldi

＊1678 年 3 月 4 日 ヴェネツィア
†1741 年 7 月 28 日 ウィーン（埋葬）
作曲家・ヴァイオリニスト

　ヴァイオリン協奏曲《四季》で知られるヴィヴァルディは、その時代の人気作曲家だった。速筆多作で、多数のオペラまで作曲している。父ジョヴァンニは理髪師で、ヴァイオリンの名手でもあった。アントニオもヴァイオリンの名手となり、作曲の才にも恵まれていた。

　20世紀になって当時の洗礼記録が発見されるまで、ヴィヴァルディの誕生日は不明だった。瀕死状態で生まれたので洗礼を授けられたのが、2ヶ月後だったためといわれている。

　カトリックの司祭となり、髪の色から「赤毛の司祭」と呼ばれた。音楽教師、作曲家、演奏家として名をあげ、オーストリアの皇帝カール6世（皇女マリア・テレジアの父）がパトロンだった。

　アントニオは1740年にウィーンでオペラ興行をするためにオーストリアへ赴く。しかし、カール6世が亡くなり、その後、1年間、歌舞音曲の興行禁止となり、1740〜48年、オーストリア継承戦争でオペラ公演はできず、興行準備のための膨大な経費が興行主であるヴィヴァルディの借財となり、帰国する費用もままならず、ケルントナートーア劇場（現在ホテル・ザッハーがある場所）の作曲家用宿舎で亡くなった。63歳だった。死因は心臓発作。

　1741年7月28日、ウィーンの貧民墓地に埋葬の記録がある。この貧民墓地は、1783年に廃止され、1789年まで墓地だったが、1818年、その土地にウィーン工科大学が建設された。

　1978年、ヴィヴァルディを埋葬したことを示す銘が取り付けられた。

ヴェーリング墓地 (元)
Währinger Friedhof

Semperstrasse 64A/Schrottenberggasse, 1180 Wien

　最初にベートーヴェン、シューベルトが埋葬された墓地で、1873年閉鎖。現在はシューベルト公園になっている。ウィーン楽友協会は二人の遺体の破損度を調べ、腐敗がひどくなることを防止するため、1863年10月13日午後10時45分、まずベートーヴェンの墓、次いで11時、シューベルトの墓が掘り返され、検屍が行われた。その後、1888年6月、ウィーン中央墓地に改葬される。

　碑には「ベートーヴェンとシューベルトはここに最初の安息の地を見つけた。ヴェーリング墓地が閉鎖されたのち、後世のため恒久的な記念碑としてウィーン・シューベルト協会により維持されている」とある。

　また、シューベルトの碑のほうには、グリルパルツァーが書いた墓碑銘がある。

　「音楽界はこの地を一つの豊かな集大成の墓標とした。人々がそのより美しい調べを享受する望みと共に。フランツ・シューベルトここに眠る。1797年1月31日誕生、1828年11月19日死去。享年31歳。」

　なお、ちなみにエマヌエル・シカネーダー (Emanuel Schikaneder, 1751年9月1日シュトラウビング-1812年9月21日ウィーン) もここに葬られた。

皇帝霊廟
Kaisergruft

1010, Neuer Markt/Tegetthoffstraße 2

　皇帝霊廟には、ハプスブルク家、ハプスブルク＝ロートリンゲン家の皇帝（神聖ローマ帝国皇帝、オーストリア皇帝、メキシコ皇帝）、皇妃、子孫たちが安置されている。

　カプチン修道会の教会・霊廟は、1618年、神聖ローマ帝国皇帝マティアス（1557-1619）の皇妃アンナ（1585-1618）の遺言により建立された。1622年9月8日、皇帝フェルディナント2世出席の中、起工式が行われ、1632年7月25日、教会が天使の聖母マリアに献堂された。1633年の復活祭、皇帝マティアスとその皇妃アンナの柩が設置された。二人の棺は、現在、創設者霊廟に安置されている。

　その後、拡張・改修がなされ、それぞれが連結した10ヶ所の廟となり、138人の柩、心臓の入った壺、4人の遺灰が安置されている。それぞれの廟は、次のようになっている。

① 創設者霊廟 Gründergruft
② レオポルト霊廟 Leopoldsgruft
③ カールス霊廟 Karlsgruft
④ マリア・テレジア霊廟 Maria-Teresien-Gruft
⑤ フランツェンス霊廟 Franzensgruft
⑥ フェルディナント霊廟 Ferdinandsgruft
⑦ トスカーナ霊廟 Toskanagruft
⑧ ノイエ霊廟 Neue Gruft
⑨ フランツ＝ヨーゼフ霊廟 Franz-Josephs-Gruft
⑩ 霊廟礼拝堂 Gruftkapelle

　ここに安置されている最高齢は最後の皇太子、オットー・ハプスブルクで98歳。皇室の人々の25％は5歳未満で亡くなっている。

　マリア・テレジア（1717-80）（Nr.55）とご夫君フランツ1世シュテファン（1708-65）（Nr.56）は、マリア・テレジア霊廟。皇帝フランツ・ヨーゼフ（1830-1916）（Nr.142）、エリーザベト（シシー）（1837-98）（Nr.143）、マイヤーリングで心中事件を起こした皇太子ルドルフ（1858-89）（Nr.144）は、フランツ＝ヨーゼフ霊廟。

オーストリア皇妃エリーザベト

　2004年、ヨハネ・パウロ2世から「福者」に列せられた最後の皇帝カール

1世（1887-1922）の遺体は、ポルトガル領マデイラ、フンシャルの教会にあるため、記念の胸像（Nr.145）が小祭壇に置かれている。彼の妃、最後の皇后ツィタ（1892-1989）（Nr.146）、最後の皇太子オットー（1912-2011）（Nr.150）は、霊廟礼拝堂に安置されている。

ここで特に目を引く柩はマリア・テレジアとフランツ1世シュテファンの2人のダブル柩だろう。1754年に制作された棺の側面にはレリーフとして二人の人生の4シーン（マリア・テレジアのプラハ戴冠、プレスブルク戴冠の乗馬、シュテファンのフランクフルトの戴冠、トスカーナ大公としてのフィレンツェ入城）がほどこされ、四隅にはハンガリー、ボヘミア、エルサレム、神聖ローマ帝国の王冠と印を持った悲しみを表現する精霊が置かれている。当時としては珍しい恋愛結婚で16人の子供に恵まれた2人は、棺の上でも像が互いに見つめあっている。

柩は霊廟にあるとして、17世紀前半〜19世紀後半（1619年に亡くなった皇帝マティアス〜1878年に亡くなったフランツ・ヨーゼフ1世の父フランツ・カール）の皇帝の遺体からは心臓や内臓が取り出されている。これは17世紀のフェルディナント4世から始まった習慣だという。内臓は、銅製の壺に入れてかつての大公墓所、シュテファン大聖堂に、心臓は、銀の容器に入れてアウグスティン教会のロレート礼拝堂に置かれた。ロレート礼拝堂は、天使によって聖母マリアの家がロレートに運ばれたという伝説により、それに似せて作られたもので、ロレート礼拝堂に安置するのは「心は聖母マリアの元に」という意味なのだという。

内臓を取り出す作業は、多くの場合、外科医と理髪師（髭剃り人）が行った。内臓を取り出した後には絹の布、蝋などが詰められた。フランツ・ヨーゼフ1世からはこの分離埋葬はなくなり、塩水を使用して血液を抜き、アルコール処理されている。修復のため、柩を開けることがあるため、中には絶対柩を開けないよう遺言を残した妃もいて、現在も守られているとのこと。

しかし、伝統ではなく自らの意思で心臓を別の所に安置する人もいる。最後の皇帝カール1世とツィタの心臓は、初

マリア・テレジアとフランツ1世シュテファンのダブル柩

期ハプスブルク家の墓所であるムーリ修道院ロレート礼拝堂（夫妻の息子オーストリア゠エステ大公ロベルトやルドルフ大公もここに葬られている）に安置され、最後の皇太子オットーの心臓は「自分の心はハンガリーに」という意味でハンガリーのパンノンハルマの大修道院に納められている。

ところで、この皇帝霊廟には、ハプスブルク家に生まれた、もしくは婚家としてハプスブルク家と関係する人たちが眠っているが、その中で１人、例外の人がいる。それは、マリー・カロリーネ・フォン・フックス゠モラールト伯爵夫人（1681-1754）である。多くの文献には彼女の名前はシャルロッテと記されている。彼女はウィーンの宮廷女官で、マリア・テレジアの教育係（1717-80）となった人である。

マリア・テレジアは彼女に信頼と感謝を寄せていて、自らの結婚の際、シャルロッテを花嫁の裳裾を持つ役に選び、さらに彼女に「フックス小城」としてウィーン23区ケッツェルガッセ471の城を贈っている。この城は1901年、ホーフマンスタールが結婚後、亡くなるまで住んでいたことから「ホーフマンスタール小城」と呼ばれている。

マリア・テレジアは33歳までに両親・兄弟姉妹を失くしている。シャルロッテが亡くなったとき、マリア・テレジアは37歳。マリア・テレジアはシャルロッテを皇帝地下墓地に葬らせ、シャルロッテの棺には「高貴な教育者の美徳に心からの感謝を込めて永遠の想いを、私マリア・テレジアは捧げます」という言葉が記されている。

最後にハプスブルク家の柩が皇帝霊廟へ入る際に古くから行われる問答の儀式をご紹介しよう。

1989年４月１日、帝国最後の皇后ツィタの葬儀ミサの後、馬車に乗せられた柩が教会に到着したときのことである。先導者が教会の戸を杖で３度叩く。すると中から「入ることを求めるのは誰だ？」と声がする。先導者が「ツィタである。オーストリア皇后、ハンガリー王妃、ボヘミア王妃…」と多くの称号を挙げると、中から「そのようなものは知らぬ」と言われる。再度杖で３度叩くと、「入ることを求めるのは誰だ？」と声がする。これに「汝の陛下、皇后にして王妃のツィタである」と応えると再び「そのようなものは知らぬ」と返ってくる。最後に３度杖で戸を叩くと、「入ることを求めるのは誰だ？」との声。これに「死せる罪人、ツィタ」と応えると、「入りなさい」と戸が開かれ、柩は教会内へ入っていく。

こうした儀式はさして意味のあるものではなく、ただ神の前では誰も一人の人間にすぎないという見方もあるが、ハプスブルク家の葬儀らしく、かつ歴史に翻弄されたツィタの人生に思いを馳せると、感動的な瞬間だったのを筆者は覚えている。

お墓めぐりのあとは

ちょっとコーヒータイム…

PART 2
ウィーンこぼれ話

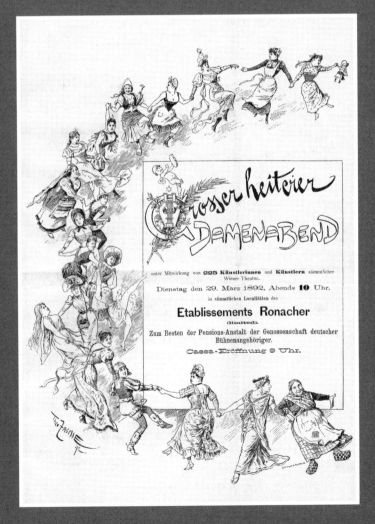

PART 2　ウィーンこぼれ話

イントロダクション

ウィーンといえば…

　ここでは、そう「ウィーンといえば…」というお話を中心に、さまざまなトピックスを集めてみました。

　まず、「美しき青きドナウ」「冬の旅」「オペレッタの話」「ウィーンとワイン」などの多くは、演出家の故H氏とあれこれ話し合っていたことをもとに補足したもの。舞台を創るときは、歴史的背景を見落としてはいけない、舞台には一つの哲学が必要だというH氏から、舞台を創る際の様々なことを教えていただいた。

　「肩書」「劇場」「赤いハリネズミ亭」「知られざる博物館」は、ウィーンに住んで驚いたこと、思わず嬉しくなったことを中心に筆者自身の体験を書いたもの。「赤いハリネズミ亭」は、ご近所の壁に描かれていて、その場所を知ったわけですが、いうまでもなくブラームスが愛したレストラン。

　イタリアのサンタ・マリア・デッレ・グラーツィエ教会にあるレオナルド・ダ・ヴィンチの『最後の晩餐』の原画は、キリストの足元部分が欠損している。しかし、その完全版のモザイク画がウィーンにあることを知ったら、驚く方も多いだろう。ヒトラーも霊感を受けた「所有するものに世界を征する力を与える」"聖なる槍"もウィーンに存在する。

　ウィーンで映画と言えば、『第三の男』。1949年に制作されたこの映画は、以前、現地では決して人気のある作品ではなかった。戦後、米英仏ソ、4ヶ国の占領統治下、瓦礫の山と化した光景はウィーンの人々には耐えがたかっただろう。どぎついシーンこそ登場しないが、かえって深刻な状況をより一層ひきたたせる演出、アントン・カラスによるチター演奏とモノクロ画像の絶妙なマッチング…、名作といわれる作品だけに、日本ではウィーンと聞いて『第三の男』（キャロル・リード監督、1949年、イギリス映画）を連想する方も多い。

　1989年、当時のウィーン市長ツィルク氏が"寅さん"の大ファンだったこともあり、『男はつらいよ』（第41作「寅次郎　心の旅路」）シリーズ初の海外ロケがウィーンで行われた（ツィルク氏は酔っ払いのお客の役で出演）。このとき出演された女優の淡路恵子さんは『第三の男』の大ファン。大観覧車と中央墓地へ行きたくて、この仕事をお引き受けしたと話してい

164

た。

　一見洋風な彼女だが、体質的に和食以外うけつけなかったこともあり、ロケ滞在中、筆者がおにぎりを作ってご一緒した。気さくな淡路さん、大観覧車の中で「映画の中で見たのと同じ風景！　この景色を見たかったの！」（当時は既に復興していたが…）と大はしゃぎ。中央墓地ではマネージャーにホリー・マーチンス役をさせて『第三の男』のラストシーンの再現…。そんなこんなを懐かしく思い出す。『第三の男』を見ていつかここへ行こうと決心し、女優になったという彼女にとって、この映画は人生を決めた作品だったのだろう。そんな大切な場所へご一緒できたことに今なお感謝している。

　映画好きな方にもう一つ。フランス映画だが、『舞踏会の手帖』（ジュリアン・デュヴィヴィエ監督、1938 年）という作品がある。この映画は、主人公の女性（クリスティーヌ：マリー・ベル）が手帳に記された名前を頼りに、初めての舞踏会で一緒に踊ったお相手たちを 20 年後に訪ねる物語。ウィーンには、こうした手帳が形を変えて今なお健在していることをご存じだろうか。

　ところで、シュテファン大聖堂の入口の壁になにやら不可解な物と文字が付されているのにお気づきだろうか。左側の壁には、円の下に 2 本の細長い鉄。右側の壁には「05」という文字が書かれている。これは何だろう…。ウィーンの歴史に潜むミステリアスな側面を垣間見ることができる。

　そして最後に、「音楽の都」といわれるウィーン。音楽と他の文化が相互に影響し合わずにはいられない都市である。その一例としてウィーン・フィルとオーストリアについてまとめてみた。

　どれも知らなくてもいいけれど、知ると少々得をした気になるお話です。

《美しく青きドナウ》の源流

ニューイヤー・コンサートでもすっかりお馴染みの《美しく青きドナウ》。「ドナウワルツ」とも呼ばれ、オーストリア人の"心の歌"ともいえる。

しかし、タイトルとなった「美しく青きドナウ」が、ウィーンではなくハンガリーを流れる「ドナウ」を歌ったものだということはご存じだろうか。「美しく青きドナウ」のタイトルは、カール・イシドール・ベック (Karl Isidor Beck, 1817–79) が美しく青きドナウのほとりに横たわるハンガリーの故郷バヤを詠んだ詩からとられている。

「ドナウが青いのは、酔っている時と曲の中だけ」などと陰口をたたかれることもあるが、ドナウは、全長2850km、ドイツのバーデン゠ヴュルテンベルク州の源から、南部東欧諸国を経て黒海に注ぐ、ヨーロッパ第二の大河である。ライン川が、「父なるライン」と男性形で呼ばれるのに対し、ドナウ川は女性形で呼ばれて親しまれている。

1866年7月、オーストリアはプロイセンにケーニヒグラッツの戦いで敗北する。8月にはコレラが蔓延し、ウィーンとその周辺で約8000人が亡くなった。こうしたことから翌年の宮廷舞踏会をはじめ、多くの舞踏会が中止された。ファッシングの時期、ウィーン男声合唱団も舞踏会の代わりにコンサートを開催することになり、ヨハン・シュトラウス2世に男声合唱付きのワルツの作曲を依頼する。歌詞はシュトラウスの友人ヨーゼフ・ヴァイル (Josef Weyl, 1821–95) が作ったもので、敗戦を忘れて歌おうという内容のものだった。

1867年2月15日、ウィーン、ディアナザール（もともとプールだが、舞踏会やコンサート会場としても用いられた）、ウィーン男声合唱団主催のカーニヴァルの夕べで、《美しく青きドナウ》は初演された。作曲者41歳、合唱と管弦楽のために書かれた最初の曲だった。

お披露目では、シュトラウスの作品としては異例なことに、1度しかアンコールされなかった。原因は、ヴァイルのパッとしない歌詞のせいといわれている。作曲家自身は、「多分このワルツは少しおとなしすぎたんだろう…ワルツの部分はどうでもいいが、コーダの部分は良く書けていたと思ったのだが…」と後に語っている。

この曲が大成功を収めたのは、1867年5月、パリ万博にシュトラウスの指揮でオーケストラだけで演奏されたときからである。

1867年、パリ万博の会場全貌

導入部トレモロの部分から怒涛のような拍手に包まれた、とウィーンの新聞は大々的に取り上げている。シュトラウスはパリからロンドンへと公演旅行を続け、全てのコンサートで「ドナウワルツ」を演奏し、大好評を得る。楽譜もミリオン

《美しく青きドナウ》の源流

セラーとなり、シュトラウス家のオームも口ずさんだほどだったという。

1874年、批評家ハンスリックはこの曲について、ハイドンの国歌と並ぶもう一つの国歌と評している。歌詞は現在までに3作書かれ、現在の歌詞は1890年につけられた裁判所顧問官フランツ・フォン・ゲルネルト（Franz von Gernerth, 1821-1900）のものである。

当代一の売れっ子作曲家シュトラウスだったが、娯楽音楽作曲家という理由で、その作品を彼の生存中一度もコンサートで演奏しなかった団体がある。意外なことにウィーン・フィルである。しかし、個人的に関わった人は多く、前世紀末ウィーンの一流の音楽家なら一度はシュトラウスの元で演奏した経験があるといわれている。

シュトラウスのワルツがウィーン・フィルで認められるようになったのは、没後4半世紀を経てのこと、ヴァインガルトナーの尽力による。シュトラウス家は、祖父の代にハンガリーから移住したユダヤ人だったが、独奥合併下、ナチスはその証書を没収、偽造した。彼の音楽を他のユダヤ人作品のように退廃芸術として禁止せず、国民的芸術として奨励したわけである。そして、1939年に始められたニューイヤー・コンサートは、シュトラウスの曲でコンサートが構成された。

戦後の1945年4月29日、ウィーンを解放したソヴィエト軍からオーストリア臨時政府首脳が国会議事堂の引き渡しを受けたときも、「ドナウワルツ」が演奏され、歓声と共に人々の踊りの輪ができていったという。

ワルツを踊ることができなかったワルツ王ヨハン・シュトラウス2世。彼は、ヴァイオリンではなく、オルガンによって多くの名曲を生みだした。《美しく青きドナウ》の作曲の後、彼のワルツは踊るためのものから「聴くワルツ」へと移行する。なにより、声楽曲の経験を経、シュトラウスはオペレッタの作曲に着手していく。

《美しく青きドナウ》の楽譜表紙と楽譜。ピアノ版なので家庭でも楽しまれた…。

167

「冬の旅」とはいうけれど…

シューベルトと《冬の旅》 1

　日本で人気の高いシューベルトの《冬の旅 Winterreise》(Op.81, D911)。一見ロマンティックなタイトルだが、当時のヨーロッパの「冬の旅」とはどんなものだったのだろう。

　旅を意味する英語の「トラヴェル」は、フランス語の労働・仕事を意味するトラヴァイユと同じ語源から出た言葉で、元々はトリパレアーレ（刑罰を課する）というラテン語から派生した言葉である。中世では、刑罰の一つとして巡礼が科せられることがあり、受刑者は罰として遠い巡礼地へと旅立った。実際、18〜19世紀になるまで、旅には病気、事故等、不安な材料に事欠かず、命がけの苦しいものだった。

　スペインのサンティアゴ・デ・コンポステッラは巡礼地として有名だが、当地へ向かう中世の巡礼者たちに読まれた巡礼の書がある。各地で必ず記載されている項目は、どこの水が飲めるかということである。飲用可能な水が少ないヨーロッパでは、旅先で飲むことができる水の場所はことさらに重要だった。

　巡礼の書には、次のようにある——沼地の水は飲んではいけない、石鹸を入れて溶ければ良い水、一度たててから飲むのが最良。布や黒く焼いたパンを水に浸して、ごみを吸わせてから飲む…等、水について細かく記されている。

　また、旅に出るとき特に必需品だったのは酢である。旅人は、病気にかからないよう酢を水に落としたり（レモンならなお良い）、パンを酢に浸して食べたりした。シューベルト時代、旅に出るときの携帯用必需常備薬にも、オー・ド・ヴィー、アンモニア、痛み止め、傷薬として用いるアルクビュザードなどと共に、酢は重要品として挙げられている。

　道路の状態もさんざんだった。古代ローマ時代の道と違い、ほとんどの道が舗装されていなかったため、雨が降ると水がたまって泥沼化したり、町のあちこちが川のようになったりした。シューベルトの時代でも、大穴があいた道に水がたまり、そこにはまって溺れ死ぬことは珍しくなかったようだ。

カスパール・ダーヴィト・フリードリヒの『初雪』
過酷な「冬の旅」の予感…。

　長距離を移動する際に用いられた馬車にも危険がともなった。長距離の乗り合い馬車は、16世紀頃から登場するが、道が悪くて通行できなかったり、転覆したりと事故が多発。また、同乗者が強盗に変身するケースも多々あったため、馬車の中での会話は禁物だった。

　このように18〜19世紀に至るまで季

節の良いときでさえ、旅には危険がつきものだった。ましてや冬のヨーロッパともなると、気温が下がり、雪が降り、海が荒れる。河が凍り、その上をトロイカで移動するロシア人を除き、多くのヨーロッパ大陸の人々は春になるまで出歩くのを控えた。したがって「冬の旅」という言葉自体、非常に矛盾した言葉であり、むしろ自殺行為だったといえるだろう。

《冬の旅》は1823年、ヴィルヘルム・ミュラー（Wilhelm Müller, 1794-1827）が発表した詩にフランツ・シューベルトが作曲した、全24曲から構成される歌曲集である。シューベルトは《冬の旅》各曲の前半を2月、後半を10月に作曲し、前半は1828年1月、後半は彼の死後1828年12月にそれぞれ出版されている。作曲の年の1827年9月、ミュラーは33歳で夭折、翌年の11月19日、シューベルトも31歳10ヶ月の生涯を閉じる。

「愛は放浪を愛し、次から次へと移っていく。神がそのように御造りになられたのだ…」

シューベルト自身、生涯、漂泊の魂を秘めた人だったのかもしれない。

菩提樹とリンデ

シューベルトと《冬の旅》 ②

音楽の授業で「泉に添いて　茂る菩提樹…」（近藤朔風訳詞）と歌った方も多いのではないだろうか。《菩提樹 Der Lindenbaum》は、《冬の旅》の第5曲である。

シューベルト《冬の旅》の初版譜表紙

この歌は日本人によほど好まれたのだろうか、大和田建樹の作詞で《朧月》（「雲雀おちくる春の野の　芝生に霞む夕月夜　いざ此影を友として　家路に行かん父母の待つ宿に」〔中等教育唱歌集〕）や《雀の子》（「芝生のうえに小笹の葉に　うつくしや来てあそぶ雀　きのうきょう巣だちてまだ　かよわき翼馴らしてや　そらによもに」〔明治唱歌第5集〕）としても歌われたが、近藤朔風の訳詞「菩提樹」が一番愛唱されているようである。近藤は6連から成る原詩を2連ずつ一つにまとめて訳詞している。

ところで、「菩提樹」とドイツ語Lindenbaum は、どのような木なのだろうか。

日本語の「菩提樹」は、その木の下でブッダが悟りを開いたという因縁ある名前。シナノキ科の落葉高木で12世紀に日本にもたらされたといわれている。一方、ドイツ語圏での「リンデ」はナツボダイジュ、フユボダイジュ、その雑種のセイヨウシナノキを指し、日本の「菩提樹」とは少々異なっている。

リンデは古代から愛の女神フリッガに捧げられた神聖な木とされ、神々の祝福を蔵していることから、雷に強く、雷雨が来ると人々はこの木の下に避難した。神聖なこの木は、泉のほとり、村のはず

れなどに植えられ、その下で祭や裁判、結婚式も行われていた。人々は甘い香りのする木陰で憩い、踊り、愛を語りあった。リンデは平和な村の生活と一体となったものといえるだろう。

また、中世の恋愛詩ミンネザングでは、リンデはナイチンゲールと共に若い男女の愛を見守ってきた。リンデの木陰で愛し合う者たちは夕べごとに抱きあい、ハイネはリンデが愛の木であるのは葉がハートの形をしているからかもしれない、などと記している。リンデは人々にとって愛、優しさ、憧れの象徴といえる木だったといえよう。

さらに、農家の庭には魔よけとして植えられ、木の葉から漏れる滴は万病に効くと信じられ、豊かな芳香の葉はハーブとして、樹皮はお守りとして用いられ、棺桶もこの木からつくられた。こうしたリンデの持つ意味を「菩提樹」を歌うとき、鑑賞するときに忘れてはならないだろう。

冷たい風が吹く夜更け、傷心の想いを胸にリンデの下を通り過ぎる青年に、愛と優しさの象徴、リンデが "hier find'st du deine Ruh'!"（ここにおまえの想いがある）と呼びかける。そして遠く離れた青年の耳には今もなおリンデが "du fändest Ruhe dort!"（あそこにおまえは想いを見出すであろうに）とざわめいているのが聞こえる。"hier find'st du…" と対照をなす非現実、仮定話法の接続法第2式の "du fändest…" の言葉が心にしみる。

なお、近藤朔風訳詞ではこの個所は両方とも「ここに幸あり」と訳されている。見事な訳だが、ドイツ語の詩的表現をいかに歌い分けるか、歌手の力量が問われるところである。

「死の舞踏」の影で

シューベルトと《冬の旅》 3

ヨーロッパ文化には、絵画・音楽・演劇…いずれの分野においても「死」を題材にした作品が多い。それは過去千年、戦いに生きてきた西欧人の精神と大きく関わっているように思われる。そこには、常に死を見つめることで生を誠実に生きようとする人々の姿がある。

ヨーロッパでは「死を憶えよ！（メメント・モーリ）」という言葉が絶えず響き、「死」をテーマに様々な表現がなされてきた。その表現の一つに、演劇・絵画・彫刻・音楽の主要モチーフとなった「死の舞踏」がある。

「死の舞踏」は身分・年齢が異なる人々が次々に登場し、死ぬことを嘆きながら「死」に向って消えていく「死の踊り」に起源があるといわれている。「死の舞踏」は14、5世紀以来、ヨーロッパの礼拝堂、教会、墓地等に多く描かれていく。当初、「死」は生者の亡くなった後の姿の「亡者」だったが、16世紀になると骸骨姿の「死」「死神」へと変化していく。

16世紀、ハンス・ホルバイン（1524-25）が描いた木版画集『死の舞踏』。この41枚の木版画には、死が様々な階層・立場の人々に立ち会う所が描かれている。権力者を否応なく引き立て、騎士には剣で報いる一方、農夫の畑仕事を助け、老辻音楽師の楽器をもってやり、優しく手を取って永遠の安息へと導いてくれる。「死」はすべての人に平等に訪れ、赤ん坊から皇帝に至るまで次々と人を

「死の舞踏」の輪に巻き込んでいく。ここで登場する死は、強者には容赦ない刑吏だが、弱者にとっては慰め手・善き伴侶にほかならない。そこには、死の前にして身分・年齢を問わず、全ての人が平等であるというメッセージが存在する。

ホルバインの連作版画『死の舞踏』から。

シューベルト最後の歌曲集《冬の旅》。この歌曲には愛と平和と優しさの象徴でもある神聖な木《菩提樹》、オーディンに仕え、死の予兆ともいえる《からす》をはじめ、ドイツ語圏の様々な象徴が描かれている。そして、その最終曲に「ライアーマン」という社会で下の階級に属する辻音楽師が登場する。

ライアーマンはライアーと呼ばれる小さな手回しオルガンを肩から下げ、ライアーを凍える手で鳴らし続ける。彼らの多くは障害のある人々で、その姿は物乞いとほとんど変わらなかったという。彼らは次第に演奏許可を得てライアーを生業(なりわい)の楽器とするようになっていった。「彼らの歌は誰もが知っていて、朗誦できるような単調で歌い古された歌だが、甘く心に響き、いつのまにか日常を超え

た世界に導くような歌だった」と当時の記録は伝えている。

路上でライアーを演奏する貧しいライアー弾きを(ビーダーマイヤー期の)ミュラーもシューベルトもよく目にし、その音を耳にしたと思われる。《冬の旅》の最終曲〈辻音楽師〉で歌われる「凍えた指で素足で立ち、辻音楽師はライアーを回しつづける。誰も気にとめようともしないがすべてをなすがままに委ね、回しつづけ、ライアーの音は止むことがない」という辻音楽師の姿と朗誦できるようなメロディは、同時代の辻音楽師から得たものではないだろうか。

G. d. ラ・トゥール『辻音楽師』

ウィーンには「死の舞踏」の壁画や飾りがたくさん残っている。《辻音楽師》に登場する若者と老辻音楽師の姿は、ホルバインの版画に描かれた「死と辻音楽師」の姿に不思議と重なる。シューベルトが梅毒に感染したのは1818年といわれ、実際に梅毒と判断されたのは1822

年、25歳の時のことである。その6年後の1828年、シューベルトは31歳で天に召される。《冬の旅》を作曲している頃のシューベルトは、当時、梅毒の治療法だった水銀治療による中毒症状と、感染10年くらいで表れるという梅毒の神経症状に悩まされていたと思われる。しかし、そこにはヨーロッパ文化に絶えず存在する「死を憶えよ！」という言葉と同時に、「生を憶えよ！」という言葉が鳴り響いているように思えてならない。

《こうもり》フィーバー

オペレッタ5題 ①

ウィーン・オペレッタの代表的作曲家といえば、まずヨハン・シュトラウス2世があげられるだろう。音楽家シュトラウス一家には、二人のヨハンが存在し、《ラデツキーマーチ》で有名なヨハン・シュトラウス1世は「父親のヨハン・シュトラウス」、《こうもり》の作曲者ヨハン・シュトラウス2世は、「息子のヨハン・シュトラウス」と呼ばれている（以下、息子をシュトラウス）。

《こうもり》の原作は、ベネディックス作『牢獄 Das Gefängnis』（1851年、ベルリン初演）を改作して、メイヤックとアレヴィが1872年に書いた3幕の戯曲『夜食 Le Réveillon』（クリスマス・イヴの真夜中の食事）である。1873年、テアター・アン・デア・ウィーンの支配人シュタイナーは、自らの劇場で上演するため、この台本をパリから購入する。しかし、内容があまりにもフランス的で、

ウィーンにはなじまないと判断し、上演を見合わせることとなる。それを聞いたカール劇場付台本作家ハフナーは、出版社のレヴィと相談し、ジュネと共にウィーン向けのオペレッタに改作、タイトルも「こうもり」とし、シュトラウスに作曲を求めた。

これを受けてシュトラウスは、ジュネの協力のもと、42日間でスケッチを行った後、細部にわたり作曲・オーケストレーションを行い、さらに練習中にもあちこち手を加えて、6ヶ月かけて完成させたようである。

1860年代以降、ウィーンは、都市化・工業化により、帝国各地から多くの人々が集まり、社会構造に急激な変化が生じた。そして、この変化は、人々の社会的・文化的価値観にも変化をもたらすこととなる。演劇界では、1870年頃を境に、観客は台詞を味わう文学趣味ではなく、単純な筋書きでダンスや音楽といった感覚的な要素を求めるようになっていくが、1870年代後半、オペレッタの大流行もこの一連の流れとして捉えることができるだろう。

1873年5月、第5回万国博覧会がウィーンで開催される。この万博開催へのウィーンの人々の異常な投機熱はにわかにバブルとなるも（5月9日）、すぐに弾ける。これによってウィーン株式市場は大暴落・大恐慌に陥った。株式を所有してはいたが、財産の多くを不動産・賃貸アパートに投資していたシュトラウスは、幸運にも破綻を免れたが、ウィーンでは投機失敗による多くの自殺者、大量の失業者を生み、物価も高騰。追い討ちをかけるようにコレラが蔓延、ウィーンでは2983名の死者が出た。ウィーンが暗いムードに包まれているなか、《こうもり》は1874年4月5日、テアター・アン・

《こうもり》のフォルクスオーパー公演

デア・ウィーンで初演の幕が上がる。

シュトラウスが活躍したのは、市民文化が花開いた時代だった。当時、市民は自らを貴族と同等、あるいはそれに代わるレヴェルにあると自負し、伝統的文化はもとより、貴族が担ってきた役割の多くを学び、新しい芸術活動を展開していた。「私の音楽は、ウィーンの自然や街から生まれたもの」というシュトラウスの言葉通り、《こうもり》には当時の世相とウィーン社会が色濃く映し出されている。

《こうもり》の登場人物は、1870年初頭の自由主義を謳歌する上流市民階級と、それに好意的な進歩的貴族であり、物語の舞台は、何事にも楽観的なブルジョアが別荘を構えるバーデンといわれている。

従来、シュトラウス自身が指揮した1874年4月5日の《こうもり》初演は失敗だったといわれていたが、これは事実とは少々異なるようである。確かに、出演した歌手はシュトラウスが指名した歌手とは異なり、最高の出来とはいえなかった。しかし、チケットは早くから売り切れ。序曲の途中で早くも拍手が起こり、当時有名だったロザリンデ役のマリア・ガイスティンガーは〈チャールダーシュ〉を2回歌っている。各紙も「休息時間の間も終演後も大喝采」「劇場が振動するほどの喝采の嵐が起こった」と伝えている。

一方の批評においては、「音楽の美しさは認めるが、台本は愚劣。このような作品に作曲するとは不可思議」(ハンスリック)、「長く、余計な楽曲が多く、余計な登場人物がうようよしている」(『ドイッチュ・プレッセ』)などと、まちまちだった。いずれにせよ初演後、《こうもり》は49回再演され、ベルリン、ハンブルク、ブダペスト、パリ、その他の都市でも上演されている。

また、シュトラウスと同時代に生きたアイゼンベルクによると、初演の年の上演回数は、ウィーン250回、ミュンヘン130回、ブレスラウ160回、ハンブルク170回と記録されている。特に、初演と同年の7月に行われたベルリンではその真価が認められ、ベルリンでの連続100回公演という大成功を収めた。さらに1876年のロンドンでの熱狂的成功後は、ウィーンでも再評価の声が高まり、ウィーンのカール劇場では2年間で300回上演されたという。

バブル崩壊後、自分たちが信奉してきた価値観が揺らぎ、政治的・経済的に失望を感じた市民たちにオペレッタの舞台は、恰好の逃避場所を提供した。「どうしようもないことは、忘れてしまうのが幸せ」というアルフレートとロザリンデの歌は、当時の人々の偽らざる気持ちだったのだろう。

19世紀末、ウィーンでオペレッタの名作が次々生まれた理由には、ウィーン劇場とカール劇場、この2つの劇場の存在もある。両劇場は、互いに競い合い

ながら才能ある人材を絶えず発掘し、失敗を恐れず彼らを助力した。また、ウィーン劇場はシュトラウスにオペレッタを書かせるため、破格の待遇を与えている（楽譜出版の著作権料はミレッカーの10倍だった）。当時、オーストリアの劇場では新作に対し一度一定の報酬を一括して支払うだけだったが、シュトラウスばかりは台本作家と分けることなく、著作権料を独占できた。

《こうもり》の、作品としての名声を決定づけたのは、ウィーンの宮廷劇場で取り上げられたことである。カール劇場支配人フランツ・ヤウナーは、1875年にオペラの演出家となった頃から、オペレッタを宮廷歌劇場の演目に加えようと画策していた。そして、彼の後継者ヴィルヘルム・ヤンは、オペレッタを初めて宮廷歌劇場の上演演目に加えた。1894年10月28日、《こうもり》は、ウィーンの宮廷歌劇場で上演され、さらに1899年には、リヒャルト・シュトラウス指揮でベルリンの宮廷歌劇場でも上演の栄誉を得る。

こうして《こうもり》は、各都市の宮廷歌劇場の演目に加えられ、しばしば大晦日の演目として取り上げられるまでになっていった。

1899年6月3日シュトラウス、12月31日ミレッカー、とオペレッタ「黄金時代」を代表する二人の作曲家が相次いで世を去る。偶然にも、この年、「白銀時代」の旗頭フランツ・レハールが生まれ故郷のハンガリーから軍楽隊指揮者としてウィーンへやって来る。彼はマーラーに自作オペラ《クシュカ》の宮廷歌劇場での上演を働きかけるも無視され、ワルツとオペレッタの世界で活躍していくことになる。

《こうもり》上演アラカルト

オペレッタ5題 [2]

曲の冒頭、ホ音、嬰ホ音、嬰ヘ音、3つの和音があたかも3本のシャンパンを開ける音に見立てられて［譜例1］、たて続けに鳴らされる…。この名曲は「シャンパン・オペレッタ」とも称される。このオペレッタの上演にまつわる話題を少々。

1）何故「こうもり」なのか？

しばしば質問を頂く問題なので、最初にお答えしよう。答えは作品の中でファルケとアイゼンシュタインが語っている。帝国公証人ファルケは2年前「こうもり」の扮装のまま酔いつぶれ、アイゼンシュタインに市場に置き去りにされ、笑いものになる。これを恨みに思っていたファルケが、退屈しているロシアの大貴族オルロフスキーの夜会で、アイゼンシュタインに恥をかかせてやろうとした…。要するに「コウモリの復讐」のお話。

［譜例1］《こうもり》序曲の冒頭

2） 最初の台本『夜食』とは？

イヴの夜食＝ル・レヴェイヨン（Le Réveillon）とはどんなものだろう。レヴェイヨンは現在、クリスマス・イヴや大晦日にいただくごちそうを意味する。これは、中世の人々が教会の中でおかしな衣装やグロテスクな仮面をつけてキリスト降誕の神秘劇を演じたり、歌ったり踊ったりしたあげく、空腹になり、夜食をとったことが起源といわれている。中世のフランスでは、キリストの降誕を祝いクリスマス・イヴから25日にかけての夜、戸を外に向けて開き、外国人や貧民を迎え入れた。

この他、クリスマス・イヴには農民が「薪税」として領主の許に薪を1本届ける風習や、神様の祝福を祈って、燃える「クリスマスの薪」に「聖父の名において」と唱えつつ葡萄酒を注いだりした。

また、レヴェイヨンではもっぱら豚料理（湯煎した豚の血を用いた黒ソーセージ、焼いた豚のソーセージなど）が出される。第1幕の料理のシーンでも、焼いて飾られた豚の頭などが登場する。

3） 第2幕「オルロフスキー公爵の夜会」の"びっくり幕間劇"

《こうもり》には他の作品にはない特徴がある。それは第2幕の途上、突然、その劇場と関係が深い歌手の「お別れコンサート」などが挿入され、ひとしきりして、再び舞台が続くという段取りになっている。

《こうもり》の初演では、オルロフスキー公爵の夜会に多数のお客が登場し、彼らすべての名前が配役表・スコアに記された。今日では、彼ら客の名前は記載されることはない。しかし、現在、特別公演等で特別ゲストとしてパヴァロッティやサザーランドなどの有名な歌手がお客として登場するのは、この時の伝統によるものとされている。

1884年に催されたシュトラウス・デビュー40周年では、シュトラウスが指揮をした後、代役としてテアター・アン・デア・ウィーンのミュラーが《こうもり》第2幕を指揮している。その際、オルロフスキー公爵の夜会に登場したお客たちは仮面を付けた「カリオストロ」「メトゥーザレム王子」「女王のレースのハンカチ」「ローマの謝肉祭」「愉快な戦争」「ヴェネツィアの一夜」等、シュトラウス作品の登場人物が勢揃い。フィナーレには当時まだ完成していなかった《ジプシー男爵》が何の前触れもなく紹介されたという。シュトラウス存命中から舞台の最中に特別ゲストが客として登場していたようである。

4） ワルツのテンポ

指揮者によるテンポ設定は多様である［譜例2］。「クライバーは早すぎる」「ベームは遅すぎる」等々、様々な意見が飛びかっている。これは時代の影響もあるだろうが、概ね現代人はアップテンポを好む傾向がある。

［譜例2］《こうもり》〜ワルツ

では、シュトラウス自身はどのように考えていたのだろう。シュトラウスはベルリンなどで現地の指揮者と共にコンサートを行い、毎回数曲だけ指揮をしている。自分で指揮をすることで、ワルツを演奏する際のお手本を示していたようだ。当時の記録によると、彼はワルツをカップルがいつ踊り出してもよいくらいの比較的ゆったりとした舞踊音楽として演奏し、指揮者として急激な強弱や速すぎるテンポに対し異を唱えていた。

ところで、シュトラウスとウィーン・フィルハーモニーは切っても切れない関係があるように思われる。1939年、クレメンス・クラウス指揮で行われた第1回ニューイヤー・コンサートではシュトラウス作品はなくてはならないものとなっていた。19世紀ウィーンの一流の音楽家の多くは何らかの関係でシュトラウスと知り合っており、ウィーン・フィルのメンバーの中にはむろんシュトラウス・オーケストラで演奏していた者も多数いた。

ところが、作曲者存命中、シュトラウスとウィーン・フィルの関係はあまりよいものではなかった。シュトラウス親子の作品は「娯楽曲」としてウィーン・フィルに拒否されていたのである。音楽史家クルト&ヘルタ・ブラウコプフは著書で「ヨハン・シュトラウスとウィーン・フィルハーモニーは同じ町に住んでいる。しかし文化圏はまるで異なる」と述べている。今は昔の物語である。

《こうもり》の初演は、1874年4月5日。この日は、ローマ・カトリックの教会暦の中でも一番大きな祝日である復活祭の日曜日だった。ウィーンは、今なおローマ・カトリックの伝統が生活に息づいている場所である。百数十年前のウ

ィーンなら、なおさらだっただろう。《こうもり》の内容からして、何故、初演を復活祭の日曜日に設定したのだろうか。今なお理解できない謎でもある。

《チャールダーシュの女王》
——上演の顛末

オペレッタ5題 ③

ウィーン・オペレッタの「白銀時代」を代表する作曲家といえば、エメリヒ・カールマン（1882-1953）が挙げられる。ここではその代表作《チャールダーシュの女王》を見てみよう。

このオペレッタは、発表までに紆余曲折を重ねた。当初のタイトルは「恋に栄えあれ」で、1914年11月、このタイトルで上演される予定だった。ところが、先に発表され話題となっていたオスカー・シュトラウスの《恋の顛末》とタイトルの響きが似ていたため、カールマンは「恋に栄えあれ」のタイトルを「チャールダーシュの女王」と変更。台本作家はヨハン・シュトラウス劇場と同年4月27日に《チャールダーシュの女王》の上演契約を結ぶが、同年7月、第一次世界大戦が勃発。創作活動は何度か中断することになる。

1915年、カールマンはバート・イシュルを訪ね、マイヤーベーア、ブラームス、レハールが住んでいた館に滞在する。ここで彼は作曲に専念するが、完成直前、彼の弟が亡くなり、作品の完成が遅れることになる。

さらに、初演の当日、思わぬアクシデントが起こる。1915年11月13日、初

《チャールダーシュの女王》——上演の顛末

演日、ボニ・カンチアーヌ伯爵を演じる予定だったヨーゼフ・ケーニヒが「突然の発声障害」を起こし、初演は4日後の17日に延期。劇場の正面入口に掲示された告知板の内容に偽りはなく、ケーニヒは稽古中に声を酷使したため声帯を痛め、静養を必要としていたのだが、怒った観客は発声障害は単なる口実にすぎず、手直しのための時間稼ぎではないか、と懐疑的になってしまった。あまり雰囲気がよくない中、初演の幕が上がる。しかし、《チャールダーシュの女王》は大成功を収め、翌日の新聞・批評もこぞって絶賛した。

新聞はカールマンの音楽に対して賞賛の意を表したものの、台本に関しては「貴族社会を誇張しすぎている」と好意的ではなかった。理由は、この作品があまりにも当時の世相を反映しすぎていたことが挙げられる。18〜19世紀のオーストリアでは、貴族と歌手・女優といった芸能関係の女性との結婚が多く、一種の流行のようになってもいた。そのため、ストーリー自体が当時の社会良識を重んじる人々の顰蹙を買ったものと思われる。

「《チャールダーシュの女王》は、その題名にもかかわらず、男たちのオペレッタといえるだろう」と語っていたのは、ウィーン・フォルクスオーパー演出家の故ロベルト・ヘルツェル氏だった。《チャールダーシュの女王》では、貴族と歌姫との愛、考え方の違い、葛藤などを通して、歌姫シルヴァを取り巻く男性たちと当時の貴族社会が描かれ、帝国末期の社会の一断面と人間の本質を浮かび上がらせている。

カールマンの音楽を当時の新聞は、「片足はハンガリー音楽の土壌に、もう一方の足はウィンナ・ワルツが湧き出す舞踏会場に立っている」と称している。この言葉通り、《チャールダーシュの女王》の魅力は、なんといってもハンガリーのチャールダーシュとウィーンのウィンナ・ワルツ、この二つが織りなす感傷的かつ情熱的で、洗練された繊細さをもった魅力的なメロディの数々といえるだろう。シュタージとエドウィンの〈ツバメの二重唱〉、シルヴァとエドウィンの二重唱〈覚えているかい〉、シュタージとボニの二重唱〈男性はたくさんいるけれど〉など、名曲が盛りだくさん。リヒ

《チャールダーシュの女王》舞台スケッチ

シルヴァ（リタ・ゲオルク）とエドウィン（ハンス・アルバース）

PART 2　ウィーンこぼれ話

ャルト・シュトラウスが、このオペレッタを「メロディの宝石箱」と呼んだのもうなづける。歌詞も人間の心理、本質を見事に表現しているため、いつの世でも色褪せることがない。

　実はこのオペレッタでは、幕が上がるとすぐ、シルヴァの性格がある程度観客にわかるように設定されている。ヒントは、ヴァレスクというルーマニア系の苗字と彼女の出身地である。シルヴァ登場の際の歌にあるように、彼女の故郷はジーベンビュルゲンで、ヨハン・シュトラウス2世の《ジプシー男爵》の舞台テメシュヴァール（ルーマニア語でティミショワラ）もこの地方の町である。

　ジーベンビュルゲンは現ルーマニア領だが、以前はルーマニアに接する旧ハンガリー領で、ここの女性は気が強いことでも有名である。幕開け直後に、ウィーンの観客は、これから始まる恋物語が一筋縄ではいかないことを理解するのである。

　核兵器以外ほとんど全ての兵器が出揃い、人類初の総力戦となった第一次世界大戦。《チャールダーシュの女王》の初演は、オーストリア＝ハンガリー帝国で食糧が問題になり始めた1915年11月のことである。時代は帝国崩壊後、混乱の戦間期を経て、第二次世界大戦へと向かう。作曲者、当時の人々、そしてお話の世界ではあるが、このオペレッタの登場人物たちも、好むと好まざるとにかかわらず、時代の大きな流れに巻き込まれていっただろう。

　彼らに心を馳せてみると、辛辣なまでの憂愁を漂わせたカールマン音楽が不思議としっくりくる。しかし、シルヴァのような女性なら、どのような困難な時代であってもたくましく生き抜いていったことだろう。やはり、お付き合いするな

らオペレッタに登場するような女性がお薦めです。

《マリッツァ伯爵令嬢》
──マリシュカの奮闘

オペレッタ5題　4

　《マリッツァ伯爵令嬢》は、《チャールダーシュの女王》と並ぶ、エメリヒ・カールマンの代表作の一つである。しかし、この2作品が生まれた時代背景は大きく異なっている。

　《チャールダーシュの女王》が初演されたのは、第一次世界大戦中の1915年11月。《マリッツァ伯爵令嬢》の初演は、第一次世界大戦と第二次世界大戦の間、1924年2月のことである。言い換えれば、前者はオーストリア＝ハンガリー帝国時代、後者は帝国崩壊後に発表された作品といえよう。

　1921年、台本作家のユリウス・ブランマーとアルフレート・グリュンヴァルトは《インドの踊り子》の初演に先駆け、カールマンに「マリッツァ伯爵令嬢」の台本プランを渡す。そしてこのプランを受け取ったカールマンは、第1幕の草稿を書き、《インドの踊り子》の完成後、再度この草稿をもとに台本作家たちと話し合いを行っている。その席でカールマンは、自ら検討した台本の各場面・文章について台本作家たちに注文をつけ、自らの意見も述べている。その後も《マリッツァ伯爵令嬢》は、作曲者・台本作家・演出家・出演者等、関係者により、初演直前まで話し合いがもたれたことがわかっている。特に大きな役割を果たし

178

たのは、テアター・アン・デア・ウィーンの支配人兼演出家兼歌手、フベルト・マリシュカの事業家としての才だった。

《マリッツァ伯爵令嬢》には、コンサートでも独立して演奏される名曲が多く登場するが、その中でも人気が高い〈一緒にヴァラシュディンへ〉〈ツィゴイナーよ、来ておくれ〉は、初めから組み込まれていた曲ではなかった。特に〈ツィゴイナーよ、来ておくれ〉は、タシロ役の抗議により急遽、作詞作曲された曲である。タシロ役のマリシュカは、男性主役のインパクトある曲がないという理由で役を降りると言い出し、台本作家たちに自らの考えを演じてみせている。

さらに、最終練習では、出演者から作品が長すぎるという意見が出され、カットをめぐって意見が対立する。カールマンはタシロの歌を、マリシュカはマリッツァ登場の際の合唱を削除することを主張した。そこでマリシュカはどちらの曲がより作品にとって有効か、実際に歌って説得し、リハーサルの後、マリシュカの歌が採用された。このように各場面をより効果的にすべく、様々なことが初演の直前に突然決定されていった。

第一次世界大戦後、ヨーロッパの劇場ではレヴューのように独立した場面を結びつけて上演する作品が好まれる傾向があった。一方、カールマンは、「私は身も心もオペレッタに捧げている。私はオペレッタを愛してやまない」という言葉通り、ジャズ、チャールストン、スロー・フォックスといった新しい音楽、そしてレヴュー、映画といった新しい娯楽形式に影響を受けながらも、音楽的・内容的にも一貫したストーリーをもつオペレッタの独自性にこだわった。オペレッタがレヴューに近づくことを拒否しながらも、豪華な舞台を創り出すカールマン

に協力し、テアター・アン・デア・ウィーンでの公演を成功に導いたのは、またもやマリシュカだった。1924年2月26日、テアター・アン・デア・ウィーンで行われた《マリッツァ伯爵令嬢》初演では、聴衆の嗜好を熟知したマリシュカにより、豪華な舞台装置を用いた華麗な舞台が繰り広げられ、公演は大成功を収めた。

カールマンを初め、オーストリア＝ハンガリー旧帝国の市民、とりわけウィーンの市民階層は、2つのアイデンティティを持っていたように思われる。1つは、「ハンガリー人」「ドイツ人」といった自らの民族のアイデンティティ。もう1つは旧帝国の帝国民としてのアイデンティティである。

しかし、第一次世界大戦敗戦により、ハプスブルク帝国は崩壊。帝都ウィーンの社会と文化を育み、帝国と運命共同体としての結びつきを持っていたウィーン市民階層も帝国と同じ道をたどることになる。国土の縮小による深刻な経済的危機と精神的ショック、二大政党の政権闘争…こうした中、ウィーンの市民階層は共和国への不満を募らせ、旧帝国へのノスタルジーと共に大帝国復活を夢想し、これがナチス・ドイツによる独墺合併を招く要因となっていく。

1918年以降、ウィーンでは、ハンガリー地域の喪失と、かの地への熱い想いをテーマとし、ハンガリー的な要素をロマと結びつけた作品が人気を呼んだ。帝国崩壊から6年後に発表された《マリッツァ伯爵令嬢》にも、広大な領地の喪失と貴族の没落という郷愁をそそる要素が組み込まれている。さらに、タシロとマリッツァの二人の姿は、かつてのオーストリアとハンガリーとの関係とも重なり合う。

《マリッツァ伯爵令嬢》では、美しいメロディの中、憂愁の影は深まり、諦念を秘めた人生の哀歓を垣間見せる。舞台の上にだけ存在する消え去った思い出の日々。幕が下りれば、全てが幻となると知りながら、そこに漂う残り香を当時の人々、そしてカールマンはいとおしんだのかもしれない。

《微笑みの国》
—— オリエンタリズムの風

オペレッタ5題 [5]

オペレッタは日本ではしばしば「喜歌劇」と呼称される。とはいえ、オペレッタは決して「喜歌劇」ばかりではなく、「悲劇」も存在する。その代表ともいえるのがフランツ・レハールの《微笑みの国》だろう。

《微笑みの国》の初演は、1929年10月10日、ベルリン・メトロポール劇場。初演は大成功を収め、その後ヨーロッパ各地で上演されていく。他の作品同様、レハールのムードたっぷりの甘いメロディは当時も多くの人を酔わせた。若き外交官スーホンが歌う中国人の心得〈いつも微笑むだけ〉、リーザへの思いを託して歌う〈りんごの花冠を〉、他の女性と結婚することを決意し、リーザに理解を求める〈君だけがわが心の全て〉…とオペラ全編を通して、テノールが多くを歌うには理由がある。

このオペレッタは、当時の名テノール、リヒャルト・タウバーのために新作を探していたプロデューサーの計らいで、1923年に発表されたヴィクトル・レオン原作《黄色の上着》（あまり成功しなかった！）を改作し、《微笑みの国》として発表した作品だからである。《微笑みの国》は名テノールがいなければ、幕が上がらない作品の一つである（後年、ニコライ・ゲッダなどが客演でよく歌っていた）。レハールはタウバーと親交が深く、これ以後も作曲の際は彼の声を念頭において作曲したといわれ、タウバーもこの時期のレハールの主要な作品に出演し、その成功に貢献している。

スーホン役の名テノール、リヒャルト・タウバー

レハール作品ではプッチーニの影響も忘れてはならないだろう。ジャコモ・プッチーニが《ボエーム》《蝶々夫人》《トゥーランドット》とフランス・日本・中国など異国を舞台にしたのと同様、レハールも《ルクセンブルク伯爵》《微笑みの国》《ジュディッタ》など、各地を舞台として選び、ご当地物の作品に仕立てあげている。

また、レハールはオペレッタに"涙"を持ち込んだといわれるが、メロディ・メーカーという点でも二人の共通点といえよう。さらに、スーホンが真実を告白するときには突然、曲想を変えることによって真実をいっそう明確に表現するなど、舞台設定以外にもプッチーニの影響が見られる。

ヨーロッパの文学・舞台に恋愛の対象

として初めに登場した神秘の国・アジアといえば、まず日本人だった。有名なところでは、アーサー・サリヴァンの《ミカド》(1885年)、プッチーニの《蝶々夫人》(1904年)、小説ではピエール・ロティの『お菊さん』(1888年)が挙げられる。

ところが、ヨーロッパの人々の考える「神秘の国」はその後、中国へと移り、ブゾーニの《トゥーランドット》(1917年)、プッチーニの《トゥーランドット》(1926年)、レハールの《微笑みの国》(1929年)などのように中国を舞台とする作品が次々と発表された。

1917年頃を境に「神秘の国」が日本から中国へ移った直接の原因は、1917年、中国の第一次世界大戦への参戦(協商国側)とヤングチャイナの存在が関係しているように思われる。この時期の中国は、青年たちを中心に西側文化を戦力的に紹介する運動(新文化運動)が起こった時期で、海外ではヤングチャイナの登場として注目された頃である。ヤングチャイナの台頭で、中国も古い中国と新しい中国があるということにヨーロッパの人々が気づき、彼らの興味・関心が古い中国にも向いたのかもしれない。

清朝の朝廷に仕える外国人が出てきたのは、1900年以降のことで(義和団)、彼らが帰国して体験談を著したりするのも1910年代以降のこと。バートランド・ラッセルやジョン・デューイ、タゴールが中国を訪れたのも新文化運動の時期である。

《微笑みの国》の原作では、舞台は1912年頃のウィーンと北京と設定されている。実はこの作品にはモデルが実在したようである。

中国では満州族が建てた清王朝が1644年に北京に都を置き、明に続く中

《トゥーランドット》のヴォーカル・スコア表紙。

国の統一王朝として20世紀初めまで中国を支配したが、1911年に辛亥革命が起こり、1912年、宣統帝溥儀の退位とともに清王朝の支配は終わりを告げる。

まず、モデルの一人と思われるのは、在ウィーン公使館一等外交官補だったHsüeh-chi-Tschong。彼の父はベルリンの東洋セミナーの講師で、Hsüehはベルリンで育った中国人である。外交官となった彼は、1905年、ウィーンでベルリン＝シャーロッテンブルク出身のZenothという女性と結婚。当時のジャーナリズムは、この結婚を、「冒険」と書きたてている。

さらに、この外交官と同一人物かどうかはわからないが、辛亥革命の前、在ウィーン清帝国公使館に魅力的な外交官がおり、レハールなどとも交際があった。清王朝の崩壊直前、その外交官は本国に召還となり、その後消息不明となったという。レハールはこの外交官の帰国の際、ウィーン娘が中国まで随いて行っていたらどうなっていただろうか、と心をめぐ

らして作曲したといわれている。この外交官は一体誰なのだろう。興味尽きぬテーマである。

さらに、実はこの話はもっと込み入ったものだったようだ。数年前、《黄色い上着》の台本作家レオンの孫によって、レオンについての本が出版された。この本によると、スーホンとウィーン女性の恋は実話に基づくもので、それも不倫関係だったようである。魅力的な外交官の名前はオペレッタでは Sou Chong だが、実際は Sukong（?）。彼のお相手は、台本作家レオンの妻。二人が逢瀬を重ねた場所は、ウィーン郊外ヒーツィングのレオンのヴィラという。職業意識が高かったのか、もうどうでもよかったのか、夫のレオンは、台本の貴重な資料として二人の恋の行方を見ていたようである。《黄色い上着》も、足繁く通う中国人から聞いた中国の風習などを基にして書かれたという。「中国まで追って行ったウィーン娘」というのはレオン夫人のことではなく創作のようだが、当時のヨーロッパは先に述べたように中国への興味が高まっていた時期なので、同様の例はあったのかもしれない。

レオン夫人と外交官の間には、少なからず恋文が交わされていた。その中の一通の恋文の中で、レオン夫人は恋に悩む中国外交官の心境を詩に綴っている。恋文に記された詩は「いつも唇に微笑を」というスーホンのアリアの歌詞になったもの。夫人がレオンの詩を引用したのか、レオンが夫人の恋文の詩を引用したのか定かではないが、いずれにせよ不可思議な世界である。当然、レハールもレオン夫人の不倫を知っていたと思われる。その上で、あれこれ思い巡らして作曲したのだとしたら、レハールもさすが芸術家。現在、バード・イシュルの墓地に眠って

いるレハールに真相を聴いてみたいものである。

Sukong（?）とは、誰なのだろう。彼と前述の外交官は、同一人物なのだろうか。問題はこの名前が姓名ではなく、多分成人が使っていた「号」だと考えられることである。Sukong 探しは、当時のウィーン中国公使館にいた人々の号までが明らかになるかどうかが問題だろう。専門家の調査が待たれる。

ブドー虫になりたい

ワインの話

「ここは天国の一角。ウィーンとワイン。この世のものとは思えない」

映画『会議は踊る』で歌われた通り、ワインはウィーンの音楽にも人生にも溶け込んでいる。

歌劇場の舞台で親しんだワインは、ハンガリーのトカイ・ワインだった。《バラの騎士》で花嫁の父がオクタヴィアンとオックス男爵をもてなすシーンでも、《こうもり》でアイゼンシュタインがパーティへ出かけた後、アルフレードがロザリンデを訪ねてくるシーンでも、トカイはグラスの中で輝いていた。トカイは、太陽王ルイ14世が絶賛し、ローマ教皇庁にも捧げられたワインで、トカイの中でも最高のものは「トカイ・アッス・エッセンシア」といい、「ワインの王」と呼ばれている。

一方、通常の生活では地元オーストリアの白ワインがよく飲まれる。まず秋口に発酵前のジュースのようなモストが出、

4週間後発酵中の濁ったシュトゥルムが登場。そして11月11日、ワインは聖マルティンの日、新しい「ホイリゲ」となる。

ホイリゲとはホイヤー「今年の」という語が転化した言葉で、ワインの新酒（新酒の自家製ワイン）を飲ませる所も指す。中世のウィーンではワインは病気予防、治癒に役立つと考えられ、病人にも毎日4リットルまで与えていたという。

日本の酒屋の軒先には丸い杉玉が掛けられているが、ウィーンのホイリゲにも松、モミなどの枝が軒先に掛けられている。時間の余裕がなくて郊外のホイリゲまで行くことができない方には、市内のワインケラーをお勧めする。

ウィーンではワインケラー（酒場）に立ち寄ることを「ケラーへのハイキング Keller Partie」という。ハイドンのパトロンだったエステルハージ家のワインが飲めるエステルハージ・ケラー、古い修道院を利用したピアリステン・ケラー、聖人像が見守る地下3層構造の「十二使徒ケラー」など、それぞれのケラーでそれぞれ違った味のワインを楽しむことができる。

十二使徒ケラー

ワインを注文するときは、「フィアテル」（1/4リットル）、「アッハテル」（1/8リットル）とワインの量を指定する。また1/8リットルのワインを同量の炭酸入りミネラルウォーターで割った「ゲシュプリットゥ」、冬には薬草入りの「グリューワイン」という温かいワインもある。たいていのケラーにはノンアルコール飲料やケーキもあるので、お酒が苦手な方も雰囲気だけ楽しむことができる。

グリューワイン、温かくして飲む。

ところで、美味しいワインの素、ブドウ畑は、郊外のみならず街中にも存在する。それも、帝政期からあるという街中の最小・最古のブドウ畑。場所はシュヴァルツェンベルクプラッツの一角で、リングを背にし、左側の道路を大きな噴水のほうへ少し入った所（道路に面して、石で囲われている）。その名も「シュヴァルツェンベルクプラッツのブドウ畑 Weingarten am Schwarzenbergplatz」。100平方メートルに60本のブドウの木が植えられていて、管理しているのはベートーヴェンが住んだホイリゲ「ヴァイングート・マイアー・アム・プファールプラッツ Weingut Mayer am Pfarrplatz」。1988年からウィーン市長らがここからブドウを収穫して出来たワインは「ビュルガーマイスターレーゼ Bürgermeisterlese」と呼ばれている。美味しいワインに魅了され、ブドウ畑が見たいけれど、郊外まで行く時間がとれない方にお薦め。しかし、ここはあくまでもブドウ畑を見学するだけでとどめておきたい。

最後にヴィーナーリートに歌われている、ある酒飲みの歌をご紹介しよう。

自分でも、何故だか分からない

ワイン一杯が何よりの楽しみ

特別なきっかけがなくても日曜でな
　くてもいい…

生れる前はブドー虫であったに違い
　ない

さもなきゃ、こんなにワインに憧れ
　ることはない

だからワインを飲むんじゃなく噛む
　んだ

ワインの赤もいいが、白も好きだ…

僕が死んだら、またブドー虫になり
　たい

ウィーンでは肩書きが
モノをいう?

　ドイツ語圏では、他の言語圏に比べる
と「Dr. 博士」「Prof. 教授」といった肩
書きをよく耳にする。その中でもオース
トリアは特筆に値するだろう。

　オーストリアで暮らすときまず初めに
行うことは、住民登録である。そして、
その用紙で初めに記入する欄は「肩書
き」。肩書きといってもいろいろある。
この国では、大学の学部卒業の工学士・
商学士といった「学士」号まで、わざわ
ざ名刺に書き、互いに呼び合っている。
さらに、教授・博士の肩書きを持つ男性
と結婚すると相手の女性もフラウ・プロ
フェッサー、フラウ・ドクターと呼ばれ
ることになる。この国でいかに肩書きが
重要な意味を持つかがわかるだろう。

　一般社会では、当然、一人一人の肩書

きと名前を覚えていかなければならない。
どうしても分からない時や迷ったら、自
分が想像する一つ上の肩書きでお呼びす
るのが、人間関係を円満に済ます秘訣な
のだそうだ。その点、大学では、少し気
が楽。たいがいの先生方は博士号をお持
ちなので、「教授・博士＋名前」とお呼
びすればよい。

　しかし、大学以外で「教授」という肩
書きでお呼びするときには、ことさら注
意が必要になる。オーストリアでは、各
分野で著しく功績があった人に「教授」
という称号が与えられる。そのため、目
前にお二人の「教授」がいらっしゃる場
合、大学で教鞭をとっている教授を「大
学の教授」とお呼びし、それ以外の「教
授」と区別することがある。

　功績があって「教授」号を授与される
人の多くは音楽家（楽器奏者）である。
残念ながら「教授」授与にもれた音楽家
に対して、ある同僚が「モーツァルトも
持っていなかったんだから」と慰めてい
るのを劇場でしばしば耳にした。

　日本でも人気が高いウィーン・フィル
ハーモニー。そのメンバーは、一人で幾
つかの顔を持つ音楽家である。まず、彼
らは、ウィーン国立歌劇場管弦楽団のメ
ンバーであり、その多くは音楽大学の教
授として教鞭もとっている。そして、そ
の中の何名かは宮廷楽師 (Hofmusiker,
Hofmusikant) でもある。

　宮廷楽師とは一体どういった人なのだ
ろう。19 世紀、帝制下の宮廷楽師を見
てみよう。

　彼らは年金を含む給料を、他のウィー
ン・フィルのメンバーより多く与えられ
ていただけでなく、多くの名誉が与えら
れていた。毎日曜日には宮廷内礼拝堂の
朝のミサに奉仕するため皇帝から馬車の
お迎えが来る。宮廷用制服に両端のとが

184

ウィーンでは肩書きがモノをいう?

宮廷舞踏会で正装して演奏する
J.シュトラウス（ツアッシェ画）

った正式の帽子、銀の礼装用軍刀を腰につけて家を出れば、その後ろを制服に身を包んだ従者が、彼の楽器を提げて随ったという。第一次世界大戦後、共和制成立と共に、お迎えの馬車も制服もなくなった。しかし、今もなお宮廷楽師はウィーンに存在する。

現在、宮廷オーケストラは、弦楽奏者として、コンサートマスター2、第一・第二ヴァイオリン各6、ヴィオラ3、チェロ4、コントラバス3。木管奏者として、フルート1、オーボエ3。金管奏者としてホルン3、トランペット4、トロンボーン3、ティンパニ（打楽器）2、以上、計44名の楽器奏者（宮廷楽師）から構成される。

弦楽奏者の数は1740年頃のオーケストラの弦楽奏者の人数に匹敵する。木管の数は宮廷楽団の伝統に則って、古典音楽の演奏にふさわしい人員であり、金管の人数もバロック・古典派音楽の伝統に即している。宮廷楽団は、これらオーケストラ演奏者の他に、ウィーン少年合唱団・合唱団・オルガニスト・指揮者が加わって構成されている。

この宮廷楽団は国立歌劇場同様、非常に古い楽器と専用の楽譜を所有している。彼らの仕事は、毎日曜日、ホーフブルク（王宮）の中にある聖堂でミサに奉仕すること。それ故、宮廷楽団は、教会音楽の演奏を主な仕事とする。彼らは、「オーストリアの音楽作品を心がける伝統に従い、ルネッサンス、バロック、古典派、ロマン派の教会音楽を守ること」が国から委託されているのである。

歌手にも宮廷歌手（Kammersänger〔in〕）と呼ばれる称号がある。こちらは、オペラ・オペレッタで多大な功績があった歌手に送られる称号で、オペラでは、コロラトゥーラの女王エディタ・グルベローヴァ、ウィーンの新聞アンケートで映画俳優のマーロン・ブランドを抑え、「一番セクシーな男性」に選ばれたクメント、オペレッタで優雅な大人の女性を演じたら右に出る者はいないマルティッケ、ウィーン・オペレッタの秘宝ミニッヒなどがこの称号を授与されている。長年、ディレクターとしてフォルクスオーパーを率い、オペレッタの楽しさを再度日本に伝えてくれたカール・デンヒは、宮廷歌手と同時に、宮廷顧問官（Hofrat）という称号もお持ちだった。

オーストリアでは共和制移行に伴って皇帝も、宮廷も消滅した。しかし、「宮廷音楽家」のような称号だけでなく、スカートの端をつまみ、ひざを曲げて行う女性のお辞儀、女性の手に行う男性の礼

（テオ・ツアッシェ画）

等、宮廷の作法も今も日常生活の中に色濃く残っている。

帝国を失っても、ウィーンは今なお文化の薫り高い帝都である。

テアター・インフェルノ

「鉄のカーテン」といえば、1946年3月にウィンストン・チャーチルがアメリカで行った「バルト海のシュテッティンからアドリア海のトリエステまで、ヨーロッパ大陸を横切る鉄のカーテンが降ろされた」という言葉が有名だが、冷戦が終結した今もなお、ウィーンには「鉄のカーテン」が存在する。

ウィーンの歌劇場でオーケストラピット近くの舞台に線が引かれているのをご覧になった方もいるのではないだろうか。ウィーン国立歌劇場では、ルドルフ=ヘルマン・アイゼンメンガーが描いた「オルフェウス」の緞帳がかけられているが、この緞帳は、毎回開演間近に静かに上がり、休憩時間と終演後に再びゆっくりと下がってくる。これが防護緞帳である。この耐火性のある防火・防炎緞帳によって舞台開口部は、観客に向かって遮断され、火災の延焼を防止しているのである。ウィーンには「ウィーン劇場法」という法令があり、防護緞帳の下降速度まで、事細かに規定されている。

このような法令が制定されたのには、かつての悲惨な劇場火災が関係している。

1881年12月8日、ショッテンリングにあるリング劇場で火災が起きた。コーミッシェ・オーパーと呼ばれた7層の観客席を誇るこの劇場は1874年に完成。当日の演目はオッフェンバックの《ホフマン物語》だった。舞台上のガス灯への点火ミスによりガスが舞台上に充満、点火と同時に舞台装置が炎上した。燃え上がった幕が舞台から落下してきて、火事に気づいた1700名の観客は大混乱となり、リング劇場は焼け落ち、ルドルフ皇太子の愛人だったマリー・ヴェツェラ嬢の兄ラディスラウス・ヴェツェラを含む約400人の犠牲者が出る大惨事となった。リング劇場の火災から得た教訓は、現代の劇場にも生かされている。

リング劇場の火災

歌劇場には、オーケストラ、歌手、大道具・小道具・衣装・メーク…様々な人が働いている。その中に公演中、舞台袖で横のカーテンに隠れるように控えている人がいる。

その人は公演中ずっと椅子に座って舞台を見守っている。そばにはいつも斧が置かれている。消防の方だ。日本では舞台で火は厳禁だが、ヨーロッパの劇場では火を使用することもある。

彼らの「斧さばき」を見たのはドイツ

の劇場でだった。ヴァーグナーの《ニーベルングの指環》の《神々の黄昏》の最後、ヴァルハル炎上の場面で舞台上のセットに火が放たれ、幕が下がると同時に彼らは発火するセットを斧で叩き壊し、消火を行っていた。また、しばしば突然の雷雨に見舞われるバイロイト祝祭歌劇場では、大雨で劇場の地下に水が流入すると、消防隊がポンプで水をくみ上げていた。連日、歌劇場が幕を上げることができるのは、いろいろな方たちのご尽力のおかげである。

リング劇場の火災では、幸運にも難を逃れた音楽家がいた。彼は1877年からリング劇場の隣に住んでいて、当日彼は《ホフマン物語》のチケットを入手していたが、体調を崩し、家にいた。そこに火災が発生、彼は（見なければよかったのに）窓から劇場の炎上・崩落と犠牲者約400（384）人が運び出されるのを目撃したようだ。リング劇場火災による火への恐怖は彼のトラウマとなり、以来、爆発を恐れて灯油ランプを使わなくなったという。その後、彼は引っ越し、ベルヴェデーレの一角で天に召される。享年72歳。（この幸運な音楽家は）アントン・ブルックナーである。

1881年12月8日のリング劇場火災の犠牲者は、ルドルフ・ペトリチュク氏、アグネス・ラウシャー氏、アルブレヒト・シェーネルト氏らがマイドリング墓地22区に、そして他の多くの方は中央墓地第2正面入ってすぐの30A区に眠っている。

赤いハリネズミ亭

ブラームスも昼餉（ひるげ）を楽しみにしていた。お気に入りは、レバークヌーデルズッペ（肉団子入りスープ）。彼が連日通った行きつけのお店の名前は「赤いハリネズミ亭 Zum roten Igel」といった。

現在そのお店は残っていない。「赤いハリネズミ亭」が入っていた建物は1866年に取り壊されている。しかし位置に若干の変化はあるが、今もかつてレストランがあった名残として19世紀末に建てられた建物（現 Brandstätte 8）の上に、赤茶色の建物の絵が描かれている。

「赤いハリネズミ亭」の名前はブラームスによってよく知られている。オットー・ベーラー画によるマティアス・ヴァルターの「ブラームスとハリネズミ」の影絵をご覧になった方も多いだろう。ブ

「赤いハリネズミ亭」

昔の看板

PART 2　ウィーンこぼれ話

ラームスは自分とハリネズミのことを「とげのあるふたり」と言い、類似していることを力説していたという。

「赤いハリネズミ亭」の歴史は古く、14世紀にまでさかのぼる。

M.ヴァルターのシルエット

16世紀には実際、その名の通り呼ばれていたようである。1770年、土地の所有者となったマリア・グスマンが建物の一部を独立させて550番という地目を得、その1、2階に「赤いハリネズミ亭」が入る。（同じ建物の3階にはハプスブルク家御用達製本屋グローナーのアトリエがあり、多くの文化人が集っていたという。）19世紀前半には「赤いハリネズミ亭」はかなり高級な旅館兼レストランとなっていたようだ。

さて、「赤いハリネズミ亭」の裏、1010, Tuchlauben側（現Tuchlauben 12）には楽友協会があった。楽友協会は1770年にこの建物を購入。この協会には600人収容するホールがあり、内外の指揮者を招いた演奏会、楽友協会の合唱団、オーケストラとの共演、舞踏会等、様々に催され、市民による音楽の拠点となっていた。さらに8000点の手稿譜を所有する資料室もあった。

1863～65年、ブラームスはここから徒歩約5分にある1010, Singerstraße 7に住んでいた。彼は、シューベルトの自筆譜研究のためにこの資料室をしばしば訪れ、さらにジングアカデミーの指揮者として楽友協会の演奏会場に通っていた。（1865～67年《ドイツ・レクイエム》の初演もこの建物でおこなわれた。）

ブラームスの「赤いハリネズミ亭」で毎日のように昼餉を摂る習慣は、この頃から始まったようだ。

1870年、楽友協会は、現在の建物に移転する。一方、ブラームスは1867年、1010, Postgasse 6、1869-71年、1030, Ungargasse 2、1872～97年、1040, Karlsgasse 4に引越すが、その後も「赤いハリネズミ亭」に通っている。

旧楽友協会の建物は、テアター・アン・デア・ウィーンの元劇場支配人ストランパーに引き継がれ、「ストランパー劇場」としてオペレッタや芝居が上演された。その後、ソプラノ歌手が劇場経営に携わり、失敗。市立娯楽場として公開された後、1886年「赤いハリネズミ亭」の閉店と同時に壊された。

友人ビルロート宛の手紙で「赤いハリネズミ亭」を「お気に入り」と呼び、何度も待ち合わせ場所に指定していたブラームス。彼の音楽を育んだ「赤いハリネズミ亭」は現在、壁の絵に名残を残している。

人形・玩具博物館

知られざるミュージアム ①

ウィーン旧市街地シュルホーフ（Schulhof）4。そこは神様の御手にそっと守られているような一角だった。

15世紀に造られた木の聖母像が見守る傍、18世紀初めに建てられた美しいバロック様式の建物がたたずんでいる。1989年に開館した「人形・玩具博物館」は、個人所有のもので、1740年頃

から1930年頃の英・仏・独等の人形と玩具が展示されていた。

人形・玩具博物館の入口看板

　2階の博物館に入ってすぐ目につくのは、前々世紀末から前世紀初めに独・墺で造られた大きな人形の家である。

　女子小学校の算数と地理の教室、台所、お店といった小さいものから、屋根裏部屋付き2階建の豪華な邸宅まである。教室の黒板の上には十字架と皇帝の絵。寝室には聖画と就寝前の祈りに用いる祈禱台。台所には調理器具、お菓子の型等、そこには当時の生活が、時間が止まったまま生きづいていた。こうした道具での遊びを通して、子供たちはドイツ語でいう3K（Kirche〔教会〕、Küche〔台所〕、Kind〔子供〕）という生きていく上で大切なことを学んでいったのだろう。

　次の部屋には、時代別に人形が展示されていた。素材は、木のもの・ワックス・陶器・セルロイドなど多種多様。（日本の方は驚かれるかもしれないが、腕、首、眼といった部分だけの展示品もある。）人形の種類も赤ちゃんから大人まで、貴婦人から兵士まで、世の中の様々な人たちが登場する。

　時代が顕著に映し出されるのは、洋服だろう。平和な時代の人形たちは、コルセット、当時の流行のレースやフリルのついた服、羽根飾りのついた帽子で身を飾っているが、第一次世界大戦の頃の人形は各国の軍服で武装している。

　玩具では、おままごとの道具の他、汽車・自動車・消火ポンプといった男の子のおもちゃやマリオネット等が展示されている。そして一番奥の部屋には、ブルドッグなどの犬のぬいぐるみコレクションとシュタイフの大小ベアコレクションがあった。

　ところで、この博物館の展示ケースの側には、展示されている人形を大切に抱えた人形の元の持ち主である子供たちの写真が飾られていた。写真のほとんどは、前世紀初めから第一次世界大戦頃までに撮られたものである。古き善き時代の上品な調度品に囲まれて、はにかみながらも嬉しそうに微笑む上流階級の子女たち。この中には、ハプスブルク家最後の皇后ツィタと皇太子オットーの姿も見られる。この子供たちの多くはその後、望むと望まざるとにかかわらず、時代の濁流に飲み込まれ、平穏な人生を送ることは不可能だっただろう。写真の子供たちの人生に思いを馳せると心が痛む。

　レース・リボンで飾られた色あせた流行の服を着、少し微笑む人形たち。手垢で汚れたぬいぐるみたち。二つの大戦を生きぬいた彼らは、閉館後、何を話し合っているのだろう。かつて彼らは皆、一人の子供に愛され、一緒に同じ時間を重ねていた。人形の中で、ショーケースに展示された色あせた人形ほど悲しいものはない。

　前世紀最後の12月、筆者は「来世紀は、人間にとっても、人形たちにとっても平和な世紀であってほしい…」と祈った。しかし2006年、人形・玩具博物館は閉館、収蔵品は競売にかけられたという。あの人形たち、ぬいぐるみたちは今、どうしているのだろう。

葬儀博物館

知られざるミュージアム [2]

　ウィーンには「Die schöne Leich」（美しい屍）という独特な表現がある。実際には「華麗な葬儀」という意味だが、ウィーンの人たちは華やかで盛大な葬儀を好むようだ。こうしたウィーン気質を理解するためのヒントを与えてくれる博物館がある。葬儀博物館である。

　葬儀博物館は、2014年10月13日、新装オープンしたもので、ヨーロッパで2番目に大きな中央墓地の慰霊ホール2の地下にある。ここではウィーンの昔から現代にいたる葬儀の多様な面を知ることができる。昔のオリジナルの柩車、スペイン式宮廷儀式の豪華な衣装（制服）から現代のガウン、棺など、葬儀に関する様々な品々が展示され、葬儀で愛された曲を試聴することも、記録された葬儀のフィルムを見ることもできる。

　現在、ウィーンの葬儀は、ウィーン市営で行われているが、19世紀半ばには、市民階級も華やかで立派な葬儀を望むようになり、19世紀後半には葬儀社がそれこそ葬儀の豪華さを競うようになる。葬儀社は死者を探すべく建物の管理人や門衛をあてにして、亡くなった人が出たら連絡をくれるようお願いし、葬儀が決まった場合にはお礼を出すといったチラシまで配られた。さらに人が亡くなって、親族よりも先に喪服を着た葬儀社が駆けつけるということまで起っていた。

　ウィーンでは立派な葬儀を出すことを望む人が多かったこともあり、葬儀費用は高く、問題となっていた。そのため葬儀の公営化が19世紀末から叫ばれ、1901年、カール・ルエーガー（ウィーン市長）が動き出す。1907年、ウィーン市は当時の2大葬儀社を買収。そして1950年、ウィーン市立公営葬儀社は最後の私営の葬儀社を吸収し、葬儀の公営化が実現。

　現在もウィーンでは約40種類の棺が用意されているそうだが、昔の多種多様な棺も興味深い。1771年、死亡から埋葬までの時間が48時間に延長されるが、生き埋めにされることを懸念して作られた傑作棺がある。空気を取り入れる煙突付棺や生き返ったとき手に付けられたひもが動き、鈴が鳴って生存を知らせる棺、また、リサイクルできる柩（ヨーゼフ2世の時代のもの）などまである。

　葬儀、棺が贅沢になっていた1784年、ヨーゼフ2世は棺と遺体が一緒に埋葬されることを禁止し、棺を他の遺体のため再利用することとした。この柩は遺体を収納したとき下（底）になる部分が左右に観音開きとなるもので、墓穴の上で遺体だけ下に落とすことができた。しかし、この柩の評判は良いわけがなく、反発も多く、翌年には棺と一緒の埋葬が許されたという。

観音開きの棺

　この他、厳密なルールがあった女性用の喪服＆装飾品レンタルセット、死亡と診断した後、遺体がまだ生きていること

を知った医師が刺殺するために使った「心臓刺しナイフ」、往年の葬儀の様子を再現する軍楽隊、軍人、葬送の行列（音楽に合わせて動く）を模した鉛（？）の小さな人形たち…。

葬儀博物館で「死」を扱っているにもかかわらず、見学者がついうれしくなってしまう所は他に例がないだろう。

「華麗なる葬儀」の典型といえば、皇帝及びその一族の葬儀だろう。1989年4月1日、シュテファン大聖堂で、ハプスブルク帝国最後の皇后チータの葬儀ミサが行なわれた。モーツァルトの《レクイエム》が流れる中、ミサはラテン語、ドイツ語、ハンガリー語で進み、閉祭の歌として「Isten, aldd meg a magyart (....)」とハイドン作曲の昔の国歌「Gott erhalte, Gott beschütze (....)」が、会衆によって歌われた。

音楽関係者としてその場にいた筆者は、人々の故人への追悼を越えた哀惜の想いに感銘を受けたものだ。ウィーンで、何回となく現在の国歌を歌う機会に恵まれていた筆者だが、こんな体験は初めてだった。葬儀の後、どこにしまっておいたのかと思わせるような帝国時代の軍服を身に着けた退役軍人、軍楽隊、民族衣装の人々、正装した大学のカトリック学生会学生に見守られ、帝国の紋章の入った旗に前後を護られながら、棺はカプチーナ教会の霊廟へと進んだ。

そして22年後の2011年7月16日、オットー元皇太子の葬儀もミヒャエル・ハイドンの《レクイエム》と共に同様に行われた。違っていたのは、「心はハンガリーに」というオットー氏の意思で、心臓だけハンガリーのパンノンハルマ修道院に安置されたとのこと。

1989年4月1日、そして2011年7月16日、プンメリンの鐘と共にシュテファン大聖堂に響いた《皇帝讃歌》は、帝国最後の皇后、皇太子そして帝国への惜別の想いがこもった鎮魂の祈りだった。そして、それは2度とないであろう瞬間でもあった。

聖なる槍

知られざるミュージアム ③

ウィーンに出向いたら、見ていただきたいものはたくさんある。その中の一つをご紹介しよう。神聖ローマ皇国の「帝国宝物」の一つ、「聖なる槍」である。

王宮宝物館は、王宮の一番古い部分であるスイス宮の中庭にある。スイス門の上には頭が一つの鷲の紋章を真ん中にして「フェルディナントは、ローマ、ゲルマン、ハンガリー、ボヘミア、ZC（その他）の王であり、スペインの王子であり、オーストリアの大公爵であり、ブルグント、ZC（その他）の公爵である。1552年」と書かれている。神聖ローマ帝国の紋章「双頭の鷲」は有名だが、フェルディナント1世が神聖ローマ皇帝に選出されたのは1556年で、スイス門が作られた時点では、まだ神聖ローマ皇帝に選出される前なので、ここの鷲は「双頭の鷲」となってはいない。

スイス門を入ると、皇帝マクシミリアン1世（在位1493〜1519年）が創設（1498年）したウィーン少年合唱団がミサで奉仕する王宮礼拝堂へ行く階段がある。そして、その下に王宮宝物館への入口がある。王宮宝物館には、神聖ローマ帝国皇帝冠、皇帝の剣、金羊毛騎士団勲

章、マント、フランツ・ヨーゼフ1世の洗礼式服、シシーの宝飾品、一角獣の角、カプチーナ教会の霊廟の鍵を収めるキャビネットなど、神聖ローマ帝国とオーストリア帝国に関係する様々な宝物が展示されている。その中でも神聖ローマ帝国部門に展示されている神聖ローマ帝国のレガリアである「帝国宝物」の「帝国聖遺物」の1つが「聖なる槍」である。

「帝国宝物」は①「帝国権標」(王冠、宝玉、剣、帝国十字架などの祭器)、②「戴冠式装束（鷲のダルマティカ、ストラ、マント他」、③「帝国聖遺物」（「聖なる剣」、聖十字架の欠片他)に分けられ、神聖ローマ帝国皇帝の正当性を証明するものとみなされていた。「聖なる槍」(Heilige Lanze〔独〕、Holy Lance〔英〕)とは、十字架上のイエズス・キリストの脇腹を突いた槍のことで、聖遺物の一つ。「聖なる槍」はイエズスがかけられた十字架の破片と伝えられている木片とともに、1024〜25年に制作されたといわれる宝石で飾られた「皇帝の十字架」の中に収納されている。

「聖なる槍」は、8世紀のカロリング朝のもので、長さ50.7cm、重さ968gで、鋼、鉄、真鍮、銀、金、皮革が使用されている。ローマ教皇からカール大帝に贈られたものといわれ、14世紀には中央の部分に金がまかれ、「主の槍と釘」という銘が刻まれている。「聖なる槍」と称されるものは他にも存在するが、ウィーンの宝物館に所蔵されているものは、槍の中央部分にイエズスを十字架に打ち付けるときに用いたとされる「聖なる釘」（真鍮製で十字架が施されている)が埋め込まれている。

現在ウィーンの王宮宝物館に展示されている「帝国宝物」の多くは、長らくドイツのニュルンベルク市で保管されていて、1424年から年に1回「帝国宝物」の展覧行事も行われ、教皇庁から行事参観者への（7年280日の）贖宥の付与も許可されていた。また、「帝国宝物」を保管することで、ニュルンベルク市は帝国内での高い社会的地位を確固として示していた。しかしナポレオンの侵攻以降「帝国宝物」はウィーンへ移され、独墺合併の後、ナチスによってニュルンベルクへ戻された期間を除き、現在に至るまでウィーンで保管されている。

「聖なる槍」はイエズスの脇腹を突いた槍のゆえ、「最強の槍」と信じられた。オットー1世が955年の「レヒフェルトの戦い」でマジャール人に勝利したのは「聖槍」のおかげとされ、「世界を征する槍」とも呼ばれている。ヒトラーは「所有するものに世界を征する力を与え

皇帝の十字架

聖なる槍

る」というこの槍から霊感を受けたともささやかれていて、彼は独墺合併後、神聖ローマ帝国のレガリアである帝国宝物をウィーンからニュルンベルクへ移管している。そして戦後「聖なる槍」はオーストリアに返還された。

ヴァーグナーの《パルシファル》にも登場する「聖なる槍」。他の宝物に比べ、一見地味な「聖なる槍」だが、「世界征服」などの野心を抱く方は近づかないようお願いしたい。

もうひとつの『最後の晩餐』

ミノリーテン教会

ウィーンの教会では様々な宗教画・美術品を観ることができる。その中でもちょっと珍しい作品を飾る教会を紹介しよう。ミノリーテン教会（Minoritenplatz, 2a, 1010 Wien）である。

ミノリーテン修道会は、1517年にフランシスコ会から分かれた修道会である。教会自体は、1529年と1683年の2回にわたるオスマントルコのウィーン包囲の際、教会の塔の先がトルコ軍の標的とされ、教会の塔の先が欠けてしまっている。1782年、ミノリーテン修道会がここを去ったのち、教会は1784年6月3日から現在に至るまでイタリアの修道会の所有となり、教会は「雪の聖マリア」に捧げられている。

ちなみに、「雪の聖マリア」の伝説とは、子供に恵まれないヨハネという貴族が、勇んで聖母マリアに捧げる聖堂を建てようとしたところ、聖母マリアが夢に現れ、建設地を雪で示された。彼の妻や教皇リベリウスも同じ夢を見、彼らがエスクイリーヌスの丘に行くと、夏の8月5日、雪が積もって、その敷地が示されたという。ローマのサンタ・マリア・マジョーレ大聖堂では、献堂記念日には毎年雪を模した白い花びらが天井からまかれる。なお、サンタ・マリア・マジョーレ大聖堂は、1538年、クリスマスにイグナチオ・ロヨラが司祭になって初めてのミサを捧げた聖堂で、フランシスコ・ザビエルが東洋への布教の誓いを立てた聖堂でもある。

さて、そのミノリーテン教会で観ることができるのは、イタリア・ミラノにあるレオナルド・ダ・ヴィンチの『最後の晩餐』と同じサイズの、モザイクでつくられた『最後の晩餐』である。このモザイクは、ナポレオン1世がイタリアのモザイク専門家ジャコモ・ラッファエッリにダ・ヴィンチの『最後の晩餐』の複製を依頼したものだったが、完成した時、ナポレオン1世はすでに退位していたため、オーストリア皇帝フランツ2世が購入して、ウィーンへ持ってきたものである。

モザイクで造られた『最後の晩餐』

このモザイクは当初、ベルヴェデーレに飾られるはずだったが、大きく重たいため、イタリアと関係の深いこの教会に

設置されたという。絵画のそれと比べるとモザイクのため色あせもなく、また、ミラノの『最後の晩餐』は下部中央（キリストの足）が食堂の扉を作るために消失しているが、ここでは下部中央もしっかりと描かれている。ウィーンの隠れた名画の一つといえるだろう。

『第三の男』ロケ地めぐり

映画『第三の男』の多くの部分は、ウィーン旧市内のあちこちを使って（合成もあり）撮影されている。

ウィーンに着いたらまず観光案内所に行き、「シュタットプラン・ビッテ」もしくは「マップ・プリーズ」と言って、地図を手に入れよう。これを片手に多数のロケ現場から印象深い場所を選んで廻ってみよう。（ドイツ語表記の地名や通り名の最後の文字 pl. はプラッツ〔広場〕、Str. はシュトラーセ〔大き目の通り〕、g. はガッセ〔細目の通り〕の略。）

① **大観覧車：Wiener Riesenrad, Riesenradplatz 1, 1020 Wien**
（プラーター：Wiener Prater, 1020 Wien）
観覧車はかつてのお狩場、現在は遊園地として有名なプラーターにある。地下鉄U1でプラーターシュテルン（Praterstern）を出れば、観覧車が見える。

② **ルプレヒト教会：Ruprechtsplatz, 1010**
U1で隣のシュヴェーデンプラッツ（Schwedenpl.）に戻る。地上に出たら運河が右に来るように進むと、右側がマリエン橋（Marienbrücke）になる。その交差点がローテントゥルムシュトラーセ（Rotenturmstr.）入口なので、左折してこの通りに入る。一つ目の十字路を右折して進んだ先の左側にルプレヒト教会がある。教会（Ruprechtsstiege, 1010）は階段の上にあるので、地図を手掛かりにすれば、見つけられる。殺人者と間違われたホリー・マーチンス（ジョゼフ・コットン）とアンナ（ヴァリ）が逃げる場面に使われた。階段は逃走シーンに再三登場する。

③ **ホーアー・マルクト：Hoher Markt, 1010 Wien**
教会からローテントゥルムシュトラーセに戻り、先程と同じ方向に進み、リヒテンシュトラーセ（Lichtenstr.）へ右折してホーアー・マルクトへ向かう。階段を上がって進むと、マーチンスとハリー・ライム（オーソン・ウェルズ）がカフェで待ち合わせする場所に兵士とキャロウェイ少佐（トレヴァー・ハワード）が張り込むシーンが登場。彼らは「結婚の泉」の陰に隠れている。ここを見終わったら、リヒテンシュトラーセをローテントゥルムシュトラーセまで戻り、シュテファン教会前の広場シュテファンシュプラッツ（Stephanspl.）に向かう。

④ **アム・ホーフ：Am Hof, 1010 Wien**
シュテファン教会前広場からグラーベン（Graben）を進む。通り半ばにペスト記念の像があり、突き当りがすぐ見える。そこから真っすぐナークラーガッセ（Naglerg.）という細い道を進む。右側の建物の切れ目を右折すると、アム・ホーフの角に出る。ここの6番地がアンナの住居として使用された。10番地の消防署を背景としたカットも撮られている。また、ここはハリーが広告塔の中へ消えてゆくシーンでも使用されている。

日本公開のポスター

⑤ ハプスブルガーガッセ（風船売りの場面の道）：Habsburgergasse, 1010 Wien

アム・ホーフからグラーベンに戻る。シュテファン大聖堂に向かって右側の最初の道（ペスト記念像の手前）がハプスブルガーガッセ。この通りの11番地の付近で風船を売る老人が張り込みをしているキャロウェイ少佐に近づく場面が撮られた。

⑥ キャバレー「カサノヴァ」：Casanova Club, Dorotheergasse 6-8, 1010 Wien

グラーベンに戻ろう。シュテファン大聖堂に向かって進み、ペストの記念像を過ぎた右側にドロテアガッセがあるので、右折して進むと、6番地にキャバレー「カサノヴァ」がある。ここはマーチンスがルーマニア人のポペスクを追跡する場面で使われた。中の様子はセット撮影だが、外観はそのまま撮られている。

⑦ パラヴィチーニ宮殿：Palais Pallavicini, Josefsplatz 5, 1010 Wien

ドロテアガッセをさらに進んで突き当りまで抜け切ると、右側にヨーゼフシュプラッツ（Josefspl.）がある。右折して正面を見ると、子供が「人殺し」と叫ぶ場面に使われた風景が見える。建物をくりぬいたアーチのようなものが見えるので近づいていくと、右側5番地にパラヴィチーニ宮殿がある。ここはハリーの住まいとして登場する。ハリーが亡くなったとされる交通事故はこの建物の前で起こった設定になっている。

⑧ カプチーナ教会とカフェ・モーツァルト

カプチーナ教会：Tegetthoffstraße 2, 1010 Wien

カフェ・モーツァルト：Café Mozart, Albertinaplatz 2, 1010 Wien

パラヴィチーニ宮殿から来た道を戻り、ドロテアガッセを通り越して進むと、前方にオペラ座の裏側とカフェ・モーツァルトが見える。カフェ・モーツァルトのある交差点を左折して進むとカプチーナ教会がある。撮影時にはカフェ・モーツァルトは空襲で壊されていたため、カプチーナ教会前にカフェ・モーツァルトのオープンセットを組み、テラス席のシーンを撮影したという。

⑨ ホテル・ザッハー：Philharmonikerstraße 4, 1010 Wien

カプチーナ教会からカフェ・モーツァルトへ戻り、建物に沿って行くとホテル・ザッハーがある。映画ではホリー・マーチンスの宿として使われた。

『第三の男』の作者グレアム・グリーンはこのホテルで『第三の男』を書いている。なお、撮影当時、ホテルは英国軍に接収されていて、軍高官の宿舎として使用されていた。

中心地はこれくらいにして、この先はリングに沿って移動する。リングを走る市電に乗って国会議事堂で降りる。

⑩ ヨーゼフシュタット劇場：Theater in der Josefstadt, Josefstädterstraße 26,

1080 Wien

　国会議事堂に向かって右脇、市庁舎側の道を進む。シュタディオンガッセ（Stadiong.）がヨーゼフシュテッターシュトラーセ（Josefstädterstr.）になり、しばらく行くと右側にヨーゼフシュタット劇場がある。アンナが出演していた劇場である。

⑪ **メルカー・バスタイ**：Mölker Bastei 10, Mölker Bastei 6, 1010 Wien

　リングに戻って再び市電に乗る。同じ方向に進んでショッテントーア（Schottentor）で下車すると進行方向を横切る通り、ショッテンガッセ（Schotteng.）がある。これを右折して最初の十字路を右折する。その通りがメルカー・バスタイで、ここの 10 番と 6 番で、アンナの家の建物の入り口に隠れたハリーの足に猫がじゃれつき、隣の家の明かりでハリーの顔が浮かぶ場面が撮られた。

⑫ **下水道と地下道**

　ここは『第三の男』ツアーに参加しなければ見ることはできない。ハリーが逃げ込んだ下水道はカールスプラッツ下の排水路のところ。ハリーが追いかけられるのはウィーン川の地下道である。

　市内の見所はまだあるがこれくらいにして、中央墓地に移動。映画の始めと終わりに使われ特にラストシーンは印象的だった。

⑬ **中央墓地**：Zentral Friedhof, Simmeringer Hauptstraße 234, 1110 Wien

　第 2 門から真っすぐ行った所にあるカール・ルエーガー教会裏の 43A 区 14 列 20 番の横が、映画の始めのほうでハリーの墓地とされた場所。

　ラストシーンは教会裏の地区。ユーゲントシュティール様式の白い女性がうつむいているお墓を目印に（下の写真）。映画は様々なショットを合成しているので、漠然とこの辺りと考えるのが無難だ。

　映画に登場する大観覧車は 1897 年、皇帝在位 50 周年記念行事の一環でイギリスの技師バセット（Walter Basset, 1864–1907）によって建設された。バセ

別れのラストシーンの並木道

目印はこのお墓

ットがヨーロッパで造った4基の観覧車のうち現存する唯一のもの。もともと観覧車にはワゴンが30あったが、1944年4月16日の空襲による火災でワゴンは24となり、1945年4月8日の空襲では全てのワゴンが焼け落ち、観覧車の骨組みだけが残った。しかし、戦後1947年5月25日、15のワゴンが復活。偶数暗号だけがつけられたワゴンは現在も時速2.7キロで動いている。最高点が約65m、一周約15分、材質は鉄・木・ガラスとなっている。『第三の男』には戦後復活したばかりの観覧車が登場する。

なお、『第三の男』のモデルは、原作者グレアム・グリーンの友人で秘密情報機関において二重スパイをしていたキム・フィルビーといわれている。彼はウィーン留学中に1800km近いウィーンの下水道を知っていて、二人の同僚と共に働いていた三人目の人間だった。そこから陰の存在という意味で『第三の男』がテーマとなったのだという。映画に登場するペニシリンは第二次世界大戦中に英・米によって多量に持ち込まれたものである。

『第三の男』は1948年、ウィーンで撮影された。当時オーストリアは1945年4月13日のソヴィエト赤軍の占領を経て、連合国4ヶ国（米英仏ソ）による占領統治下に置かれていた。オーストリアが永世中立国として再び独立するのは1955年10月26日のことである。

映画史上有名な『第三の男』だが、『サウンド・オブ・ミュージック』同様、当時のオーストリアでは人気がなかった。その理由は、1）ウィーンの人々が米英仏ソの共同占領下に置かれ、第二次世界大戦後の混乱期を必死に生きている時期に、破壊された瓦礫が多く残る荒廃した

ウィーンの姿を改めて見る余裕がなかった。2）外国人の目で描かれた闇の世界やパスポート偽造者、偽貴族…等、マイナスな面ばかり見せられるのに耐えられなかったから、といわれている。

様々な役者が登場するが、注目すべきは、『会議は踊る』にも出演している宮廷俳優パウル・ヘルビガーだろう。「アパートの管理人」役で出演している。

現在、ウィーンには個人コレクションによる「『第三の男』博物館」（Dritte Mann Museum, Pressgasse 25, 1040 Wien）があり、毎週土曜日の午後2～6時、オープンしている。また、占領下のウィーン、闇市、冷戦中のスパイ等について説明してくれる散歩ツアー、ウィーンの下水道網を見学する下水道ツアー（5月～10月）なども行われている。ご興味のある方は観光案内で日時を確認の上、参加してください。

「舞踏会の手帖」の思い出

フランス映画『舞踏会の手帖』（1937年、ジュリアン・デュヴィヴィエ監督）は、主人公の女性（クリスティーヌ：マリー・ベル）が手帳に記された名前を頼りに、憧れの舞踏会で一緒に踊ったお相手たちを20年後に訪ねる映画である。この手帳があながち空想のものでないことはご存知だろうか。

「舞踏会の手帖」は、もともと女性が舞踏会の際、「曲名」「曲順」「ダンスの

お相手の名前」を記す小さな手帳だった。男性から申し込まれた女性は、曲名の横に相手の名前を書き添えた。この小さな手帳は、ウィーンでは主催者からの記念品として舞踏会に参加する女性へプレゼントされるようになっていく。この習慣が一般にも盛んになったのは19世紀中頃のこと。そして19世紀末になると、手帳の意味が少しずつ変化していく。

19世紀末から20世紀初めにかけて、各舞踏会では芸術品ともいえるような趣向を凝らした記念品が作られていく。それは多くの場合、主催者側の意図に合わせて作られたミニチュアの飾り物に、一層小さくした手帳と鉛筆が添えられたものだった。そして後には、そうしたチャーミングなミニチュアの飾り物だけが記念品として女性に配られるようになる。

この時期に作られた傑作には、帝国軍舞踏会のデーメルのキャンディ入りミニチュア礼服用軍帽、鉄道組合の蒸気機関車、パン屋主催のパン焼き釜（釜の中に手帳が入っている）などがある。いずれのものも本来の意味を離れたといっても、そこはあくまで「舞踏会の手帖」。踊っている間も身につけておけるよう、ドレスに結びつけるフックが付いていたり、手にかけるための長めの紐が付けられている。

一つの文化として存在していた「舞踏会の手帖」に決定的変化をもたらしたのは、第一次世界大戦だった。帝国崩壊と共に、「舞踏会の手帖」は歌曲とイラストを載せたもの、音楽家のカリカチュアに詩を添えた小冊子などはあるものの、以前のように手の込んだものは作られなくなる。そして現在この雅な習慣は、キャンディー・香水・花束といった女性への小さな記念品プレゼントとして残っている。

ウィーンの大きな舞踏会は、夜9時頃に始まり、真夜中近く「スペー」と呼ばれる大夜会をはさみ、翌朝6時頃まで続く。スペーの後には、女性のほうからダンスを申し込むことができる「ダーメンヴァール」という時間もあった。舞踏会はどの年齢層の人々にとっても社交場であり、サロンと同様、将来の伴侶と出会うことができるような社会的に認められた場であった。シュトラウスやランナーのワルツの調べにのって、「舞踏会の手帖」は多くの人々の出会いを見守ってきたのである。

知人の老婦人は、よく若かりし頃の「舞踏会の手帖」を見ながら、昨日のことのようにいろいろなことを話してくれ

紐が付いたプレゼント「小冊子」型手帳

パン屋主催の舞踏会のプレゼント

た。二つの大戦を体験し、ご主人を若くして亡くされた彼女の人生は決して穏やかなものではなかっただろう。「辛いこと、悲しいことはワルツと共に飲み込むんだよ」と私に教えて下さった彼女。今頃天国で想い出の「舞踏会の手帖」と共に、幸せに包まれていることだろう。

05コード　文字のミステリー

　シュテファン大聖堂正面入り口の左右の壁には、それぞれ不思議な物と文字がある。

　まず正面左側には円が描かれている下に2本の細長い鉄の棒がついている。それは、昔の長さの単位である「エレ」の尺度の基準を示しているという。2本の棒は普通の「1エレ」の89cmとリンネルを計るときの「エレ」の78cm。一方、パンの形をした円は、パンの大きさを示しているとされる。丸いパンを持ってきてこの円にあて、小さかったり、軽かったりすると、パン屋は罰を受けることになる…。

　刑には竿の片方の先に籠がついている長い竿が用いられ、竿の途中は支柱で支えられ、籠が上下できるようになっていた。問題のパンを作ったパン屋は、竿の先にある籠の中に座らされ、籠が下がるたびに水の中につけられた。(沼地などで罪人を窒息死させる「水責めの刑」自体は、98年にコルネリウス・タキトゥス〔Cornelius Tacitus, 55年頃—120年頃〕が書いた『ゲルマニア』にもみられるが、ウィーンの「水責め」はこれの変化したものといわれている。)

　ウィーンのパン屋の「水責め」は13世紀から行われ、刑の執行はドナウ河から水を運んで、1624年まではパンが売られたグラーベンやノイアー・マルクトで、それ以降は現在のドナウ運河で行われたが、1792年、ヨーゼフ2世によってこの刑は廃止された。

　処刑場跡は、他にもある。モーツァルトが亡くなった家の傍のRauhensteingasse 10 は裁判所兼刑務所兼処刑場(「Rauhenstein 荒削りの石」はこの建物の通称)があった所で、3番地の入口の上には「荒削りの石」が吊されている。

ラウフェンシュタイン「荒削りの石」

　一方、シュテファン大聖堂正面入口の右側の壁には「05」という文字が書かれている。最初のOはアルファベットの「オー」、次はアルファベットの第5番目の文字Eを意味している。これを続けて書くとOEとなり、オーストリアÖ (=Oe) sterreichの最初の文字となる。このことから05は、第二次世界大戦末期のレジスタンスのシンボルといわれている。

　では、「18」や「88」はどうだろう。単なる数字と思われる方もいるかもしれないが、ドイツ=オーストリアでは、この数字を使用する際は注意が必要だ。ア

PART 2　ウィーンこぼれ話

メリカのP&G（プロクター・アンド・ギャンブル）がドイツ国内で販売した製品にこれらの数字が使われ、出荷停止となったこともある。その理由は「ナチ・コード」と呼ばれるものである。現在、ドイツ＝オーストリアでは、公の場でナチスを賛美・賞賛すると「ナチ禁止法」「民衆扇動罪」等で処罰の対象となる。そしてこれと同様に問題視されるものが「ナチ・コード Nazi Code」である。

　先に挙げた「18」は、アルファベットの最初の言葉「A」と8番目の「H」で、「アドルフ・ヒトラー Adolf Hitler」を意味する。「88」は同様に「Heil Hitler ヒトラー万歳」を意味する。「ナチ・コード」には以下のようなものがある。なお、この他、問題となる略字も一緒に追記しておこう。

　18：Adolf Hitler　アドルフ・ヒトラー
　28：Blood & Honour　血と名誉(BHも同じ)
　74：Grossdeutschland　偉大なドイツ
　88：Heil Hitler　ヒトラー万歳(H8も同様)
　198：Sieg Heil　勝利万歳
　444：Deutschland den Deutschen　ドイツはドイツ人のために
　1919：SS Schutzstaffel　ナチス親衛隊
　828：Heil Blood & Honour　血と名誉万歳
　420：ヒトラーの誕生日　1889年4月20日
　HJ：Hitler Jugend　ヒトラー青年隊
　FG：Führer's Geburtstag　総統の誕生日
　WAW：White Aryan War

　不審者と誤解されないためにも、決してこれらの数字や文字を着用及び使用なさいませんように。

"ウィーンの音"復活

オーストリアと音楽

　音楽の都・ウィーン。ここは音楽と他の文化が相互に影響し合わずにはいられない都市である。ウィーンを首都とするオーストリアが音楽と関わり合うとき、どのようなハーモニーが聞こえてくるのだろう。第二次世界大戦後のオーストリアの独立の中で繰り広げられたウィーン国立歌劇場とそのオーケストラを母体とするウィーン・フィルハーモニー（以下、ウィーン・フィル）の活動を通して見てみよう。

　1945年3月12日、ウィーン国立歌劇場は空爆に見舞われ、80％が破壊される。約1ヶ月後、ウィーンはソ連軍によって占領・解放される。その年の聖夜、首相フィーグルは国民に「私たちは何も持っていません。ただ、皆さんにお願いします。オーストリアを信じて下さい」とメッセージを送っている。

　終戦直後のウィーンは、その言葉通り、まさにゼロからのスタートだった。街にはガスも電球もなく、交通手段は破壊されていた。劇場にあった18万着もの衣装も戦火で焼失していた。

　それでもオペラの準備は、解放1週間後に始められ、5月1日にはフォルクスオーパーへ舞台を移して《フィガロの結婚》の幕が上がる。以後、レドゥーテンザール、テアター・アン・デア・ウィーンへと舞台を移し、上演が続けられる。1945年5月24日にはウィーン国立歌劇場の再建が布告される。

　10月6日には連合軍の協力により、

200

祝祭公演《フィデリオ》が上演される。オペラの定期上演も再開され、12月21日には《オテロ》の初演の幕が上がる。上演レパートリーも戦後1年間で、28演目に達し、この中には約7年間禁止されていた《ホフマン物語》も含まれている。

またこの間、アンサンブルは、ウィーンでのオペラの他、演奏会形式によるオペラ公演や外国公演なども併行して行っている。そして、こうしたプログラムの上演に際して、破壊された国立歌劇場再建のための寄付が呼びかけられた。

1938〜1945年、国立歌劇場では、多くの作品の上演が禁止された。ナチスの政策により、ユダヤ系の音楽家は追放されたり、絶滅収容所で殺害されたりした。また、妻がユダヤ人だったために迫害を逃れて、亡命したりした者もいた。終戦、連合国の戦後処理により、ナチス党員の音楽家は退団となり、ナチス協力疑惑のためヴィルヘルム・フルトヴェングラー（Wilhelm Furtwängler, 1886-1954）、クレメンス・クラウス（Clemens Krauss, 1893-1954）、カール・ベーム（Karl Böhm, 1894-1981）などの指揮者は、数年間にわたり演奏活動停止となり、ウィーン国立歌劇場、ウィーン・フィルの活動は困難を極めていた。

そんな中、伝説的なアンサンブルが誕生する。1945年、ヨーゼフ・クリップス（Josef Krips, 1902-74）は、「モーツァルト・アンサンブル」を設立する。ユダヤ系指揮者だったクリップスはナチス時代を生き残ることができた幸運と同僚への感謝をもって、国立歌劇場再建のために活動を開始した。1947年にはカール・ベームが連合軍から演奏活動の命令解除によりアンサンブルに参加。このアンサンブルブルの澄んでいて軽く、上質

で優雅な音は、後に「ウィーン風」と呼ばれることになり、歌い方、衣装、演出、すべてにおいてモーツァルト・オペラのお手本となった。（クリップスとこの時期共に活動した歌手には、エーリヒ・クンツ、ヴィルマ・リップなどがいる。クンツのパパゲーノ、グリエルモ、フィガロ、レポレッロ、そしてリップのコンスタンツェや夜の女王は有名。）

一方、歌手やオーケストラ、裏方などを抱える大所帯のオペラ座アンサンブルに比べ、ウィーン・フィルは身軽に動くことができた。ウィーン・フィルは自主的な組織ではあるが、第一次世界大戦の際には「文化宣伝」という国家的使命を受けてスイスへ赴く。また、戦間期には困難な経済事情を緩和するためにチェコスロヴァキアや南米諸国へ遠征している。さらに第二次世界大戦時になると、ナチス党のプロパガンダにも利用されて、ドイツ進攻後のポーランド（クラカウ）、オランダへの楽旅を行っている。

やがて終戦。その直後の1945年4月27日、ウィーン・フィルは、クレメンス・クラウスの指揮の下、コンツェルトハウスでの祝祭コンサートによって活動を再開。曲目はベートーヴェンの《レオノーレ》序曲第3番、シューベルトの交響曲《未完成》、チャイコフスキーの交響曲第5番だった。

さらに国内は未だ破壊と混乱の状況下にあったにもかかわらず、オーストリア共和国は、オペラ座のアンサンブルとウィーン・フィルを外国に派遣する。オーストリア共和国は自らの国家独立のために、クラシック音楽を何より優れた外交使節として選んだ。

1947年、国立歌劇場とウィーン・フィルは《コシ・ファン・トゥッテ》と《ドン・ジョヴァンニ》を携えて（いず

PART 2　ウィーンこぼれ話

れもドイツ語上演）、3月にフランス、そして9月にはイギリスに向かう。それは戦後初めてフランスでのドイツ語によるオペラ公演であった。イギリスではその幕間を利用してオーストリア政府代表とイギリスの外相が立会いのもと、チャーチル首相はオーストリアとの戦争状態の終結を決定した、と伝えている。

　国立歌劇場とウィーン・フィルはクラシック音楽によって、オーストリアの存在意義と独立を世界にアピールし、戦禍によって生じた相互の傷を癒し、平和使節として人類の融和の役割を果たしたのである。

　1953年11月、オーストリア政府はウィーン国立歌劇場専属管弦楽団と協定を結ぶ。これにより、ウィーン・フィルの存在が国家的に認知され、公演旅行のための休暇、定期公演前のオペラ・リハーサルの免除など、ウィーン・フィルはそれまで制限されていた歌劇場以外での自由な活動ができるようになる。政府は国家の公式な音楽使節としてウィーン・フィルを認めたのである。

　1955年5月15日、十年間の連合国による統治が終了し、オーストリアは独立する。同年10月2日の《魔笛》公演で、オペラ座のアンサンブルもテアター・アン・デア・ウィーンに別れを告げ、監督もサルムホーファーからカール・ベームへと交代する。

　11月5日午前、世界中から招待された多数のゲストを前に、国家儀式として新歌劇場の鍵の授与式が行われ、《マイスタージンガー》序曲と《ドナウワルツ》が演奏され、歌劇場は万雷の拍手で包まれた。同日夕には柿落としとしてカール・ベーム指揮《フィデリオ》が上演されている。さらに11月13日には、それまでナチス党による「民族的理由」で、ウィーンを離れていたブルーノ・ヴァルターが指揮するベートーヴェンの《第九》、ブルックナー《テ・デウム》が演奏され、歌劇場に歓喜と感謝の歌声が響き渡った。それはまさしく歌劇場の鉄の緞帳に描かれた「オルフェウスとエウリディーチェ」の冥界からの救いに象徴されるウィーン国立歌劇場の復活だった。

　国立歌劇場とウィーン・フィルは、自らの演奏によって音楽に自らの国家的アイデンティティを求めた祖国オーストリアの独立と再生を助けたのである。

"ウィーンの音"復活

「音楽の都ウィーン」祝典を報じる新聞（Die Presse、1955年11月6日付）

《フィデリオ》（1955年11月5日、記念公演）

（左）パウル・シェフラー（ピッツァロ）
（右）マルタ・メートル（レオノーレ）

アントン・デルモータ（フロレスタン）

203

ウィーンのお話、
いかがでしたか。
さあ、お楽しみ
ツァッシェ先生の
登場です…。

PART 3

画家テオ・ツァッシェの「風刺」劇場

イントロダクション

テオ・ツァッシェという人

　ここにご紹介するテオ(ドール)・ツァッシェ Theo(dor) Zasche は、1862年10月18日、ウィーンに生まれ、3区ライスナー通り6に暮らし、1922年11月15日、ウィーンで亡くなった生粋のウィーン人で、多才な画家として「マエストロ」と称された。父親のヨーゼフ・ツァッシェ(1821-81)もミニチュア、ファエンツァ焼き、磁器、エナメルの画家だった。

　テオはウィーンの美術工芸学校で学び、父の死後、磁器絵付けの仕事や水彩画に打ち込んだ。ウィーンやベルリン、ミュンヘンの多くの雑誌のカリカチュアで知られ、1910年からは『フォルクスツァイトゥング』で政治風刺画を描き、1920年から『ヴィーナー・ルフト』で働いた。1892年3月24日、ウィーン・キュンストラーハウスのメンバーとなり、彼が亡くなった翌年、1923年夏、キュンストラーハウスはツァッシェの記念展覧会を開催している。

　ツァッシェの作品の特徴の第一は、スケッチで肖像画における忠実さを実現したことである。ホーフブルク、シェーンブルンを訪ねると、そこかしこに彼の描いた巧みな画風によって生き生きとした人々（エリーザベト

の肖像を前に机で働く皇帝フランツ・ヨーゼフ、聖体行列に参加する皇帝、皇帝一家の食事シーン、謁見を待つ宮廷貴族、外交団との謁見等）と出会うことができる。その描写の対象は、皇帝の従者、宮廷内厨房で働く人々等様々な人々に及び、仕事場で誇りをもって職務をこなす人々が描かれ、スケッチ風の線描で陽の強弱、陽のさし方までリアルなディテールへの配慮がなされている。

　また、ツァッシェは、菫売りの娘から貴婦人まで、魅力的なウィーンの女性たちを描くのを得意とした。水彩画では宮廷舞踏会で演奏するヨハン・シュトラウス２世を描いた作品も有名である。とにかくウィーンの社会や生活、ウィーンの人々を見つめ、ウィーンとそこで泣き笑う人々を上品に描いた画家だった。心の底からウィーンとウィーンの人々を愛した人だったと思う。なにより、女性の描き方は絶品であり、絵ハガキやクリスマスカードなど、たくさんのグリーティングカードに愛らしい娘たちが可憐に描かれている。

　その親しみやすいユーモアふれる作品は、政治カリカチュアでも活かされ、通常のカリカチュアに見られるどぎつさや毒気といったものはなく、あくまでもスマートで人を傷つけずに風刺する作品となっている。今回は、あまり紹介していないが、政治カリカチュアのタイトルに多くのオペラ作品（地獄のオルフェ、タンホイザー、道化師など）が使用されていて、当時の読者の音楽的教養にも驚かされる。

　一方、ツァッシェは第一次世界大戦中は他の芸術家同様、戦争国債募集など愛国的な広告の面でサポートした。

PART 3　画家テオ・ツァッシェの「風刺」劇場

　1922年11月15日（水）12時30分、死去。11月18日（土）、中央墓地で祝別された後、名誉墓地 Gr.15E, Reihe13, Nr.2 に埋葬。11月21日（火）9時から教区教会・聖ロック-セバスチャン教会で死者ミサが捧げられた。
　今回の作品は主に次の冊子を元にした。
1) "Theo Zasche Das Neue Wien", Verlagsanstalt "Herold", Wien 1923,
2) "Theo Zasche's Lachendes Wien. 50 Meisterkarikaturen von 1890–1922", Styrermühl, Wien, 1923
　加えて、筆者がコレクションした絵葉書や古い新聞・雑誌からも選んでいる。

ツァッシェの自画像作品

『オーストリア国民新聞』
「謝肉祭」特別号
（1909年2月21日付）

プレリュード：ワルツ王は世界を駆ける

JOHANN STRAUSS, DER WALZERKÖNIG
ワルツ王、ヨハン・シュトラウス

JOHANN STRAUSS, DER WALZERKÖNIG.

　ヨハン・シュトラウス2世が地球儀の上でヴァイオリンを片手に持ち、ヴァイオリンの弓で子天使の楽団を指揮している。地球儀には巨大なヴァイオリンの弓が刺さっている。彼の後ろには、肘をついて音楽を楽しむモーツァルト、腕を組んで何やら考えるベートーヴェン、手を叩いて拍子をとるシューベルト、そして友人のヴァーグナーとブラームス、さらにはハイドン、ランナー、ヨハン・シュトラウス1世、ブルックナーらが雲の上に座り、一番後ろのオッフェンバックは一緒になって指揮をしている。皆一様に楽しそうだ…。

　作者テオ・ツァッシェはヨハン・シュトラウス2世の水彩画やスケッチをたくさん残している。例えば、1863年、宮廷舞踏会の音楽監督の肩書を授与された彼が自らの楽団を宮廷舞踏会で指揮した姿、1894年、シュトラウス2世の音楽家生活50周年を祝う祝賀行事などいずれの水彩画もどこかで目にされた方も多いのではないだろうか。ウィーンの精神を最もよく捉えたものはワルツだったことから、ウィーンとウィーン人をよく知っていたツァッシェにとって、シュト

PART 3　画家テオ・ツァッシェの「風刺」劇場

ラウス 2 世は身近な素材だったのかもしれない。

　シュトラウス 2 世のワルツはヨーロッパ中で絶大なる支持を得、「ワルツ王」と呼ばれ、後にオペレッタの世界でも「オペレッタ王」とも称賛された。

　1856 年からはロシアへ、そして 1872 年 6 月 17 日、ボストンで開催されることになるアメリカ独立 100 周年の祝典を兼ねた世界平和記念祭および国際音楽祭に指揮者として招かれる。そこで約 10 万人の聴衆を前に《美しく青きドナウ》を多くの副指揮者の協力の下で指揮を行い、《星条旗よ永遠なれ》をワルツにした《祝典ワルツ》を披露し、聴衆を熱狂させた。さらにニューヨークでもコンサートは大成功を収めている。

　1867 年の《美しく青きドナウ》に先立つ 1860 年、ウィーンの雑誌には、シュトラウスのワルツは今日ではヨーロッパのみならず、どこでも鳴り響いているとある——「ナイアガラ、ガンジス、ユーフラテス、ミズーリ…、どこでもシュトラウスのワルツは親しまれている。そして遊牧民族の間では、我々の祖先たち

の創った音楽のどんなに有名なテーマよりも、シュトラウスの四分の三拍子のワルツのほうがよく聞かれている、ということを認めるほかないであろう」。シュトラウス 2 世のワルツが世界中を席捲していたことがわかる。

　1894 年 10 月 15 日前後、シュトラウス 2 世の音楽家生活 50 周年を祝う祝賀行事が盛大に催された。宮廷歌劇場、楽友協会などで開催されたコンサート、オペレッタ、さらにウィーンのあらゆる娯楽場でシュトラウス 2 世を祝う演奏会が行われ、シュトラウス 2 世に「思いを馳せなかったところは一つもない」と新聞は伝えている。

　このツァッシェの作品は、この頃に描かれたのではないだろうか。子天使の一人（？）が月桂冠をシュトラウス 2 世の頭に掲げている。彼の指揮で演奏する子天使たち。

　それにしても、何と暖かく、明るく光あふれる世界なのだろう。ウィーンは本来、このような都市として捉えられ、親しまれていたのではないだろうか。

マーラー狂騒曲

GUSTAV MAHLER（1906）
グスタフ・マーラー

　自作の交響曲第 1 番ニ長調を演奏するグスタフ・マーラー。

　この交響曲は 1884 〜 88 年に作曲された。もともと 5 楽章の「交響詩」として構想され、「巨人」というタイトルもつけられていた。しかし、後に作曲者自身によってそのタイトルも、第 2 楽章の「ブルーミネ（花の章）」も削除さ

れ、現在の 4 楽章となる。

　オーケストラの編成を見ただけでも、この曲がかなり騒々しい曲ということがわかる。第 1 楽章ではカッコウの鳴き声を模したフルートとオーボエの響き、第 3 楽章では「ブリューダー・マルティン」という民謡を短調にしたメロディ、第 4 楽章フィナーレはシンバルで始ま

マーラー狂騒曲

り、ティンパニ、トランペット、ホルンと続き、最後は作曲者の指示に従いホルンが起立して全奏、勝利感にあふれる終結となった…。

　マーラーは、しばしばカリカチュアに描かれるが、特にこの交響曲第1番は、当時の聴衆を驚かせ、評判が悪かったようだ。このカリカチュアでも汽笛・大砲の音、鐘の連打等、様々な騒音と思われる楽器まがいのものが譜面と共に描かれ、ティンパニは破れ、破れた大太鼓の上にマーラーは座って指揮をし、左手からは稲妻が走っている。それを聴く人は耳を隠して横になる人、既に意識がない人、「マルティン僧、まだ生きていますか?」という問いかけもある。

　1900年、ウィーン初演を聴いた批評家のエドゥアルト・ハンスリックは「私たちのうちどちらかが気が狂っているとすれば、それは私ではない」と評し、ブダペストでは、聴衆の中の女性がシンバルの音に驚いて持ち物を床にぶちまけるという有様。

　また、マーラーはエキセントリックともいえる大袈裟な身振りで指揮をしていたことでも知られている。突然、指揮棒を前へ突き出したり、「タンスから引き出しを取り出すような身振りでオーケストラから音楽を引き出した」。彼が一瞥すると、「演奏会場は水を打ったように静まり返った」という。

　1907年、ウィーンで初演された第6交響曲も、あらゆる打楽器が総動員されることが主要な眼目となっている。当時の風刺雑誌には「これだけの編成でやりたかったからには、首尾一貫させるために、大口径の空気銃、さらに爆弾、大砲なども一緒に並べておくべきだっただろう」など、楽器編成への皮肉が述べられている。

　マーラーは宮廷歌劇場監督(1897-1907)とウィーン・フィルハーモニーの首席指揮者(1898-1907)を兼任していた。しかし、芸術的完璧さのためなら手段を選ばないというだけでなく、彼のエキセントリックな性格に敵も多かった。

　1907年10月15日、ベートーヴェン《フィデリオ》の公演を最後に、彼は宮

廷歌劇場監督の職を辞し、アメリカに渡る。「彼が常に求め、探し続けたのは完全さだったが、完全性などこの世に存在しえないことを、彼は忘れていた」のだろうか。

もうひとつの狂騒曲

「現代オーケストラ」1907年3月31日

ここにはマエストロご本人だけでなく、3人の偉大な音楽家が登場している。

画面上方の両端では、大きな鐘（ヘルデングロッケン）が鳴らされ、汽車が走り、大砲がぶっ放される。打楽器奏者の一人は、つぎはぎだらけとなった大太鼓を叩き破り、もう一人は金床をハンマーで叩く。ゾウが吠え、ふいごで吹かれるトランペット、鈴のついた映写機らしきものからも管楽器を通して拡声音が聞こえる。ハープは三人がかり、コントラバスは二人がかりときた。

合唱では牛、犬、ブタをひっかく猫が歌う（牛と犬がよく似合っている！）。そこに踊るアメリカ原住民の楽器と歌声が加わる。

自らの交響曲で、しばしば「大衆の鼻を明かす」ことを目指し、人心をかき乱したリヒャルト・シュトラウスは、杭打機で巨大な重りを落とし、聴衆に重圧をかけているよう。最前列ではシェーンベルクがミシンを踏み、名ヴァイオリニストのアルノルト・ロゼも汗をかきながら"ダブル・ヴァイオリン"を2本の弓でひいている。

指揮者と覚しきマーラーは指揮台の上、爆弾に座って、左手でその爆弾の紐を引こうとしながら、ウッドクラッパー（西洋風ガラガラ）のようなものをふりまわしている。

この様子からして、ウッドクラッパー、ハンマーなどが登場しているので、1907年1月4日にウィーンで初演された交響曲第6番（マーラー指揮）と思わ

れる。1906年、エッセンで行われた際には、1.5m四方の正方形の枠に成熟した雄牛の皮を張り、50cmの深さの箱にし、必要な共鳴効果を上げる装置として雛段の一番上においている。

この絵が交響曲第6番をあらわすとして、とにかく初演を聴いた聴衆は、かなり当惑したということが当時の風刺雑誌から知られる。1月19日付『ムスケテ』では「悲劇的交響曲」と題され、「しまった、警笛を忘れていた！ これでもう1曲、交響曲をかけるぞ」と皮肉られ、1月7日の『新ウィーン日報』では「大口径の空気銃、爆弾、大砲なども一緒に並べておくべきだっただろう。それらに比べるとゴングやハンマーはお世辞にも上品な楽器とは言い難い。それらから出る姦しい音は、大砲の力強い音にははるかに見劣りするものであり、悲劇的な品位を高めるためには何の役にも立っていない」という具合。

（それにしても、汗を流しながらロゼは、ダブル・ヴァイオリンを2本の弓で弾いているが、彼なら何であっても可能な気がするのは、筆者だけだろうか…。）

シルク・エッケで、ごきげんよう

WIENER RINGSTRASSE / Sirk-Ecke anno 1908
ウィーン・リングシュトラーセ／シルク・エッケ

皇帝フランツ・ヨーゼフ即位60周年を記念して描かれた水彩画の下絵。ここには、早春の国立歌劇場近くのリングシュトラーセを散策する数多くの名士・淑女たちが一人一人特定されて克明に描かれている。

ウィーンの都市拡張計画は1857年、皇帝フランツ・ヨーゼフ1世の「都市部を囲む塁壁、およびその周辺の壕を撤去することを許可する」という都市計画

導入の命により始まり、跡地に得られる建築用地の大部分（リングシュトラーセ沿いの土地の約70％）は、民間に売却され、その収益で設立される基金により、公共建造物の建築やリングシュトラーセの敷設工事のためのコストが賄われた。

　こうして生まれたのがリングシュトラーセである。この魅力的な土地は、新進ブルジョワジーにとって格好の投資対象となり、彼らは争って土地を購入、そこに投資目的の「貸し宮殿」と呼ばれるアパートを建設する。そして彼らは2階に家族と共に移り住み、他の部分は市民階級に貸し出した。かくて、リングシュトラーセは大衆市民の居住区として発展していく。

　そこには婦人や家族を伴った名士たちが集う市民の社交場としてのカフェが登場。さらにリングシュトラーセに歩道と並木道が整備されていくと、この場所での散策は、市民の生活習慣として定着し、ウィーンの「良き流儀」ともなっていった。「春や秋、そして天気が良ければ冬でさえ、11時から14時にかけて」リングシュトラーセを散策すれば知り合いに会い、挨拶を交わすことができたという。ウィーンの裕福な市民たちにとって、リングシュトラーセの散策は社会的義務のようなものになっていった。

　リングシュトラーセのそぞろ歩きは「コルソ」と呼ばれ、なかでも人気があったのはシルク・エッケ（ケルントナー通りとシルクというお店の角）とシュヴァルツェンベルクプラッツの間。オペラ座の横、シルク・エッケは特に華やかな場所として人々に愛された。

　ツァッシェは帽子に手をやり女性に軽く挨拶する人、友人と語り合う人、仲睦い夫妻など、このシルク・エッケに集う人物をていねいに描いている。

　ここに描かれている風景は、ほぼ現実の場面であり、リングシュトラーセは知り合い同士が集う「巨大なサロン」と化していたことを彷彿とさせる。

　マーラー、レオ・スレツァーク…だれが、どこにいるか、わかりますか？

ウィーンの街角で

Hausmeister und Stubenmädchen（1910）
玄関番のおじさんと小間使い

　『ウィーン素描 Wienerbilderbogen』と題するスケッチの中のひとつ。

　恰幅のいい玄関番のおじさんが家の前を掃除していると、お使いにやって来た小間使いと出会い、立ち話をしている…。この娘さん、見るからに元気で明るい小間使いに見えるけれど、ウィーンの小間使いとはどんな人たちだったのだろう。

　19世紀末、ウィーンの風物詩には、《こうもり》のアデーレに代表される、わけ知りで、機知に富み、官能の象徴ともいえる美人小間使いがしばしば登場する。小間使いとは、クリムトが描くところの上流階級の女性たちのような裕福な市民・貴族の屋敷に、女中として住み込んで働いていた娘たちのことで、その数は十万人以上にのぼったという（30歳未満75％、15歳未満約15％）。

　地方から夢を抱いて帝都にやってきた娘たちは、まず女中奉公斡旋所に多額の

登録料と斡旋料を払い、住み込みの仕事を紹介してもらう。仕事が決まると彼女たちは、雇用主に対して服従・勤勉・忠実を約束され、仕事のみならず私生活も雇用主の監督下に置かれた。

多くの小間使いは、代用のいちじくコーヒーと角砂糖2個、薄く切ったパンに料理用バターといった貧しい食事で、朝5時半から夜遅くまで家事全てをこなし、やっと身体を休める場所はバスルームの浴槽横に置かれたベッドだったという。

彼女たちは雇用主の気分しだいで取り替え可能な家財道具のようなものだった。また、屋敷の主人は子息の格好の性的体験相手として彼女たちを利用した。そうすることによって家の体面を保ち、息子が不釣合いの女性の手中に落ちる危険を排した。

ベッドのお相手を強要された後、妊娠と同時に出される暇。雇用先からは善い評価など受けられるはずもなく、新たな雇用先を探すこともできない彼女たちを待っていたのは娼婦への転落の道だった…。

1880年、55％の公娼が元お屋敷メイドだったという。さらに、娼婦の中には未成年の少女もおり、その31％は片親だけ、23％は両親がいなかった。19世紀末、湿度が高く、日頃は物置として用いられる地下室には、多くの元小間使いたちが間借りして暮らしていたという。

現在も残る当時のあどけない少女たちの裸体の写真。肩・胸を出す宮廷舞踏服以外「肌を人前にさらすなどは思いもよらぬこと」だった時代、こうした少女たちがどのような境遇に生きたか、推測することはたやすい。

19世紀末ウィーンのオペレッタ・小説に登場する理想的な小間使いたち。その姿は、現実の小間使いたちへの「一種の贖罪コンプレックス」のゆえに生み出された神話といえるだろう。

絵に描かれている女性が、20世紀に入り、生活が改善され、善良な雇用主の下の小間使いだったならいいのだが…。

初夏を告げる花売り娘

Invalide und Blumenmädchen (1910)
傷痍軍人と花売り娘

　傷痍軍人の胸に花売り娘が花を挿している。この絵は下書きと彩色されたものがあり、それを見ると娘が挿しているのはラヴェンダーか菫の花のように見える。

　ここに描かれている花売り娘は様々な花を売っている。花売りの中で、代表的なのはラヴェンダー売り。ラヴェンダー売りは、マリア・テレジアの時代の「ウィーンの物売りの声」にも描かれている由緒ある職業で、ラヴェンダーは乾燥させて洗濯物の間に入れ、香り付けと同時に防虫の役目を果たしていた。

　ウィーンの初夏を告げる彼女たちは、スカーフ（昔は布を巻いた）をし、エプロンをかけ、腰前方に籠を下げて「ラヴェンダー、1クロイツァーでラヴェンダー2束…」と言いながら売り歩いたという。ラヴェンダーにせよ菫にせよ、自然の息吹を肌で感じられる初夏、胸元に飾られた小さな1束の花の香に、傷ついた軍人も、復活祭の鐘の音を聴いたファウストさながら、生きている喜びを感じたのではないだろうか。

絵ハガキとして完成。

216

ウィンナ・マーチは軽やかに

DIE BANDA KUMMT! Zu C. M. Ziehrers siebzigsten Geburtstag（1913）
軍楽隊がやって来た！　ツィーラー70歳の誕生日に

　ツィーラー70歳の誕生日を祝ってウィーンの街へ軍楽隊が演奏しながら行進している。カール・ミヒャエル・ツィーラー（Carl Michael Ziehrer, 1843–1922）はウィンナ・ワルツの作曲家の一人で、ウィンナ・オペレッタの「黄金の時代」を築くとともに、続く「白銀の時代」でも活躍した。「最後のワルツ王」と呼ばれ、名軍楽隊長としても有名。

　1863年、作曲家・指揮者としてデビュー。ルーマニア王国の宮廷楽長を一時期務め、ウィーンの軍楽隊の最高峰といわれたホーフ＝ドイッチェマスター第4歩兵連隊軍楽隊長にまで上りつめた。1908年、宮廷舞踏会音楽監督に任じられ、1918年までオーストリア＝ハンガリー帝国最後の宮廷舞踏会を担った。代表曲には《ウィーン市民》《ウィーン娘》《扇のポロネーズ》などがある。

　絵にはまず屈託なく微笑む洗濯女と、1mくらいの棒にたくさんのブレッツェルをさしたブレッツェル売りの少年ほか

が軍楽隊の前を行き、右端には名役者アレクサンダー・ジラルディ（Alexander Girardi, 1850–1918）やウィーン市長カール・ルエーガー（Karl Lueger, 1844–1910）、ジャーナリスト・作家・政治家・オーストリア航空のパイオニア、ヴィクトール・シルベラー（Victor Silberer, 1846–1924）、ピアノ・メーカーのルートヴィヒ・ベーゼンドルファー（Ludwig Bösendorfer, 1835–1919）らが軍楽隊の音楽を楽しんでいる。

　ウィーンの軍楽隊はどのような音楽を

ツィーラー

217

演奏していたのだろう。もちろんマーチだろうけれど、お隣プロイセンの軍楽隊のように兵士の士気を鼓舞する勇壮な「マーチ」を演奏しているのだろうか。しかし、それにしては軍楽隊員も周囲の人々もリラックスして楽しんでいるようだ。

実はウィーンの軍楽隊の特徴は、マーチの音楽性を重視していることで、金管楽器や打楽器を派手に響き渡らせるようなことはしなかったようである。パレードでは威風堂々ではなく、軽快で和やかな雰囲気を作り出すことを第一とした。

オーストリアでは通常、シュトラウス父子、ランナーら、作曲家が軍楽隊長に就任しており、軍楽隊の質も高かった。音楽評論家 O. シュナイデライトは、「オーストリアの軍楽隊は 19 世紀半ばごろから弦楽器も導入し、ダンス音楽やパレードの音楽からモーツァルトやベートーヴェンの交響曲に至るあらゆるジャンルの音楽を自由に演奏することができた」と語っている。

ウィーン市民も、マーチを愛好していたが、彼らにとってマーチはワルツ同様、優雅で甘美かつ軽快な響きを持つ音楽でなければならなかったようである。その点、シュナイデライトは「オーストリアのミリタリー・マーチは行進より実際にはダンスに適している」とも述べているが、ワルツとマーチとの間に本質的な違いがなかったオーストリアでは、舞踏会でマーチが演奏されてもことさら違和感はなかっただろう。

70 歳のお誕生日を晴れやかに迎えたツィーラー先生、第一次世界大戦でほとんどの財産を失い、共和国樹立により宮廷舞踏会の音楽監督の職も失い、この作品が描かれた 9 年後の 1922 年、失意のうちに 79 歳で亡くなった。

シュタットパーク今昔

Im Wiener Stadtpark
ウィーンのシュタットパーク

説明不要。
どの公園でも、今も見学できます。

シャル・ウィ・ダンス

AUS DEN ERSTEN KRIEGSTGEN / Friedlich Belagerung（1915）
第一次大戦　平和的包囲攻撃　→　攻撃

↓30秒後

ドイツとオーストリアの若い兵士二人が、女性の気を引こうとしている。女性はベルギーを象徴していると思われる。

ドナウ河畔は花盛り

BILDER VOM STÄDTISCHEN STRANDBAD（1916）
都会（市営）の海水浴場の光景

　トーマス・マンは『私の時代』の中で19世紀後半のヨーロッパの女性の服装について「肌を人前にさらすなどは思いもよらぬことで、そういうことはスポーツが流行し始めて以来のことなのです。当時は何でも覆い隠しました」と語り、シュテファン・ツヴァイクは1900年の水着を「顎から踵まで着物をつけた重い服装で骨折って、もがき泳ぐ」と記すように、当時は慎しさを持った婦人水着が流行していたことが分かる。それから十数年後の海水浴場の光景がこれである。

　ウィーンでは不自然で不健康なコルセットを外すことは、医者たちによって唱えられ、そののち、分離派のメンバーを中心に「婦人改良服運動」として推し進

PART 3　画家テオ・ツァッシェの「風刺」劇場

められた。1890年代から建築家アドルフ・ロースは、ウィーンのモード誌『ヴィーナー・モード』に「女性のモード」として「官能によってではなく、労働と才能によって男と対抗すべき女」について説いている。彼らは、コルセットで締め付けたS字ラインのスタイルを改革し、ゆったりとした改良服を考案した。しかし、これらの婦人改良服の多くは、芸術家が家族や知人といった狭い範囲の人々のために作られていたため、あまり着用されなかった。一方、婦人改良服に興味を示すモード界は、新しいモードを創造するための手段として改良服の要素を取り入れ、機能性とファッション性を融合させていく。

　20世紀初め、『ヴィーナー・モード』誌は、改良服のバリエーションをさりげなく発表したり、「ゆったりしたプリンセス・フォーム」「モダンな婦人服」と名付けたりしている。また婦人運動や女性像が新しくなり、それに従って女性の理想的な容姿も、よりスマートで活動的なものとなり、動きやすい改良服をより自然に受け入れるようになった。

　1900年以降、婦人運動や女性の社会進出に伴い、機能的な服が流行する。こ

の時代、水泳、ゴルフ、テニス、サイクリングなど、スポーツが盛んになる。1905～10年当時、屋外での水泳は、モダンなスポーツとして人気があった。

　西洋の服飾史の中で裁断技術が完成期に達したのは1892～1907年。当時の水着の色は黒・紺または赤が中心で、袖がついていて、胸はわずかに開いている程度。ボトムが膝丈のパンツもしくはスカートのワンピース型、アンダーパンツを組みあわせたドレス・スタイルのものがあった。また、裾をまくったり、レースがつけられたりしていた。さらに、水泳には日除けとして麦わら帽子が欠かせず、必ずサンダルを履いていた。

　第一次世界大戦前後から大黒帽・ナイトキャップのような帽子やデザインの凝った帽子も登場する。1914年頃にはニットの袖なしで衿が広く開いた上衣と短いパンツ型のツーピースタイプが主流となり、色・素材も増え、切り替えの入ったデザイン性の高いものも登場、紐結びのサンダルも着用される。その後、丈はどんどん短くなり、シンプルなワンピースタイプの水着、お洒落なツーピースタイプなど各種の水着が登場する。

　この作品の場所はドナウ河の河畔だろ

うか。登場している女性たちは、日焼けから守るために帽子を持参し、当時の最新ファッションの水着を着用している。当然、若く愛らしい女性には男たちが群がってくる。

留意すべきは、これが描かれたのが第一次世界大戦中ということだろう。

王手！ 待ったなし…

Schach! Schach!（1916）
チェス！（王手！）

ヨーロッパ各国の軍人がチェスに興じている。向かって左は協商国のイギリス・フランス。椅子に座っているのはロシアと思われる。右、椅子に座っているのはドイツのヒンデンブルク元帥とオーストリアの軍人。

Schachには、チェスという意味と「王手」の意味がある。ドイツがチェス盤を叩きながら差し手を示しているのは「王手」。一方、協商国は「ちょっと待ってくれ」と驚き、なにやら嘆願している。

1916年2月、ドイツ軍はヴェルダンの要塞を攻撃、5月、英独はユートランド沖海戦となり、7月、ソンムの会戦が始まる。1917年2月、ドイツは無制限潜水艦戦を宣言、4月、米及び中南米諸国が参戦。3月にはロシア革命が勃発し、皇帝が退位する。一進一退を続けていた戦況は一気に連合国側に優位となる。

アメリカが参戦する前、中央同盟国側が優位に立っていた頃に描かれたカリカチュアだろう。

PART 3　画家テオ・ツァッシェの「風刺」劇場

平和の鳩のゆくえ

NOAH SIET DIE ERSTE FRIDENSTAUBE / Russisches Friedensangebot (1918)
ノアは最初の平和の鳩を見る　ロシアの平和申し出

　ノアと動物たちが乗っているのは箱舟。「ノアの箱舟」とは、旧約聖書の中のお話で、堕落した人間を洪水で滅ぼすことを神から告げられ、箱舟の建設を命じられたノアは、箱舟完成後、家族と全ての動物のつがいを乗せる。洪水は40日40夜続き、地上に生きていた全てのものを滅ぼし、水は150日間、地上で勢いを失わず、箱舟はアララト山の上で止まる。40日の後、ノアは2度鳩を放つが、鳩は止まるところがなく、帰ってくる。7日後、もう一度鳩を放つと、鳩はオリーブの葉を加えて船に戻ってきた。さらに7日後、鳩を放すと、鳩はもう戻ってこなかった…というもの。

　箱舟に乗っている動物たちは日本、イギリス、アメリカといった同盟及び連合国の国々と中央同盟国の国々のようである。この場面は、ノアが放った鳩がオリーブの葉ではなく、ロシアの「平和申し出」をくわえて帰ってきた場面。

　第一次世界大戦の直接の契機は、1914年6月28日、サライェヴォでオーストリア皇太子フランツ゠フェルディナント大公夫妻がセルヴィアの青年に狙撃暗殺された事件で、これに対し7月28日、オーストリアはセルヴィアに宣戦布告し、第一次世界大戦の口火が切られる。これに対し、19日ロシアが総動員令をもって応えるや、8月1日ドイツはロシアに、3日フランスに宣戦布告。4日イギリスが対独宣戦布告。8月末までにイタリアを除く全協商国・同盟国が交戦状態に入った。

　ドイツはマルヌの会戦で失敗、以後、戦線はニューポールとヴェルダンを結ぶ線で膠着状態となり、東部戦線ではロシア軍が守勢に立ち、協商国側のガリポリ遠征も失敗。戦況は一進一退だったが、1914年11月トルコが参戦。1915年イタリアが協商国側で参戦する。1917年2月ユートラント会戦で制海権を失ったドイツは、無制限潜水艦作戦を開始、イギリスを苦しめたが、中立国のアメリカの世論を参戦派有利にわきたたせ、1917年4月アメリカの対独宣戦布告を

222

招いた。(日本は 1914 年 8 月に参戦。西太平洋、東アジアにあるドイツ植民地を攻略した。)

戦争の長期化・総戦力化に伴い、民衆の不満も増加、1917 年 3 月ロシア革命が勃発。ボリシェヴィキ政権(ソヴィエト)は平和と民族自決の原則を掲げ、1918 年 3 月ドイツとブレスト＝リトフスク条約を結ぶ。

鳩がくわえてきたのは、このブレスト＝リトフスク条約の申し出のようである。1918 年 3 月 3 日、ブレスト＝リトフスクでボリシェヴィキ政権と中央同盟国(ドイツ帝国、オーストリア＝ハンガリー帝国、オスマン帝国、ブルガリア王国)との間で単独講和条約(ブレスト＝リトフスク条約)が調印される。この条約により、ボリシェヴィキ政権は第一次世界大戦から離脱することとなる。

その後、中央同盟国は 1918 年 10 月、休戦申し込みに追い込まれ、11 月 11 日、ドイツの休戦条約調印と共に第一次世界大戦は終結。戦争終結前後、ロシア帝国、ドイツ帝国、オーストリア＝ハンガリー帝国、オスマン帝国等、主要な王朝が姿を消す。国家総力戦となった。第一次世界大戦。戦死者は約 1000 万人といわれている。

平和の灯、心の贈りもの

Christkind und Volkswehrmann (1918)
クリストキントと国民兵

ウィーンでは毎年、11 月半ばになると街のあちこちで「クリストキンドゥルマルクト Christkindlmarkt」(クリスマス市)が開かれる。

PART 3　画家テオ・ツァッシェの「風刺」劇場

　17世紀初め、グラーベンで開かれて
いた市は、クリッペが売られていたこと
から「クリッペ市」と呼ばれていた。ク
リッペは「馬草桶」という意味だが、
「クリスマス・クリッペ」は、聖フラン
チェスコが始めたといわれ、イエズスの
誕生を描いた絵や木彫りの人形を置いて、
馬小屋でのキリスト誕生を再現したもの
である。

　教会に設置される古く大きなものから
家庭用まで様々だが、木彫りの馬小屋に、
聖ヨセフ、聖マリア、牛、馬、羊などが
並べられる。幼子イエズスの人形は、
12月24日の深夜ミサまで設置せずに
保管されるか、布をかけて隠しておかれ、
ミサの時が来て馬草桶に設置される。そ
して1月6日、遠路はるばる訪ねてき
た3人の王様の人形も、幼子イエズス
に礼拝するために一緒に飾られる。

　クリスマス市はその後、「クリッペ市」
から「クリストキンドゥルマルクト」へ
と名称が変わり、開催場所もグラーベン
からアム・ホーフ、そして、第一次世界
大戦後はフライウング、シュテファン広
場…と移り、1975年から現在のウィー
ン市庁舎前となった。

　作品を見てみよう。クリスマス市でク
リストキントと国民兵が向かい合って立
っている。クリストキントは、19世紀
オーストリアのクリスマス市によく現れ、
1850～1900年頃の児童文学にも登場
する天使である。白く長い服を身につけ、
黄金の翼を持った金髪の小さな天使とい
われている。

　この天使は、クリスマス・イヴに家々
を窓から訪ね、子供たちに贈り物をそっ

と置いていくだけでなく、クリスマスツ
リーを黄金の果実で飾り、その細い金髪
でツリーを覆っていく。この天使は、銀
の鈴の音とともに現れ、鈴の音を残して
去っていく。その清らかな姿は次第に薄
れて消え去るという。

　これらのことからこの絵は、終戦直後
の1918年12月24日、アム・ホーフ
のクリスマス市で、クリストキントと一
人の国民兵が出会った場面であることが
分かる。

　国民兵はよく見ると傷痍軍人だ。市場
の店は一軒以外ほとんど閉まり、市場に
は売るものが何もない。クリスマス・イ
ヴにプレゼントを届けるクリストキント
の籠にも何も入っていない。けれども、
その手には灯りがともるクリスマスツリ
ーが握りしめられ、ツリーの輝きは真っ
暗な中で傷痍軍人を照らしている。軍人
はクリストキントとその光に微笑んでい
る。見ているだけで、心に灯がともり、
温かくなる絵である。

　1914年、オーストリアの誰もがクリ
スマスには終わると信じて出兵を余儀な
くされた戦争はその後3年も続き、ハ
プスブルク帝国は崩壊。絶望と混乱の社
会、疲弊した傷痍軍人、ウィーンの人々
にクリストキントは光り輝くクリスマス
ツリーに象徴される、何よりも大切な
「平和」とクリスマスの「幸せ」を届け
たのではないだろうか。

　ちなみに、心身ともにぼろぼろだった
筆者は蚤の市でこの絵と出合い、再度立
ち上がることができました…。世界で最
高の絵の一つと推薦したいツァッシェの
作品です。

ラストエンペラーのまなざし

HEIMKEHR DER HABSBURGER IN IHR STAMMHAUS (1919)
先祖伝来の家へのハプスブルク家の帰郷

　ウィーンの街には共和国（Republik）という朝日が昇り、共和国の夜明けを告げている。そして雲の上には、ハプスブルク家発祥の地ドイツのハビヒツブルク城（Habichtsburg、大鷲の城）へ帰っていく歴代のハプスブルク家の皇帝たちが描かれている。
　先頭から、「始祖」ルドルフ１世（Rudulf I, 1218–91）、マクシミリアン１世（Maximillian I, 1459–1519）、彼の孫で大帝国を実現したカール５世（Karl V, 1500–58）、スペイン継承戦争でルイ14世と対抗したレオポルト１世（Leopold I, 1640–1705）、"国母"と称されたマリア・テレジア（Maria Theresia, 1717–80）、その長子で啓蒙専制君主のヨーゼフ２世（Joseph II, 1741–90）、ウィーン会議を主催したフランツ１世（Franz 1, 1768–1835）、フランツ・ヨーゼフ１世（Franz Joseph I, 1830–1916）そして最後の皇帝カール１世（Karl, 1887–1922）。
　振り返る姿のカール・ハプスブルクだけが当時まだ存命のため、はっきりとした輪郭で描かれている。
　1914年６月28日、サライェヴォでオーストリア皇太子フランツ・フェルディナント大公と大公妃がボスニア出身セルヴィア人の青年に射殺される。７月28日、オーストリアはセルヴィアに宣戦布告し、第一次世界大戦が勃発。しかし、1918年敗戦の結果、オーストリア＝ハンガリー帝国は崩壊し、終末を迎える。11月11日、カール・ハプスブルクは正式に退位せずにオーストリアを統治する権利を放棄、12日、ドイツ系オーストリアの「国事への一切の関与」を断念してシェーンブルンを去り、エッカルツアウ宮殿へと移る。同日、ドイツ＝オーストリアの臨時国民会議は国家を「民主共和国」と宣言。13日、カールはハンガリーの統治権をも放棄した。
　皇帝が退位しないなら出国させずに逮捕するという共和国初代首相カール・レンナーと英国から遣わされたストラット

大佐は、ハプスブルク家の扱いを巡って激しく対立したが、最終的にレンナーは、カール・ハプスブルクを皇帝としてお召し列車で出国させることを黙認せざるをえなくなる。3月23日、カール・ハプスブルク一家はイギリスの保護のもとスイスへ出国。3月24日、家族とともにスイスへ亡命した。

ツヴァイクは、国境のフェルトキルヒ駅でオーストリア最後の皇帝が追われる者として国を去る歴史的瞬間を目撃している。駅に入線してきた貴賓車、その客席の鏡のような窓ガラスの背後に直立する皇帝カールと黒衣のツィタ皇后。最後の皇帝は「窓辺に立ち、国の山々、家々、人々を眺めていた」という。ホームにいた憲兵・警官・兵士・役人、その奥方たちは誰も話をする者はいなかった…。そして「機関士が信号を発した。誰もが思わず身を震わせた。呼び戻すことのできない瞬間が始まった。機関車も自分の感情を抑えねばならぬかのように、強い急突で動き始めた。そしてゆっくりと、列車は遠ざかっていった…。」

子供の時から「皇帝 Kaiser」という言葉を畏敬の念をこめて発音するよう教えられてきた人々は、この瞬間、1つの大きな時代の終わりを感じたことだろう。

1797年、ハイドン作曲の《ハプスブルク国歌》の一説に「オーストリアの運命は永遠にハプスブルクの王冠と結びついているだろう」という歌詞があるが、残念ながら、「歴史」には「永遠」など存在しない。

貧しき者は嘆願上手

A PAAR ARME BETTLER TÄTEN SCHÖN BITTEN!　(1919)
一組の貧しい乞食はよい嘆願をするだろう

ぼろぼろの服を着た乞食たちが諸外国に憐れみを乞うている。諸外国を挟むように立っている乞食の二人はカール・レンナーと松葉杖をついたカール・ザイツ。ザイツの横にはハウザーと松葉杖のヴァイスキルヒナー。

カール・レンナー (Karl Renner, 1870-1951) は1918〜20年、共和国初代

宰相。カール・ザイツ（Karl Seitz, 1869
-1950）は 1919 〜 20 年、共和国初代
大統領。ヨハン・ネポムーク・ハウザー
（Johann Nepomuk Hauser, 1866-1927）
は、1818 〜 1919 年、暫定国民議会議
長、1919 〜 20 年、憲法制定会議議長。
リヒャルト・ヴァイスキルヒナー（Richard
Weiskirchner, 1861-1926）はキリスト教
社会党の政治家で、1913 〜 19 年、ウ
ィーン市長をつとめ、1919 〜 23 年、
国民評議会副議長。

　…といずれもオーストリアの政治家
たちである。敗戦後、傷ついたオーストリ
アが経済的に困窮し、各国に施しを乞う
ている。道路側では車に乗った映画の撮
影技師、石炭測量者たちが学校に寄付を
している。その前ではウィーン・フィル
団員（？）がストリートオルガンを回し
て、施しを待っている。

　第一次世界大戦では、当時の国々の指
導者、国王たちは、「意識下においてま
だ戦争を恥じて」いて、ヨーロッパに通
用する「絶対的な諸価値をも創造するこ
と」を示すため、交戦国には「文化宣

伝」と呼ばれるものが存在した。そして
“文化宣伝”によって自国が“文化国家”
たることを誇示し、証明し、宣伝しよう
と」競い合っていた。そのため、ツヴァ
イクらの作家までも駆り出されることに
なる。ドイツはオーケストラをスイス、
オランダ、スウェーデンに派遣、ウィー
ンはウィーン・フィルを海外に派遣して
いる。

　1917 年 7 月、ウィーン・フィルハー
モニーはヴァインガルトナーと共にスイ
スに公演旅行を行い、ベルリオーズとチ
ャイコフスキーを演奏して「文化国家」
であることを示し、1918 年 6 月にはベ
ルリンへの楽旅も行っている。

　国内では戦時中も、コンサートには大
勢の聴衆が訪れ、1917 年 12 月からは
定期演奏会の本番前日を「公式総リハー
サル」とし、いわば定期演奏会を 2 日
続けて行う二重コンサートとなる。また
戦争キャンペーンとして 1914 〜 18 年
の間に 29 回の慈善コンサートを催して
いる。こうしてウィーン・フィルはオー
ストリアの文化大使として活躍していた。

1919年、音楽家たちに起こったこと

DAS MUSIKALISCHE WIEN（1919）
音楽のウィーン

　1919 年、ウィーンを代表する 2 人の
指揮者を、ウィーンゆかりの音楽家たち
が眺めている。
　指揮台の左はフェーリクス・ヴァイン
ガルトナー（Felix Weingartner, 1863-
1942）。指揮者・作曲家で、ウィーン・
フィルハーモニーの首席指揮者（1908
〜 27）、1919 年にウィーン・フォルク
スオーパー総監督に就任（1919 〜 24）。

　右側は 1919 年 3 月 1 日、オペラ劇
場（後、国立歌劇場）と契約を結んだリ
ヒャルト・シュトラウス（Richard Strauss,
1864-1949）で、1919 年 12 月 1 日 か
らフランツ・シャルクと共に歌劇場監督
を務めることになる。
　そんな二人をピアノ・メーカーのベー
ゼンドルファー、ヨハン・シュトラウス
2 世、ブラームスが、少し離れたベンチ

PART 3　画家テオ・ツァッシェの「風刺」劇場

に腰掛けて眺めている。指揮台の右傍には、20世紀に入り、人気が出てきたモーツァルトとシューベルトが指揮者のタクトぶりに見入っている。その隣にはハイドン。彼は亡くなるまで弾いていたという「Volkslied 国歌」(=《オーストリア皇帝讃歌》のことで、楽譜のタイトルには自らの手で「Volck's Lied」と書いている)の手書譜を床に落としている。

戦後、1919年11月12日、臨時議会は「オーストリアは共和国であり、ドイツ共和国の1つの構成部分」と宣言、国家の名称は「ドイツ系オーストリア」としていた。しかし、サン・ジェルマン条約でドイツとの合併は否認される。

そんな中、1920年、「レンナー=キエンツル讃歌 (Renner-Kienzl-Hymn)」といわれる初代首相カール・レンナー作詞、ヴィルヘルム・キーンツル作曲の "Deutsch-Österreich, du herrliches Land" が(ほぼ)国歌と見なされるようになる。レンナーは、元の共和国の名前を歌詞に残した。しかし、この曲は国民に受け入れられず、1929年になって、ハイドンの《皇帝讃歌》のメロディにオットカール・ケルンシュトックが詩をつけた Kernstock-Hymne と呼ばれる "Sei gesegnet ohne Ende" が国歌とされる (～1938年)。おそらく1919年12月の段階では、レンナー作詞のものが国歌となることが知られていたのだろう。生涯大切にしていた楽譜を落とすハイドン (さらに当時の《皇帝讃歌》になじんだ人たち) の姿に心痛む。

ハイドンの後ろではベートーヴェンが街頭に貼られた公演ポスターを破っている。何のポスターか不明だが、R.シュトラウスが指揮するコンサートに対して気分を害したのだろうか。1913年に竣工したコンツェルトハウスのこけら落としにシュトラウスの《祝典前奏曲》が初演されたのをやっかんでいるのか、はたまた、オペラのバレリーナたちが、半裸体で身体を妖しくひねり《アパッショナータ》を踊ったことに腹を立てたのか、興味深いところである。

もう一人、注目すべきブルックナーは2人の指揮者の前に立って何事か見つめている。1919年という年は最初にブルックナー・フェスティヴァルがコンツェルトハウスで開催された年だが、労働者とおぼしき男がブルックナーの頭から栄誉の月桂冠を奪おうとしている。ブルックナーに何が起きていたのだろうか。

228

怒りの矛先

　"オーストリア"を具現化した女性に"フランス"が泥水をかけている。
　ヴェルサイユ条約のカリカチュアと同じようにフランスがオーストリアを侮辱している。（ひょっとしたらサン＝ジェルマン条約（1919年9月10日）の頃の作品かもしれない。）それを見たベートーヴェン、シューベルト、ヨハン・シュトラウス2世、グリルパルツァー、アンツェングルーバー、ルエーガーらオーストリアに関わる各界著名人たちが猛然と抗議している。
　怒れるベートーヴェンのド迫力！

ウィーン昨今音楽事情

WIENER MUSIK EINST UND HEUT' (1919)
ウィーンの音楽　過去・現在

　第一次世界大戦敗戦後、インフレにより書籍や劇場・コンサートの料金は高騰、ウィーンの文学・音楽・劇場の担い手でもあった市民階級にとって音楽文化は法外に贅沢なものとなる。国立歌劇場の《フィデリオ》のチケットも楽譜も高騰。かつて人々が舞踏会でワルツを踊ったホールはキャバレーのようなダンスホールに変貌し、人々はシュランメル音楽を聴きながらホイリゲでワインを飲んでいる。

　オペラ座では、1908年にマーラーの後任としてウィーン宮廷歌劇場とウィーン・フィルハーモニーの音楽監督に就任したヴァインガルトナーが1911年に歌劇場を辞任。その後、数年して1919年12月、リヒャルト・シュトラウスがオペラ劇場の指揮者に就任する。

　戦争で変わったのは、それだけではない。一番変わったのは「価値（観）」の変化だろう。敗戦後、オーストリアの

PART 3　画家テオ・ツァッシェの「風刺」劇場

　人々は、古いものと決別し、新しく生きていかざるをえなくなる。その一つの例がピアノにほかならない。

　18世紀初頭、イタリアで「フォルテピアノ」なる鍵盤楽器が発明される。イタリア語のフォルテ（強い）、ピアノ（弱い）の意味そのもののこの鍵盤楽器は指先のコントロールで強くも弱くも音を変化させられる楽器だった。この楽器のためにモーツァルト、ベートーヴェン他、多くの作曲家たちが、数多くの作品を残している。

　とにかく、ウィーンではピアノが大流行していた。19世紀半ばには、ウィーンの一般家庭では他の家具同様、ピアノが当たり前のように置かれていた。ウィーンだけでもピアノ・メーカーが100以上存在し、互いに競い合っていた。そして、楽器本体の補強材として、内部に鉄骨を使用するようになり、より大きく、より広い音域で、より輝かしい音色が出せるようになった。

　一方、ピアノは家具としての美しさも追求されるようになる。猫足のもの、本箱一体型など、様々な装飾がほどこされた美術品ともいえるピアノが生み出されていく。とはいうものの、これら立派なピアノの多くは戦時中、寒さを防ぐべく薪にされ、もしくは飢えを満たすため農家で食料と交換されていった。戦争によって失われた価値、戦争による変化は計りしれない。

　では、当時の楽譜はどんなものだったのだろう。19世紀半ばから20世紀初頭の出版社は楽譜を売るため、アマチュア音楽家が弾くことができるように原曲を簡略化するなど、手を加えて出版した。ベートーヴェン、シューベルトなど多くの作品に手が加えられ、メロディの変化、伴奏の簡略化、ハーモニーの追加等がおこなわれた。こうした作品の改竄はピアノ譜だけではなく、オーケストラ譜、アンサンブル譜にも及ぶ。（それでなくとも、ベートーヴェンの筆跡は清書されたものでも判読しがたいので、かなり手が加えられたと思われるが。）

　社会の変化を、19世紀の人々に愛された雲の上のベートーヴェンはいったいどう見ているだろうか。

インテルメッツォ：大ピアニスト、三者三様

Drei Klaviervirtuosen
3人のピアノの巨匠

　この「3人」とは、知る人ぞ知るモーリツ・ローゼンタール（Moritz Rosenthal）、アルフレート・グリュンフェルト（Alfred Grünfeld）、エミール・フォン・ザウアー（Emil von Sauer）にほかならない。

　モーリツ・ローゼンタール
（1862年12月17日、レンベルク-1946年9月3日、ニューヨーク）

　ポーランド出身のピアニスト・作曲家。ユダヤ人。フランツ・リストの弟子。

　アカデミーの教授の子として生まれる。8歳のとき、ガロットの許でピアノを学ぶ。1872年、ショパンの弟子で楽譜校訂者カロル・ミクーリに師事。リヴィウ・コンセルヴァトーリウムで学ぶ。12歳のとき、ウィーンのラファエル・ヨゼフィに師事。

　1876年、ウィーンでデビュー。ルーマニアで演奏旅行を行う。1878～79年、ヴァイマールとローマでリストに師事。ウィーンのギムナジウムとウィーン大学で哲学と美学を学ぶ。1912年、「宮廷音楽家」となる。

　ザンクト・ペテルブルク、パリなどでコンサートを行う。ピアニストとしてのキャリアを再開後、ライプツィヒで成功を収め、1888年、アメリカ・ボストン、1895年、イギリスでデビュー。1926～28年、カーティス音楽研究所で教鞭をとり、1939年からはニューヨークの彼のピアノ学校で教える。

　アルフレート・グリュンフェルト
（1852年7月4日、プラハ-1924年1月4日、ウィーン）

　ボヘミア出身。ピアニスト・作曲家。4歳から音楽教育を受ける。プラハ音楽

院でヨセフ・クレイチに師事。ベルリン新音楽アカデミーでテオドール・クラックとJ. T. ホイヤーに師事。1873年、ウィーンへ行き、「宮廷演奏家 Kammer-virtuose」の称号を得、新ウィーン・コンセルヴァトーリウムの教授に就く。ヨーロッパやアメリカで数々の演奏旅行を行う。ヨハン・シュトラウス2世は彼に《春の声》Op.410を献呈。

グリュンフェルトはヨハン・シュトラウス2世のワルツの演奏会用パラフレーズの演奏で有名（"グリュンフェルト編"楽譜がたくさんある）。ヨハン・シュトラウス2世の《ウィーンの夜会》Op.56のワルツ・モチーフによる演奏会用パラフレーズは特に有名。ウィーン中央墓地32 C区のNr.2に眠っている。

エミール・フォン・ザウアー
（1862年10月8日、ハンブルク-1942年4月27日、ウィーン）

ピアニスト・作曲家、楽譜校訂者・教育者。

母親からピアノを学び、ザンクト・ペテルブルクのアントン・ルビンシテインに演奏を聴いてもらい、推薦状を得て、1879年からモスクワ音楽院でニコライ・ルビンシテインに師事。1884～85年、ヴァイマールでフランツ・リストの下で学ぶ。1901年からウィーン楽友協会コンセルヴァトーリウムに勤め、ピアノ科マスタークラスを主催。1880年代～1930年代半ば、ヨーロッパ全土からアメリカまで、国際的コンサートツアーを行う。スカルラッティ、ショパン、シューマン、リスト、ブラームスなどの作品の校訂を行う。フランツ・リスト最晩年の弟子の一人。

1917年、貴族に列せられる。作品にはピアノ協奏曲、ピアノ・ソナタ、歌曲、さらには「ピアノ教則本」もある。

1941年、自叙伝『私の世界』出版。

「ウィーンの劇場風景」（ウィーンの芸術に関わる人たち 一九一〇～一六年）

《影のない女》がウィーンでうけない理由(わけ)

Richard Strauss: Mir scheint, die Wiener verstehen meine "Frau ohe Schatten" nicht !
Schalk: Kann schon sein, dass ihnen derzeit eine Frau mit Schaten（Sägespänen）zum Einheizen lieber wäre.

シュトラウス「ウィーン人は私の《影のない女》を理解していないように思える」
シャルク「かもしれない。当世、彼らは暖炉をもやすためにかなくずをもつ女性のほうがお好みだろう」

　壁に「Operntheater」（オペラ劇場）の《影のない女》の公演ポスターが貼ってある部屋。ベーゼンドルファー製ピアノを挟んで二人の紳士が何やら話し合っている。左側の紳士はリヒャルト・シュトラウス、右側はフランツ・シャルク。二人ともオペラ劇場の監督である。
　第一次世界大戦後、宮廷歌劇場は国立となり、1918年12月3日にオペラ劇場、1920年5月21日に国立歌劇場（Staatsoper）と名前が変わる。壁に貼られた公演ポスターから、この絵はオペラ劇場の時代のものであることがわかる。
　1918年8月、ウィーン宮廷歌劇場総支配人レオポルト・フォン・アンドリアン男爵は、ベルリン歌劇場の監督に復帰したシュトラウスをウィーンへ迎える契約を取り付ける。しかし、オペラ劇場は、同年11月10日、シャルクを歌劇場監督に任命（〜1929年）し、1919年3月1日、シュトラウスを監督（〜1924年）として招聘した。
　オペラ劇場は多忙なシュトラウスが方針を決め、シャルクが実務を担うという形で、シャルクに「歌劇場監督」、シュトラウスに「歌劇場芸術最高監督」という名称を与えている。これに対し、新聞、劇場スタッフからクレームがあり、シュトラウスへの桁違いのギャラ、留守の多さ等でトラブルが起きたが（4ヶ月〔後に5ヶ月〕のうちに50回指揮することなどが義務づけられ）、1919年12月1日

233

PART 3　画家テオ・ツァッシェの「風刺」劇場

からシュトラウスは、シャルクと共に歌劇場監督を務めることになった。

《影のない女》は《エレクトラ》《バラの騎士》《ナクソス島のアリアドネ》《町人貴族》に続くホーフマンスタールの台本に作曲したオペラで、シュトラウスは、ホーフマンスタールと連絡を取りながら、1914年から1917年6月にかけて作曲。しかし、戦時中で多くの演奏家がウィーンを留守にしていたこともあり、困難な舞台装置の調達等も含めて、完成から初演まで2年を要している。

リハーサルは1919年8月に始まり、10月10日《影のない女》（全3幕、約3時間20分）は、ウィーンのオペラ劇場でフランツ・シャルクの指揮で初演を迎える。出演者はマリア・イェリッツァ（皇后）、ロッテ・レーマン（バラックの妻）、リヒャルト・マイヤー（バラック）、アールガルト・エストヴィック（皇帝）。

初演は一応成功した。そしてドレスデンではフリッツ・ライナー指揮により初演される。しかし、頻繁な舞台転換などの舞台装置が災いし、ウィーンでもその後の上演は何度か見送られた。さらに、《影のない女》はホーフマンスタールが言うところによると、《魔笛》と比較される寓話的で幻想的なメルヘンとのことだが、台本の難解さや寓意が理解されにくいことから、他の作品に比べて上演の機会は少なかった。

キャプションにある二人の会話は、なるほど戦後の燃料不足の時代にもっともなご意見である。

ドイツの苦難

SIND DIE DEUTSCHEN EIN KULTURVOLK? / Sitzung in Versailles（1919）
ドイツ人は文化国民か／ヴェルサイユ会議

「ドイツ人は文化国民か？」というお題で話し合っている会議の席上、「我々がその答えだ」と言わんばかりのゲーテを筆頭に、カント、デューラー、ルター、グーテンベルク、フンボルト、シラー、ヴァーグナー、ベートーヴェン、グリル

パルツァー、シューベルト、モーツァルト、ハイドンら、各界のトップランナーが下界の政治家たちを眺めている。他方、「下界」の政治家たちは「国際連盟」という紙を手にしたアメリカ大統領ウィルソンに各国の主張を寄せている。

彼らの主張を聞いてみよう。

フランス外相ピション＝「ドイツの金」、連合軍総司令官フォッシュ将軍＝「全ての大砲、弾丸、軍需品」、フランス大統領ポワンカレ＝「復讐！」、イギリスのロイド・ジョージ＝「海洋世界支配、ドイツ商船隊」、イタリア外相ソンニーノ＝「イタリアのアドリア、ドイツのチロル」、チェコスロヴァキア首相クラマーシュ＝「大ボヘミア、チェクのウィーン」、アイボット＝「ドイツの石炭と鉄鋼の鉱山」、クレマンソー＝「暴力―平和」、セルビア王国首相パシチ＝「大セルビア」などなど。いずこの国も自国の利権しか頭にない。

実は、当作品のお題のサブタイトルには「ヴェルサイユ会議」とあるが、ヴェルサイユで開催されたのは対独、対ハンガリー、ヴェルサイユ小条約の調印式のみだったので、このような風景は、フランス外務省で行われたパリ平和会議で繰り広げられたものではないだろうか。

ヴェルサイユ会議に先立ち、1919年1月18日〜1920年1月21日、32ヶ国参加の下、パリ平和会議が開かれ、同盟及び連合国と中央同盟国の講和条件について討議される。アメリカのウィルソン、イギリスのロイド・ジョージ、フランスのクレマンソーの三巨頭が会議を指導。会議は、ウィルソンの14ヶ条に沿って国際協調・民族自決を原則に、国際連盟の設立、中欧諸国の独立を決定した。しかし、この会議に敗戦国は参加を許さ

れず、会議の公開もされなかった。

1919年5月7日、条約草案がドイツ代表団に提示され、5月29日、反対提案が行われる。条約の過酷な内容にドイツ国内では不満の声が上がったが、回答期限当日6月23日、条約授受を発表、1919年6月28日、第一次世界大戦における同盟及び連合国とドイツの間でヴェルサイユ講和条約が締結される（効力発効は1920年1月10日）。

ヴェルサイユ宮殿、鏡の間は、普仏戦争の際、1871年2月に平和協定が締結され、1871年1月18日、プロイセン王ヴィルヘルム1世の戴冠式が行われ、かつドイツ帝国の樹立が宣言された場所であり、この18日は1701年にプロイセン王国が成立した日だった。フランスは、ドイツ帝国の終焉を、その帝国が誕生した場所で明示したかったようだ。

ヴェルサイユ講和条約により、ドイツは海外の植民地を失い、ドイツ本国は戦前の面積・人口の10%以上を失う。オーストリアとの合体は禁止され、軍備や陸海兵器も制限され、飛行機・潜水艦の廃止等が決定された。また、ドイツの戦争責任が断定され、対独強硬論者クレマンソーの要求により巨額な賠償金が課せられた。この条約はウィルソンが発表していた14ヶ条の平和構想とは異なる不公平な条約となり、ヴェルサイユ体制はドイツ国民に多大な重圧を課し、ナチスが台頭する一つの要因となる。1936年、ドイツは一方的にこの条約を破棄した。

クレマンソーは「ドイツの方角を睨んだまま、立った姿勢で埋葬してもらいたい」と遺言し、そのように葬られた。しかし、憎しみからは憎しみしか生まれない好例といえよう。

PART 3　画家テオ・ツァッシェの「風刺」劇場

オーストリアの試練

ORPHEUS IN DER UNTERWELT (1919)
地獄のオルフェウス

　お題には「地獄（冥府）のオルフェウス」とあるが、描かれているのはサン・ジェルマン条約である。第一次世界大戦の結果、1919年9月10日、パリの西郊サン・ジェルマンで同盟及び連合国とオーストリアが調印した講和条約である。
　《地獄のオルフェ Orphé aux Engers》は1858年にパリで初演されたジャック・オッフェンバック作曲のオペレッタで、日本では「天国と地獄」として親しまれている。オルフェウスは毒蛇にかまれて死んだ妻エウリュディケをとり返すため、愛用の竪琴を持って冥府に下り、音楽で地下の死者の国の支配者プルートとその妻ペルセフォネの心を動かし、エウリュディケを連れて帰る許可を得る。その際、地上に着く前に振り返ってはいけないという条件が付けられる。しかし、オルフェウスは地上に着く前に振り返ってしまい、エウリュディケは冥府に連れ戻され、オルフェウスは一人地上に戻る…というお話。
　今回の配役を見てみよう。主人公のオルフェウスはオーストリアの共和国初代首相カール・レンナー、エウリュディケはドイツ国を象徴するゲルマニア。プルートはフランス首相ジョルジュ・クレマンソー、ペルセフォネ（オペレッタには登場しない）はチェコスロヴァキア初代首相カレル・クラマーシュ、本来、女神だが、オペレッタでは元ボイオーティアの王でプルートの召使ステュクスをアメリカ大統領ウッドロウ・ウィルソンが演じている。頭が3つ（飢餓、崩壊、ボルシェヴィズム）ある地獄の番犬セイベールもいる。
　1919年5月、サン・ジェルマン講和会議が始まったが、オーストリア代表団の出席は認められず、文書での提案しか認められなかった。9月10日、同盟及び連合国と、レンナーを代表とするオーストリア代表団は、サン・ジェルマン条約に調印する。条約ではオーストリアとハンガリーは共に消滅した帝国の後継者とされ、賠償金の条項が含まれ、その額は将来決められることとなった。また共

和国布告の際、オーストリアは「ドイツ共和国の一つの構成部分」であると宣言していたが、ドイツとの合併は否認され、「ドイツ系オーストリア国」という国名は「オーストリア共和国」に変更された。この点ではレンナー・オルフェウスはエウリュディケの救出に失敗した。

条約ではこのほか、チェコスロヴァキア、ハンガリー、ポーランド等の独立を承認すること、軍備の制限等が決められた。また、ヴェルサイユ条約と同様、冒頭に国際連盟規約が掲げられた。この条約によりオーストリアはかつての大帝国から、面積・人口が戦前の1/4の国となった。

ところで、サン・ジェルマン条約では、フランスが主にイニシアティヴをとっていた。クレマンソーは特に厳しい対独強硬論者でヴェルサイユ条約でもドイツに多額の賠償支払いを要求した人物である。また、開戦直後に西欧に亡命していたマサリクやベネシュなどチェコ人指導者がフランス政府、イギリス政府に働きかけ

を行っていたこと、そしてもともとフランス政界が親仏派の亡命チェコ人に好意的だったこともあり、チェコスロヴァキアの独立運動はフランス指示の下に進められ、クラマーシュは1918年11月、チェコスロヴァキア初代首相に就任、1919年、パリ講和条約ではチェコスロヴァキア代表を務めた人物である。

このカリカチュアでは、同盟及び連合国ではなく、この2人が中央に描かれているのは、そうした状況からと思われる。条約の結果が比較的幸いした理由の一つは、同盟及び連合国がボルシェヴィズムへの対抗としてオーストリアを強化しようとしたことだった。アメリカは食糧事情救済のために援助を行い、同盟及び連合国は条約に添えられた覚書でクレジットの供与を約束した。しかし、ここからオーストリアは激しいインフレ、通貨価値の下落…と様々な経済問題に立ち向かうことになる。

頑張れ、オーストリア！

オペラ公演、聴衆の変貌

OPERNVORSTELLUNG（1920）
オペラ公演

オペラ劇場（1918年12月3日以降）、もしくはウィーン国立歌劇場（1920年5月21日以降）の「オペラ公演」の様子が描かれている（1920年）。リヒャルト・シュトラウス指揮による舞台では、レオ・スレザーク（Leo Slezak, 1873-1946）とシュトラウスお気に入りのプリマドンナ、マリア・イェリッツァ（Maria Jeritza, 1887-1982）が歌っている。演奏するのは国立歌劇場管弦楽団で、

コンサートマスターのアルノルト・ロゼー（Arnold Rosé, 1863-1946）の姿も見える。

公演中、パルケット1列目の聴衆は、相場表を片手に後ろの席の人と話す者、足を投げ出し『タイム誌』を読むイギリス人風の者、後ろの席の人と為替相場について大声で話す者、上の階を双眼鏡でのぞく者、ロジェの客とおしゃべりする者と様々。居眠り、あくびならまだしも、

PART 3　画家テオ・ツァッシェの「風刺」劇場

中にはワインやソーセージを口にする者、すりまでいる始末。

　ロジェに至っては、ワインを片手に焼いた鳥をおいしそうに食べる家族、友人とカードに興じる紳士、女性を伴いシャンパンで乾杯する男、酔いつぶれて足を乗せる女性など、なかなか見ることができない光景といえる。

　戦後オーストリアではインフレが進み、国内では外国のお金だけが唯一の価値を持っていた。そのため、多くの外国人が安く暮らせるオーストリアにやってきた。戦時のオペラ座ではチケットも高騰、薄暗い中で聴衆もオーケストラも痩せて疲れ切っていたが、幕が上がると素晴らしい演奏が流れ、誰もがこれが最後かもしれないという思いから、聴衆は「それまでになく心を開いて耳を傾け、じっと聞き入った」とシュテファン・ツヴァイクは書き残している。

　帝国の崩壊により宮廷歌劇場は、国有の宮廷財産として「国家公証人」によって管理され、1919年4月3日、オーストリア共和国の財産に移譲される。同年12月18日の法令によって「戦争により損害を受けた者たちへの基金」に引き渡され、翌1920年5月21日にサインされた「国家の財産としての全宮廷歌劇場の管理に関する執行規定」の処置により共和国の国有財産に移行する。その間、先にも触れたように、1918年12月3日、「オペラ歌劇場」、そして、1920年5月21日、「国立歌劇場」と名称が変わった。

　帝室のメンバー、宮廷貴族と共に、帝国の崩壊および戦後のインフレによる深刻な経済的打撃を受け、それまで都市の近代化を財政的・精神的に支え、特に芸術・文化の保護に取り組んできた首都市民・新興の市民層も、絶望感に陥って衰退。これに伴って、劇場の聴衆も変化していく。共和国の下、労働組合の力が強くなっていくと、劇場の聴衆は、ウィーンの音楽を支えてきた市民層から、外国人や戦争成金へと変わっていった。

　楽友協会の関係者は、こうした聴衆の解体と変貌を、音楽愛好家にとって極めて深刻な事態と受け止めている。同時期のカリカチュアではヴァグネリアンのエリック・シュメーデス（宮廷歌手、1866-1931）が「国立歌劇場であろうと低俗な音楽を演奏する酒場であろうと、どこ

でも同じ観客を見る」と話している。このような情景はブルク劇場でも見られ、少なくとも1922年ぐらいまでは続いていたようである。

1920年5月21日、ウィーンのオペラ劇場はウィーン国立歌劇場と名称が変わる。これにより、ウィーン国立歌劇場はいろいろな意味で新たな厳しい一歩を踏み出すことになる。

僕を映画に連れてって

KINOBILDER（1920）
映画館

ウィーンで最初に映画が上演されたのは1896年の3月27日。パリでリュミエール兄弟が世界初の映画上演を行ってから数ヶ月後のことだった。評判を聞いたフランツ・ヨーゼフ皇帝も数日後に鑑賞し、強い印象を受けたという。

1896年1月にフランスで公開された『ラ・シオタ駅への列車の到着 L'arrive d'un train en gare de La Ciotat』もウィーンで上映された。これは蒸気機関車に引かれた列車がラ・シオタの駅に到着した様子を描いたものだが、映画に慣れていなかった観客は、自分たちに向かって走って迫ってくる列車に驚き、後方へ走って逃げたという逸話が伝わっている。

この時から24年。1920年の段階では観客も映画に慣れ、新しい娯楽として広く親しまれていく。

当時はまだ弁士が語る無声映画の時代である。映画館の入口には、成人映画（子供半額ともある！）という紙が貼られた人生ドラマ『罪深い愛』の看板や、「既存のみ　原盤」と貼られた『無頼漢の王』等の看板が掛けられ、老いも若きも映画館に押し寄せている。

戦後の特徴として挙げられるのは、ポスター及び劇場の若い女性客の頭髪が短くなっていることである。さらに、スクリーンの前で弁士がピストル自殺をしたカップルの悲劇を語るが、暗いのをいいことに映画を観るほうのカップルはみな抱きあい、口づけを交わしている。もう

一つの映画館では男が女性のバッグから何かを盗もうとしている。

ウィーンのロードショウ映画館の多くは、現在もオペラ座のようなロジェと呼ばれるボックス席のあるつくりになっており、料金は席によって細かく異なるが、1920年のこの絵では、映画館のロジェにいる男は映画などどこ吹く風、女性を膝に抱いて楽しんでいる。水鉄砲で観客に水を撒いて、臨場感を高めようとするスタッフが登場するも、これまた実際にいたかどうかは不明。

今も昔も変わらないのは、科学モノ映画で眠り、探偵小説の映画でドキドキし、ドラマで涙し、コメディの映画でおなかを抱えて笑う人々の姿だろう。

トーキー草創期の1930年代、特にオーストリアは音楽を用いた映画で映画界をリードしていき、1933年『未完成交響楽』、1934年『たそがれの維納』等の名作が生まれる。その中心人物、映画監督・プロデューサーのヴィリー・フォルスト（Willi Forst, 1903-80）は1903年4月7日、ウィーンに生まれる。彼は1920年、サイレント映画『道しるべ Der Wegweiser』でデビュー、俳優として活躍後、1933年からは映画監督として活躍する。

ひょっとしたら、彼もこの作品に描かれているような映画館に行く子供の一人だったのかもしれない。

火山の上で踊り明かそう

TANZ AUF DEM VULKAN（1920）
火山の上のダンス

今にも噴火しそうな火山の上で、5組のカップルが踊りに夢中になっている。

第一次世界大戦後の混乱期、最悪の飢餓状態が少し収まると、すぐに舞踏会が以前にもまして開かれるようになる。舞踏会の最盛期である四旬節に入る前のカーニヴァルの時期ともなると、あらゆる階層で舞踏会が開かれた。

この絵でも舞踏会のポスター（コンツェルトハウスでの仮装舞踏会や旅行者向け

の舞踏会等）には、全て「完売」の紙が貼られている。シャンパンのビンを手にもった男性と、仮面をつけてシャンパングラスを持って踊る女性のカップル、オーストリアの民族衣装を身にまとって踊るカップル、ジャズに興じるカップル、正装してタンゴを踊るカップル…と様々。

膝が出そうに短いスカートを着用し、スカーフのような布を頭に巻き、それを額の上で結ぶ洗濯女のような女性と帽子を少し斜めにかぶって踊る男性もいる。民族衣装、洗濯女の衣装以外は、女性たちの衣装は当時の流行最先端のファッションだろう。

皆、一様に恍惚として踊りに興じている。「ダンスにおいてはワルツがキューバ風やニグロ風のフィギュアの前に消えてなくなり」、人々はシミー、タンゴ、ジャズの開放的なリズムに乗って戦間期を乗りきろうとしていた、という。

戦後の流行で、舞踏会の女性のドレスの丈は短くなり、頭髪も短く切られている。舞踏会は午後9時ごろに開場し、翌朝の午前5時頃まで踊り明かす。多分1920年の頃も同様に一晩中、踊り明かしたのだろう。

オーストリアでは「若いこと」にしか価値を見出せなかった時期があった。第一次世界大戦と第二次世界大戦の間の「戦間期」と呼ばれる時期のことである。第一次世界大戦前、ヨーロッパでは、歴史上珍しく、小競り合いはあったが、半世紀もの間大きな戦争はなかった。人々は、戦争というものを忘れ、来たるべき20世紀は平和と発展の世紀と信じていたようだ。

そこにサライェヴォ事件が勃発、第一次世界大戦へと発展する。誰もがクリスマスには終結すると信じた戦争は拡大・長期化する。終戦を迎えたときには、多くの帝国が崩壊。敗戦後のオーストリアではそれまでの価値や考え方が一転する。「若いこと」「新しいこと」にしか価値を見出せなかったのがこの頃である。

一見、幸せに見えるダンスに興じる人々だが、「ヨーロッパの表面の下には危険な底流」が潜んでいた。イタリアでのムッソリーニによるファシズム運動の台頭、ドイツでは1919年1月5日、ミュンヘンにドイツ労働者党が成立、1920年2月24日、25ヶ条の要綱を決定し、国民社会主義ドイツ労働者党となり、1921年7月末、ヒトラーが党内の全権力を握る。さらに、ドイツでは恐慌が勃発、狂乱的なインフレが始まる…。

もともとキャプションにある Das ist ein Tanz auf dem Vulkan という文章は「危険を無視した無謀なふるまい」という意味もある。まさに、人々は危険な火山の上で何も考えず、ひたすら踊っていたのだろう。現在の日本と重なって見えるのは筆者だけだろうか。

プラーターに花馬車が行く

DIE NEUEN PRATER-KORSOGÄSTE（1920）
新しいプラーター・コルソのお客たち

5月の初めの日曜日、貴族（殿方）たちはニューモードの衣装を身にまとった夫人を伴い、馬車で白い花咲くプラーターの並木路へと出かけていくのが常であ

PART 3　画家テオ・ツァッシェの「風刺」劇場

った。その夫人方のファッションを観ようと人々がプラーターへやってくるようになり、馬車に乗る女性たちのファッションは、その夏の流行となった。その後、馬車の行列に金持ちの市民も参加するようになる。

しかし、これをウィーンの春の行事として定着させたのは「パウリーネ侯爵夫人」と呼ばれたメッテルニヒ侯爵夫人だった。パウリーネ・クレメンティーネ・マリー・ヴァルブルガ・フュルスティン・フォン・メッテルニヒ゠ヴィンネブルク・ツー・バイルシュタイン (Pauline Clementine Marie Walburga Fürstin von Metternich-Winneburg zu Beilstein, 1836–1921) は、ウィーン会議の宰相クレメンス・メッテルニヒの孫娘で、同族の外交官リヒャルト・メッテルニヒと結婚した後は、赴任先のドレスデンやパリでサロンを主催し、約10年にわたり、パリの社交界をリードした。

1870年、フランス第二帝政の崩壊に伴って、夫が本国送還の命を受け、ウィーンに帰国したパウリーネは、貴族、市民、芸術家、知識人を交えた文化交流の輪を広げていった。さらに、彼女はヴァーグナー、スメタナらの音楽家への支援、貧しい人々の救済、がん研究への援助等、慈善活動にも尽力した。

そのようなパウリーネの発案で1886年5月1日、皇族たちの「花の馬車行列 Blumenkorso」がプラーターで開催される。その目的は1886年12月に起こったリング劇場の火事の直後につくられた救急団体への義援金のためだった。

当日、花で飾られた何百台の馬車がプラーターの大通りを連なって進み、やんごとなき人々と華やかに着飾った女性たちの姿を見るために30万もの人が沿道に集まり、熱狂し、喝采を送ったという。

プラーターの「花の馬車行列」(1912年)

シュテファン・ツヴァイクは貴族から市民まですべての人々が「劇場において、またプラーターの花馬車行列のような大

242

パウリーネと長女ゾフィー（1900年）

きな祭りの際に交歓する」と伝えている。プラーターでは「花の馬車行列」が行われるときはウィーン男声合唱団の演奏、シュランメルの演奏なども聞くことができた。ウィーンの最も春らしいお祭、「プラーターの花の馬車行列」は1920年頃まで続いていく。

　この絵は、オリジナルの「プラーター行列」の変形版で、最後の頃を描いたものと思われる。輝くようなオリジナルに比べると、馬車を引く馬は痩せていて、花飾りもなくなっている。馬車にはカップル、カードに興じる市民、労働者が乗っている。さらに、自動車も登場。オーストリア帝国の栄枯盛衰を見届けたパウリーネ・メッテルニヒ侯爵夫人が亡くなったのは、この作品が描かれた翌1921年9月28日のことだった。

コルンゴルトの「マイ・ウェイ」

Korngold
コルンゴルト

PART 3　画家テオ・ツァッシェの「風刺」劇場

　若い指揮者エーリヒ・ヴォルフガング・コルンゴルト（Erich Wolfgang Korngold, 1897-1957）にオーケストラのマエストロたちが頭を下げて、何かお願いをしている。

　コルンゴルトの父、Dr. ユリウス・コルンゴルト（1860-1945）は当時最も恐れられた批評家の一人だった。ドイツ語の新聞『新自由新聞』で健筆をふるい、前任者のハンスリック同様、音楽界に絶大な権力と影響力を持っていた。オーケストラのマエストロたちが頭を下げているのも理解できるだろう。

　エーリヒはブリュンで生まれ、1901年、家族と共にウィーンへ来て、幼年時代を過ごす。

　7歳で作曲を始め、9歳で対位法を学び、1907年には10歳で自作のカンタータをマーラーに聴かせ、マーラーの紹介でツェムリンスキーに師事。11歳、バレエ・パントマイム《雪だるま》を発表、「モーツァルトの再来」と呼ばれた。1910年、《雪だるま》がウィーンの宮廷歌劇場で上演され、その序曲はライプツィヒ・ゲヴァントハウスでも演奏された。《シンフォニエッタ》はヴァインガルトナー指揮ウィーン・フィルハーモニーで演奏。

　第一次世界大戦に応召され、歩兵連隊の軍楽隊を指揮するかたわら、ジョルジュ・ロダンバックの小説『死せるブリュージュ』をもとに1920年、オペラ《死の都》を作曲。ケルンで上演されたのち、1921年、ウィーンで初演、好評を博す。

　1932年の『新ウィーン新聞』のアンケートでは、アルノルト・シェーンベルク（1874-1951）と並んで存命する最高の作曲家に選ばれている。《死の都市》等、コルンゴルトの作品は、彼の時代、最も頻繁に演奏された作品の一つだった。

　また、数多くのコンサートツアーを行い、1919〜22年、ハンブルク歌劇場の指揮者に就任、その後、ウィーンへ戻る。1927〜36年、ウィーン国立歌劇場の指揮者に就任。1929年からマックス・ラインハルト（1873-1943）と共に仕事をした。1931年、ウィーン音楽アカデミーで音楽理論の教授となり、オペラのマスタークラスも指導。

　一方、ナチス・ドイツによるユダヤ人迫害を逃れ、コルンゴルトは演出家ラインハルトからの誘いを受け、映画音楽制作のために渡米し、ハリウッドへ移住。ラインハルト演出の映画『真夏の夜の夢』のためメンデルスゾーンの音楽を編曲。アメリカで21本の映画音楽を作曲し、1936年『風雲児アドヴァース』と1938年『ロビン・フッドの冒険』でアカデミー作曲賞を受賞。映画の世界にライトモチーフを導入したことでも知られ、『スター・ウォーズ』のジョン・ウィリアムズにも影響を与えたという。そして、今なおもっとも成功したハリウッドの重要な作曲家の一人として再認識されつつある。

　この間、彼は米国とウィーンの間を行き来し、1938年、両親も米国に逃げることができた。1942〜44年、ニューヨーク・オペラの指揮者を務め、1943年、アメリカ市民権を得る。1946年以降、ウィーンに戻り、クラシック界に復帰するが、彼の作品は時代遅れとされ、1955年、アメリカに戻る。そして1957年11月29日、ハリウッドで失意のうちに世を去る。

　生涯一貫して作風がほとんど変遷することがなかったコルンゴルト。他が変わっても自分は変わらないことこそ、天才の特徴の一つなのではないだろうか。彼自身「私は忘れられたのだ。今の人々は

私のことなど全く知らない」と語っているが、今なお当時を知るウィーンの人々は《死の都》の〈マリエッタの唄〉を懐かしみ、1945年作曲のヴァイオリン協奏曲は、20世紀を代表する名曲のひとつに数えられている。

覆水盆に返らず

"Wenn wir die Schwierigkeiten des Zusammenpickens gedacht hätten, dann hätten wir sie gewiß nicht zerschlagen."
「集めて接着することの厄介を考えたら、壊すことはなかっただろうな」

　こうした場面には私たちもしばしば出会うかもしれませんね。
　ここではイギリスとフランスが、ばらばらに破壊されたオーストリアの像の破片を集めてくっつけようとしている。その作業たるや「こんなに大変なら、壊すんじゃあなかった…」と愚痴をこぼさんばかり。
　ハプスブルク帝国が崩壊後、オーストリア共和国、ハンガリー王国、チェコスロヴァキア共和国、「セルヴィア人・クロアチア人・スロヴェニア人王国」（後のユーゴスラヴィア）が樹立。残りの領土はルーマニア、ポーランド、イタリア、ソ連に併合される。しかし、中欧は様々な民族が入り混じる地域だったこともあり、いずれの新しい国家も多民族国家で、新たな民族対立の問題をかかえ、ファシズムに巻き込まれ、第二次世界大戦へと進んでいく。
　第二次世界大戦後は、オーストリア以外の元ハプスブルク帝国の諸国は、「東欧」と呼ばれるソ連の衛星圏に組み込まれる。東欧情勢が大きく変化するのは、1989年、ベルリンの壁の崩壊を待たなければならない。しかし、ベルリンの壁

PART 3　画家テオ・ツァッシェの「風刺」劇場

崩壊後も、各地で民族紛争は絶えずくすぶっている。

　中欧は多くの民族が複雑に入り混じる地帯・地域だったことから、そもそも民族自決の原則などに適応するのは不可能だったのではないだろうか。チャーチルは著書でハプスブルク帝国の完全な解体に疑問を投げかけている。ハプスブルク帝国は多民族共存のため様々な試みを続けてきた。ハプスブルク帝国でなされて

きた試みを継承することができなかったのは残念である。

　この絵が描かれた時期は不明だが、ハプスブルク帝国を破壊した二人の"中心人物"の愚痴。その後を予感させるこの言葉に、この二人を「将来を見る目がある」と評価すべきか、「失礼千万、けしからん！」と批難を向けるべきか、悩むところである。いずれにせよ、この二人からは聞きたくなかった言葉ではある。

オーストリア再生の道

ES KOMMEN DREI KÖNIGE AUS DEM MORGENLAND（1921）
東方から３人の王さまがやってきた

　新約聖書「マタイによる福音書」２章によると、東方の博士たちが星に導かれベツレヘムの幼子イエズスの許を訪ね、ひれ伏して礼拝した。そして宝箱を開けて、黄金、乳香（香料）、没薬（高価な薬）を贈り物としてささげた、とある。現在、この三王礼拝は１月６日に祝われる。

　この作品でも、生まれたばかりの幼子イエズス（＝オーストリア）の下に東方

から三人の王様がやって来る。しかし、この３人が捧げたのは黄金、乳香、没薬ではなく、燈火の前払い（＝ブライトナー）、引き下げの着手（＝ギュルトラー）、ぼろぼろのゴブラン織り（＝ローゼンベルク）である。幼子イエズス（＝オーストリア）だけでなく、馬小屋から顔を出しているロバと牛もびっくり。

　３人の王様の一人であるギュルトラー

はキリスト教民主党の指導者で、1921年10月、蔵相に選出され、1921年12月、彼は国家財政の中で最大の支出項目となっていた国家の食糧補助金引き下げを実施した。

空には「少し良くなるだろう」という月が昇り、クレジット（信用貸し）という星が輝き、お金が降ってくる。遠く土星の輪にはワシントン会議とカンヌ会議の文字が見える。

ワシントン会議は1921年11月〜22年2月、ワシントンで開かれた太平洋・極東問題、および海軍軍備制限に関する会議。カンヌ会議は1922年1月6日〜13日、カンヌで開かれた英・仏・伊・ベルギーによるヨーロッパの経済復興に関する会議。ジェノヴァにソ連・ドイツを含め、世界経済会議を開くことを決定した。4月10日〜5月19日、ジェノヴァで行われた会議ではヨーロッパの経済復興計画が討議されたが、フラン

スの要請で賠償、軍縮問題は取り上げられず、実質的には成果なしに終わった。

これに先立ち1920年、オーストリアを経済的に援助するため、国際連盟が設けた国際救済借款委員会が開かれた。戦後、サン・ジェルマン条約で国土・人口ともに戦前に比べ、四分の一になったオーストリアは賠償金を払えないだけではなく、国家として再建するために経済援助を必要としていた。

同盟及び連合国はオーストリアが崩壊すると中欧・東欧の秩序を混乱させること、そして、オーストリアがドイツやソ連に接近することを恐れ、国際連盟に国際救済借款委員会を設けさせ、公債を発行して各国に引き受けさせるなど、復興に努力し、1921年には賠償金の取り立てを打ち切っている。

生まれたばかりのオーストリアは、様々な困難に立ち向かい、国家財政を建て直さなければならなかった。

皇帝カールの命運

DIE JAGD NACH DEM GLÜCK / König Karls Reise nach Budapest（1921）
ブダペストへの皇帝カールの旅

目隠しをしたカール・ハプスブルクが馬でハンガリーの首都ブダペストの王宮（＝王冠）に向かってセーチェーニ鎖橋を疾走。しかし、途中で橋が落ち、ホロティがカールを阻止している。カーロイ4世としてハンガリー国王に即位していたカールに何が起きたのか？

カール・ハプスブルクは1916年11月21日、フランツ・ヨーゼフ1世崩御により、オーストリア皇帝カール1世と呼ばれることになる。同年12月30日、カールはハンガリーの聖イシュトヴ

ァーン教会で戴冠、ハンガリー国王「カーロイ4世」として即位した。

しかし、1918年11月11日、カールは、ドイツ系オーストリアの国事への一切の関与を放棄してオーストリアを去る。一方、ハンガリーでは1919年、共産主義者クン・ベーラらにより革命蜂起が組織され、ハンガリー＝ソヴィエト共和国が誕生。

これに対し、ホルティ・ミクローシュらは政権を転覆、1919年、反革命政権を樹立。1920年、ホルティはハンガリ

ー王国の摂政となる。1921年3月26日、カール・ハプスブルクは国王復帰をめざし、ハンガリーに入国。これに対し、チェコスロヴァキア、ユーゴスラヴィアなどがカールのハンガリーからの退去を求め、封鎖と軍事的処置によりハンガリーを威嚇。ホルティはカールに国外退去を求め、4月4日、カールはスイスへの帰途につく。

1921年10月20日、カール＆ツィタ夫妻は飛行機でエーデンブルクに到着。今回は軍隊を率いての国王復帰への試みだったが、10月24日、ゲムベシュ率いる部隊によって妨げられる。11月5日、ハンガリー民族議会はカーロイ4世の君主の特権とプラグマティッシェ・ザンクツィオーン（注）の廃止等を宣言する。

イギリスは外務大臣ジョージ・カーゾン卿にカールをハンガリーから連れ出すことを迫り、黒海を航海中のイギリスのモニトル艦にカール・ハプスブルク夫妻を乗船させ、マデイラ島に移送する。カールはポルトガル領マデイラ島に拘禁され、困窮した生活の中、肺炎となり、1922年4月1日12時23分、逝去。遺体はフンシャルの修道院に安置された。享年34歳。

カールは平和回復、戦傷者保護等にも努力した、信仰心篤く、徳の高い人物だったといわれている。1949年、列福を求める提案がなされ、2004年10月3日、サン・ピエトロ広場でヨハネ・パウロ2世によって列福式が執り行われ、福者に列せられた。記念日は通常亡くなった日だが、結婚記念日10月21日とされた。

（注）プラグマティッシェ・ザンクツィオーン：1713年4月19日、神聖ローマ皇帝カール6世が発布した国事詔書。ハプスブルク家の家憲が有名。ハプスブルク家の所領の不可分性と長子相続の原則と補助的な女系相続の原則からなり、統一的な継承秩序を目的とした。この国事詔書が廃止されると、マリア・テレジアの子孫、ハプスブルク＝ロートリンゲン家のハンガリー王位継承権が失われることとなる。

ワルツよ、永遠なれ

"Wenn die nöt bald aufhör'n, dann fahr' i ab von dem Monument!"
「彼らがすぐに止めないなら、記念碑から飛び降りてやるぞ」

　市立公園の金色（メッキ）のヨハン・シュトラウス2世像が建てられたのは1921年。その後「贅沢すぎる」という批判から、1935年、黒色に塗り替えられ、1991年、再度金色に塗りなおされた。シュトラウス2世像を取り囲むのは、ドナウの乙女と踊るカップル（？）が描かれた大理石のレリーフで、記念像側の面には月桂冠が描かれている。
　1921年6月26日、金色の像の除幕式が行われる。記念像の前で《美しく青きドナウ》がウィーン・フィルハーモニー管弦楽団によって演奏された。
　シュトラウス2世の像の横に見えるのは、（現実には存在しない）痩せた金の子牛の像だろう。金の子牛は旧約聖書「出エジプト記」32章に登場する牛を模した黄金の像のこと。モーゼがシナイ山で神から十戒を授かる間に、不安になったイスラエルの民によって造られ、モーゼが戻ったとき、人々は金の子牛を拝んでいたという。このことから金の子牛の像は偶像崇拝を意味し、拝金主義の比喩として用いられる。
　この作品が描かれたのは、ヨハン・シュトラウス2世像があることから、1921年以降と考えられる。戦後オース

1989年撮影。したがってこれは黒色に塗り替えられたときのもの。

249

トリアは激しいインフレ、食糧難、物資不足となり、「オーストリアではどんなに安く生活し、買い物ができるか、というニュースが次第に広まってゆき」外国人が大勢流れ込んだ。混乱が少し収まると、人々は夜遅くまでダンスホールでジャズやタンゴなどの開放的なリズムに乗って踊りまくった。

世界中の人々をワルツへといざなったヨハン・シュトラウス2世。彼の死から21年後、戦争を挟み、時代は変わる。ことほどさように当時の音楽や人々のダンスを見たら、記念像から飛び降りたくもなるかもしれない…。

「創造」のバトンタッチ

Ate und neue Schöpfer
新旧創造者

　Schöpferには「汲み取り人」という意味もある。
　雲の上から下を見つめている人たち…。そう、言わずと知れたウィーンで活躍した作曲家にほかならない。ハイドン、モーツァルト、ベートーヴェン、シューベルト、ランナー、ヨハン・シュトラウス親子が地上のオペレッタ作曲家たちが井戸からお金を盛大に汲み取っている姿を見つめている…。

　シュトラウス、ミレッカーら作曲家、台本作家が相次いで亡くなり、20世紀に入り、ウィンナ・オペレッタはやや停滞期を迎える。しかし1905年、テアター・アン・デア・ウィーンでレハールの《メリー・ウィドウ》が上演される。こ

のオペレッタは 1906 年にはベルリン、
1907 年ロンドンでも大成功を収めた。
かくてウィンナ・オペレッタは「白銀の
時代」を迎える。

フランツ・レハールは 1909 年《ルク
センブルク伯爵》、1929 年《ロシアの
皇太子》など、数多くの作品を発表して
いく。彼はハッピーエンドで終わる従来
のオペレッタの常套手法を踏襲すること
なく、「オペレッタに涙をもち込んだ」
作曲家だった。

レハールと一緒に井戸汲みをしている
のはレオ・ファル (1873-1925)。彼は
最初にベルリン、後にウィーンで活躍。
1907 年《ドルの女王》、1916 年《イス
タンブールのバラ》、1923 年《マダ
ム・ポンパドゥール》など数々の作品を
発表。《イスタブールのバラ》はテアタ
ー・アン・デア・ウィーンで《メリー・
ウィドウ》以来の人気を博した。

一番右ですでに大きなお金の入った袋
を持つのはオスカー・シュトラウス
(1870-1954)。ワルツ王の家系とは無関
係の音楽家で、1907 年《メリー・ウィ
ドウ》上演 300 回目の日にカール劇場
で《ワルツの夢》を発表。このオペレッ
タは数年のうちに千回もの上演を記録し
ている。

今まさにお金を袋に入れているのはエ
ドムント・アイスラー (1874-1949)。
ウィーン生まれのオペレッタ作曲家で、
1903 年、テアター・アン・デア・ウィ
ーンで《旅職人》を発表、大成功を収め、
1905 年《射撃上手なお嬢さん》等の作
品（ほとんどがオペレッタ）を残している。

一番左にいるのはハインリヒ・ベルテ
(1857-1924)。小脇に挟んでいる《三人
娘の家》は 1916 年 1 月 15 日、ライム
ント劇場で初演された。この作品は、フ
ランツ・シューベルトの生活を題材（内
容は実際とは異なる）にシューベルトの
原曲をもとにベルテが編曲したもの。
《三人娘の家》は、もともとベルテが作
曲し、シューベルトの歌を部分的に挿入
したものだったが、劇場支配人の要請で
シューベルトの曲に置き換えることにな
ったという。

ライムント劇場での初演、ベルリンで
の公演も大好評となり、これまた《メリ
ー・ウィドウ》以来のヒット作といわれ
ている。これにより、シューベルトの作
品はいっそう一般に知られるようになっ
たという。《三人娘の家》にはシュパウ
ン、ショーバー、フォーグルといった
シューベルトの友人たちも登場し、シュ
ーベルトは心を寄せていた女性がショー
バーのことを好きになり、シューベルトは
心の苦しみを音楽で癒すという内容。雲
の上のシューベルトが目を見張るのもよ
くわかる。

「白銀の時代」の作曲家にはこの他、
エメリヒ・カールマン (1882-1953) が
いる。彼は 1921 年《チャールダーシュ
の女王》、1924 年《マリッツァ伯爵令
嬢》といった旧帝国へのノスタルジーあ
ふれた作品を発表する。

といったわけで、その後、オペレッタ
の中心はベルリンへ移り、ミュージカル
へと推移していく。

劇場の伝統

FESTVORSTELLUNG IM BURGTHEATER FÜR DIE KRIEGSINVALIDEN (1922)
戦争による勤労不能者のためのブルク劇場記念公演

　戦争で勤労不能となった人たちのための「ブルク劇場記念公演」というわりには、どうも様子が変である。

　1階では共和国の2大政党である社会民主党とキリスト教社会主義を象徴する二人が殴り合う寸前で、他の戦争成金のような人たちは手を叩いて大騒ぎをしている。記念公演の対象である勤労不能者の姿は少なく、すでに亡くなってしまったのか、影が薄い高齢者がこの風景を呆れて見ている。

　ロジェには0.06と書かれたオーストリアのお金（クローネ）の擬人化したやせ細った老人が座り、隣のロジェには「ここほど安く暮らせるところはない」という言葉が書かれ、その隣ではワイン片手に食事をし、たばこを楽しむ人たちがいる。そして舞台上の電気照明＆電燈は、時間1000K（クローネン）と表示されている…。

　舞台上の二人はそろって、ブルク劇場の俳優・演出家で、マックス・デフリエント（1857-1929）は1882年、ブルク劇場と契約（1910年生涯会員、1922年名誉会員）、メフィストフェレス（ゲーテの『ファウスト』）やシーザー（シェークスピア『ジュリアス・シーザー』）を演じている。彼は「映画契約」という紙を持っている通り、1920年から映画俳優としても活躍した。

　その隣はオットー・トレッスラー（本名：オットー・カール・アウグスト・メイヤー、1871-1965）。彼は1896～1916年、ブルク劇場と契約（1902年宮廷俳優、1913年上級演出家、1926年名誉会員）、なんと383役を演じている。彼は「ヴァリエテと契約」という紙を手にしている。

　もともとブルク劇場はホーフブルク劇場を略して呼んだものだが、ドイツ語で書かれた新古典主義の戯曲に拠点を与えるという王室の意向で生まれたものであ

る。ブルク劇場は設立当初からドイツ語圏随一の劇場とみなされ、ブルク劇場のドイツ語は一番美しいとされ、今日に至るまで俳優・声楽家・教師など、仕事でドイツ語を使う人たちが学ばなければならないとされている。

　この劇場は単なる劇場ではない。ウィーンの人たちにとって特別な役割を果たしてきた。20世紀初頭、ヘルマン・バールは「ウィーンの市民はブルク劇場で日常のふるまい方を学ぼうとする。これは高尚な人間にも通俗的な人間にもあてはまる」と語っている。

　ウィーンの人々は、役者を手本に客間での作法、帽子のかぶり方、ステッキの持ち方等を学んだ。「ウィーンのエレガンスはいつでもブルク劇場から」始まっていた。また、多くの観客、学生、子供がこの劇場で、礼儀作法やモラルを学んだといわれている。

　しかし、この作品が描かれた1922年、残念ながらブルク劇場は「モラルの学校」としての機能は果たしていない。同年夏、オーストリアの経済危機とインフレは頂点に達する。また、二大政党の社会民主党とキリスト教社会主義の間で続いた対立の後、1922年、キリスト教社会主義のイグナーツ・ザイペル（Ignaz Seipel, 1876-1932）が首相に就任する。

　戦後、国立歌劇場で見られた聴衆の変質はブルク劇場でも見られた。他のカリカチュアでは、ブルク劇場の俳優がおしゃべりに興じる夫妻を舞台から見て、「これが、私のウィーン？私のブルク劇場？」と立ち尽くしてつぶやく姿が描かれている。「モラルの学校」ともいわれたブルク劇場の俳優にとって、戦後の聴衆の変質は音楽関係者以上にショックだったと思われる。しかし、21世紀の現在、今なおブルク劇場は伝統的価値観を示す「なくてはならない物差し」として存在している。

オーストリア財政再建、虚々実々

DER KAMPF GEGEN DEN DRACHEN (1922)
ドラゴンとの闘争

　「6000億食糧補助金」と書かれた巨大なドラゴンが洞穴から出てきた！

　よく見ると、ドラゴンの横腹から人間の足が出ている。首輪に「物価引下げ」と書かれた1匹の犬は怪我をしながらもドラゴンに食いつき、税と書かれた犬は既に息絶え、オーストリア・クローン0.07という愛玩犬のような犬は、ドラゴンの姿にただただ驚くばかり。

　ドラゴンに対するは、中世の騎士の姿をしたオーストリアの政治家たちである。絵中央で「節約」という盾を持ち、槍を構えているのは、元警視総監の首相ショーバー。後ろには蔵相に任命された「より多くのクレジット」と書かれた盾を持つギュルトラーが剣を構えている。

PART 3　画家テオ・ツァッシェの「風刺」劇場

　他には「資本に対する闘争」という盾を持ち槍を構えるアドラー、「もっと仕事を！」という盾を持つウルバン、吹き矢を放つベックの姿も見える。一方、ヤングはパイプをふかしながらサッカーボールのような200万ポンドを蹴りこんでいる。彼らは皆で札束の他に「権力、モラル、貯金」をドラゴンに投げ込んでいる。

　1919年、オーストリアは、連合国とアメリカから8200万ドルのクレジットを、貨幣ではなく、オーストリアに送付する食糧という形で与えられた。そのおかげで、この信用（借財）によって国民に対し食糧だけは確保することができ、その食糧を原価よりはるかに廉価で住民に提供した。

　1920年、未だアメリカから2000万ドル相当の小麦、スイスとオランダから1000万ドル相当の食糧を信用で受け、アルゼンチンから500万ペソ、イギリスからは繊維産業に対する原料と農業に対する種芋供与を受けた。しかし、外国信用は国家財政赤字のわずかな部分を補填したにすぎなかった。そのため、共和国財政の正常化に着手する必要があった。

　国家財政支出を制限するため、財政立て直し計画は、国家の食糧補助金の引き下げの実施を主張。原価以下でパン、小麦粉、ラードを国民に供与していた。この食糧の価格引き下げは共和国1年目には必要なことだった。この価格引き下げができたのは、国家自体、当時食糧について支払う必要がなく、アメリカの救援組織の信用により割当給与を受けていたため、当時でもインフレの原因とはならなかった。

　しかし、外国からの食糧（信用）が枯渇し、そのため国家が食糧に対する現金支払いを余儀なくされ、価格の若干を消費者に負担させてから状況は全く変わってしまった。そのため、原価以下の食糧供与がインフレの一つの原因となった。

　1921年、食糧に対する国家の補助金は国家財政の中で最大の支出項目となる。国家がこの経費を負担する限り、紙幣増刷を抑制することは全く不可能だった。そのためオーストリアは一定の条件の下、財政計画の中で食糧補助金引き下げに協力する用意がある、と声明。1921年10月7日、キリスト教社会党のギュルトラー教授が蔵相に就任。12月、食糧

補助金引き下げを実施。こうした努力はロンドンとパリで好反響を呼び、イギリスは1922年、200万ポンドの信用を保障した。

岐路に立たされるリーダー

SEIPEL ALS "HAMLET" / Sein oder Nichtsein（1922）
「ハムレット」としてのザイペル／生きるべきか死ぬべきか

舞台はブルク劇場だろうか。生真面目そうなザイペルが「生きるべきか、死ぬべきか」とハムレットを演じる中、死神が墓を掘り返すと「絶望・飢餓・無秩序・物価高・失業・価値ゼロのクローネ」の頭のカオスが飛び出してくる。死神の傍らには壊れた墓石のような「満足」「昔の権力」と書かれた残骸がころがっている。

オーストリアの貨幣価値の下落が急速に進行した1922年5月31日、ザイペル政権は誕生する。イグナーツ・ザイペルは、カトリック教会の神学者にして、イエズス会の聖職者、キリスト教社会党総裁でもある。首相就任後、彼は直ちにオーストリアの経済状況とうなぎ上りのインフレに対処しなければならなかった。1922年夏、オーストリアの経済危機とインフレは頂点に達し、イギリスとフランスの銀行は協力を拒否する。

このときザイペルは、オーストリアの経済危機が深刻であることを公言し、オーストリア国家の維持がヨーロッパの均衡にとって重要であることを諸外国の政府に印象づけるため、広範囲にわたって旅に出た。8月、彼はベルリン、プラハ、ローマを訪問し、諸外国の不安をかきたてる。ドイツとの合邦はもはや懸念の的であり、チェコスロヴァキアとユーゴスラヴィア、イタリア、いずれもどちらかの国へオーストリアが接近することを恐れた。

結果、チェコスロヴァキアはオーストリアへの借款を支持、イタリアを含む関係諸国もこれに倣った。各国ともオーストリアの独立維持に共通の利益を見出し

255

たのである。10月3日、国際連盟の支持で、イギリス、フランス、イタリア、チェコスロヴァキアが調印したジュネーヴ議定書で、オーストリアは6億5000万金クローネン（3000万ポンド）の国際借款を得ることができた。

まさに「生きるべきか、死ぬべきか」という状況だったザイペルは、自国の弱みを逆手にとって連合諸国間の意見の食い違いを利用したわけである。舞台上のザイペルの後ろで、ぼろぼろのマントを着て座り込むオーストリア（女性で具現化）に、慈悲深そうにイタリア、イギリス、フランスが優しく手を差し伸べている。感動的なシーンではないか！

ジュネーヴ条約の中で連合諸国はオーストリアに最高額6億5000万金クローネン借款保障義務を負った。このうち、1億3000万金クローネンは、1922年にオーストリアに貸与された外国信用償還のため、5億2000万金クローネンは2年間にわたるオーストリアの赤字補填のため使用される予定だった。舞台上「オーストリア」の頭上で光輝く「520 MILLION GORDKRONEN（5億2000万金クローネン）」はこのことである。

ジュネーヴ議定書により、講和条約第88条を再確認し、オーストリアは少なくとも20年間独立国の位置を維持しなければならず、国際連盟の委員会による財政管理を受けることになる。また予算が2年以内に均衡を保つよう国家支出の改善に着手することを約束しなければならなかった。しかし、とりあえずオーストリアは、予算は均衡を保つようになり、インフレを終息させ、通貨を安定させることができたのだった。

ザイペル首相の戦略

Die mitteleuropäische Frage
中欧ヨーロッパ問題

前述したように、1922年5月31日、ザイペルが首相に就任したのは、貨幣価値の下落が急速に進行した時期だった。物価騰貴は驚異的で、8月、外国為替中

央機関は、輸入支払いに必要な外国通貨を調達できず、輸入はストップ。この経済的崩壊直前の状況で政府は、ロンドンに召集されていた連合国代表に緊急の財政援助を要請した。しかし、8月15日、イギリスのロイド・ジョージは最高評議会の名において、協力拒否の回答。これに対して8月18日、ザイペルが回答したのが、「中欧ヨーロッパ問題」である。

ザイペルは、この拒否によって財政問題が高度な政治問題となり、独立国家オーストリアの生存問題が提起されていると回答する。彼はオーストリアが経済的崩壊にあることを公言し、通貨の暴落を促進、「オーストリア問題」について最も関係の深い諸国家の政治家と個人的に話し合うため、8月20日、プラハ、ベルリン、ヴェローナへ旅立った。

この作品、中央、オーストリアの地図を囲んで立っているのは、イタリアの閣僚シャンツァー、ドイツのヴァイマール共和国首相ヴィルト、チェコスロヴァキア外務大臣ベネシュ、そしてオーストリア首相ザイペル。遠くでは財政援助を拒否したポワンカレとロイド・ジョージが困った顔で4人の様子を眺め、ハンガリーとユーゴスラヴィアは柵の外である。

諸外国からすると、ドイツとの合邦は懸念の的だった。公式報道はザイペルのプラハ、ベルリン訪問の目的については触れず、ヴェローナで初めてその目的を発表。ザイペルはイタリアのシャンツァーに対し、オーストリアとの通貨・関税同盟を提案。つまり、オーストリアをイタリアの通貨共同体に加入させ、政治的・経済的にオーストリアを保護してほしいということである。その代償は、オ

ーストリアがイタリアの衛星国となるというもの。これにより「より広大なイタリア」はドナウ川まで拡大、イタリアとハンガリーの間に橋が架けられ、チェコスロヴァキアとユーゴスラヴィアの間の橋はイタリアの支配下に入るというものだった。

ザイペルが提案したこの計画がユーゴスラヴィアとチェコスロヴァキアの意に反するものであることは言うまでもない。8月15日、同盟国最高評議会は、オーストリアの経済状態を再検討するよう国際連盟に要請。イタリアはオーストリアが国際連盟に要請するよう所信を述べ、国際連盟での協議が成果をもたらさなかった場合、ザイペルの提案を検討する予定であると発表する。

一方、ベネシュはこれに反撃、オーストリアが崩壊し、イタリアの衛星国になった場合、中央ヨーロッパの平和が危機に直面することをイギリスとフランス政府に確信させ、オーストリアに多額の国際的借款を保障供与し、その代償としてオーストリアを国際連盟の統制下に置くよう働きかけた。

結果、10月4日、イギリス、フランス、イタリア、チェコスロヴァキアとオーストリアとの間でジュネーヴ議定書が調印され、6億5000万金クローネンの国際借款を受けることとなる。ザイペルは自国の弱みを逆手に取りながら、連合諸国の意見の食い違いを利用し、諸外国はオーストリアの独立維持に共通の利益を見出したのだった。これによりオーストリアは国家財政を再建し、インフレを終息、通貨を安定させることができた。

PART 3　画家テオ・ツァッシェの「風刺」劇場

フィナーレ：ウィンナ・ワルツ勢ぞろい

Der Wiener Walzer
ウィンナ・ワルツ

　ウィーンの作曲家の肖像と、それぞれが作曲したワルツの最初の部分が描かれている。左上から右へと順に紹介していこう。

■ ヨハン・シュトラウス（父）(1804–49)：《ローレライ゠ラインの調べ》Op.154
　ライン川のローレライ伝説を題材として作曲。《ラデツキー行進曲》が発表される前、シュトラウスは、この曲の作曲者として知られていた。
　息子のヨハン・シュトラウス2世は1844年、音楽家としてデビューした際、自分の作品と共に父の傑作といわれたこの曲も演奏している。

■ ヨーゼフ・ランナー（1801–43)：《シェーンブルンの人々》Op.200
　「カフェ・ドムマイヤー」で初演されたといわれているが、実際は1842年10月13日、ウィーンの旧フュンフ・ハウスにあるビア・ホールで初演された模様。

■ ヨーゼフ・シュトラウス（1827–70)：《我が人生は愛と喜び》Op.263
　1869年2月7日「学生舞踏会」で初

演。1931年『会議は踊る』で「古き良きウィーンのメロディとして劇中音楽の一つとして使用された。

■カール・ミヒャエル・ツィーラー（1843-1922）:《ウィーン娘》Op.388

1887年10月30日、ドレーアー館で初演。ヨーゼフ・バイヤー作曲バレエ《ウィーン巡り》改訂版では、追加楽曲として用いられる。1949年、オーストリアで『ウィーン娘』と題した彼の伝記映画が制作された。

■ヨハン・シュトラウス2世（1825-99）:《美しく青きドナウ》Op.314

1867年2月15日、初演。オーストリア放送協会（ORF）は、新しい年を迎えたとき、シュテファン大聖堂のプンメリンの鐘の音に続き、ドナウワルツを放送して新年を祝う。

■エドゥアルト・シュトラウス（1835-1916）:《素敵な感じ》Op.75

■フィリップ・ファールバッハ2世（1843-94）:《ヨーゼフ・シュトラウスの思い出》Op.53

ヨハン・シュトラウス2世の良きライバルで、弟ヨーゼフ・シュトラウスと交流があり、ヨーゼフが没した際、この曲を捧げている。

■カール・ミレッカー（1842-99）:《ラウラ・ワルツ》

《乞食学生》の中でラウラが歌うワルツ。ヴィーナー・オペレッタの「黄金の時代」を代表する作曲家の一人。1882年12月6日、テアター・アン・デア・ウィーンで《乞食学生》初演、空前の大ヒットとなった。ラウラ・ノヴァルスカは伯爵家の長女で、オペレッタの主人公の一人。代表作は《デュバリー夫人》《ガスパローネ》。

■ヨーゼフ・バイヤー（1852-1913）:《人形のワルツ》

1888年10月4日に初演されたバイヤー作曲バレエ《人形の精》のワルツか？ ヨハン・シュトラウス2世と親しかった彼は、1894年10月15日前後にウィーンで行われたシュトラウス2世の音楽家生活50周年を記念する祝賀行事で、祝賀バレエ《ウィーン一周》を作曲。1894年10月13日、ウィーン宮廷歌劇場で初演。

ちなみに、1899年6月3日シュトラウス2世が亡くなった後、バイヤーは未完成だった遺作バレエ《灰かぶり姫》の完成を依頼され、完成している。（なお、バイヤーは日本で有名なピアノ教本のバイエルとは別人。）

■ヨハン・シュランメル（1850-93）:《本物のウィーン子の心》。《シュランメル・ワルツ》という題で有名。作詞はカール・ロレンス。ピアノと歌のワルツ。

ここにいる作曲家は、ミレッカーがウィーンのバーデンで亡くなっている以外、全員ウィーン生まれウィーンで没している。お見事！

記念プレート
一覧

記念プレートと銅像

注：銅像はリング傍のもの（あまり抽象的なものは掲載していない）。
記念の銘には、ウィーン市の旗がついていないものも含まれる。

アイスラー　Edmund Eysler　作曲家　1874-1949
- [1] 1080, Zeltgasse 14：居住。
- [2] 1190, Himmelstraße 4：1900 年、この家で《キスは小さな罪》《兄弟シュトラオビンガー》を作曲。
- [3] 1170, Thelemangasse 8：この家で 1874 年 3 月 12 日、誕生。

アイヒェンドルフ　Joseph von Eichendorff　作家　1788-1857
1010, Herrengasse 5：1810 〜 12 年、この宮殿に、グリルパルツァーと共に住む。

アインシュタイン　Albert Einstein　物理学者　1879-1955
1190, Grinzinger Straße 70：1927 〜 31 年、居住。

アルテンベルク　Peter Altenberg　作家　1859-1919
- [1] 1010, Beethovenplatz 1, Akademisches Gymnasium：この高等学校の生徒だった。
- [2] 1010, Dorotheergasse 3, Graben-Hotel：1913 〜 19 年に居住（カフカやマックス・ブロートも何度か泊った）。
- [3] 1020, Franzensbrückenstraße 3：この場所に建っていた家で 1859 年 3 月 9 日、誕生。

アンツェングルーバー　Ludwig Anzengruber　作家　1839-99
- [1] 1060, Amerlingstraße 2 (1060, Gumpendorfer Straße 56 角)：この家で 1889 年 12 月 10 日、死去。
- [2] 1070, Stuckgasse 15 Hausflur（家の入口の小部屋。建物の中）：1879 〜 80 年、この家で創作。
- [3] 1090, Kinderspitalgasse 1：この場所に建っていた古い Dreilaufenhause で 1839 年 11 月 29 日、誕生
- [4] 1140, Gyrowetzgasse 10, "Anzengruber-Haus"：1885 〜 89 年、居住。
- 銅像 Dr.-Karl-Renner-Ring (Schmerlingplatz)　除幕式：1905 年 4 月 30 日。

アンデルセン　Hans Christian Andersen　作家　1805-75
- [1] 1010, Naglergasse 8：この場所には 19 世紀末まで Haus Bognergasse 315 が建っていた。1834 年 6 月 9 日〜 7 月 9 日、この家（古いほう）の 2 Stock（日本でいう 3 階）に居住。
- [2] 1130, Dommayergasse 1, Durchgang zum Schanigarten：1831 〜 47 年、彼はウィーン訪問の際、カフェ・ドムマイヤーの常客だった。ここでヨハン・シュトラウス父の音楽を聴いた

ヴァーグナー　Richard Wagner　作曲家　1813-83
- [1] 1010, Kärntner Ring 16, Hotel Imperial：1875 年の終わり、彼の家族と約 2 ヶ月間、《タンホイザー》と《ローエングリン》上演準備のため、当ホテルに滞在。
- [2] 1010, Weihburggasse 3, Hotel Elisabeth：1862 年、滞在。

記念プレートと銅像

③ 1140, Hadikgasse 72：1863 〜 64 年、《マイスタージンガー》を作曲。

④ 1160, Thaliastraße 1：ここに 1856 年から 1869 年までタリア劇場が建っていた。
1857 年 8 月 28 日、《タンホイザー》をウィーンで初演。

ヴィヴァルディ　Antonio Vivaldi　作曲家　1678-1741

① 1010, Philharmonikerstraße 4, Hotel Sacher：1741 年、居住。

② 1040, Karlsplatz 13：1879 年 ま で、 こ こ に は Bürgerspitals-oder Armensünder-Gottesacker（墓地）があった。1741 年 7 月 28 日、ヴィヴァルディはここに葬られた。

銅像 Schottenring (Rooseveltplatz, Votivkirche の後ろ)　除幕式：2001 年 6 月 18 日（象徴的な銅像）。

ヴェーベルン　Anton von Webern　作曲家　1883-1945

1030, Löwengasse 53：この家で 1883 年 12 月 3 日、誕生。

ヴォルフ　Hugo Wolf　作曲家　1860-1903

① 1010, Trattnerhof：1883 〜 84 年、居住。

② 1040, Schwindgasse 3：1896 〜 97 年、居住。

③ 1090, Lazarettgasse 14：彼が亡くなった精神病院がかつてここにあった。

④ 1120, Hetzendorfer Straße 90：1876 年夏、居住。

⑤ 1190, Billrothstraße 68：この家は 1885 年、1888 〜 94 年、ヴォルフに提供された。

エジソン　Thomas Alva Edison　発明家　1847-1931

1130, Hietzinger Hauptstraße 14：1911 年、居住。

エルスラー　Fanny (Franziska) Elßler　舞踏家　1810-84

1010, Seilerstätte 19：終焉の地。

カフカ　Franz Kafka　作家　1883-1924

1010, Dorotheergasse 3, Graben-Hotel：このホテルに 1913 〜 19 年、アルテンベルクが居住し、カフカは、マックス・ブロートらとともに何度も訪ねた。

カラス　Anton Karl Karas　音楽家　1906-85

1200, Leystraße 44：レイシュトラーセ 46 の家で 1906 年 7 月 7 日、誕生。ここに 19 年間、居住。ホイリゲ所有者（Heurigenbesitzer）でもある。

カールマン　Emmerich Kálmán　作曲家　1881-1953

① 1040, Paulanergasse 12：1912 〜 23 年、居住。ここで《愉快な騎兵》《チャールダーシュの女王》《ジプシー楽団長》を作曲。

② 1180, Hasenauerstraße 29：1930 〜 39 年、居住。

クーデンホーフ゠カレルギ　Richard Graf Coudenhove-Kalergi　作家　1894-1972

1010, Schönlaterngasse 5, Heiligenkreuzerhof：居住。1938 年 3 月 12 日、夜 11 時、ドイツ民族社会主義の占領軍から逃走。

クライスラー　Fritz Kreisler　作曲家　1875-1962

1020, Große Schiffgasse 21：1875 年 2 月 2 日、この家で誕生。

263

クライバー Erich Kleiber 指揮者 1890-1956
1040, Kettenbrückengasse 3：1890 年 8 月 5 日、この家で誕生。

クラウス、ヴェルナー Werner Krauß 俳優 1884-1959
1090, Porzellangasse 33a：1949 ～ 59 年、居住。

クラウス、クレメンス Clemens Krauss 指揮者 1893-1954
1040, Belvederegasse 7：1893 年 3 月 31 日、この家で誕生。

グリーク Edvard Grieg 作曲家 1843-1907
1010, Weihburggasse 3, Hotel Kaiserinn Elizabeth：1896 年、ホテルに滞在。

クリムト Gustav Klimt 画家 1862-1918
1 1070, Westbahnstraße 36：居住。
2 1140, Linzer Straße 247：この場所にクリムトが 1862 年 6 月 14 日に生まれた家が建っていた。

グリルパルツァー Franz Grillparzer 作家 1791-1872
1 1010, Bauernmarkt 10, Grillparzerhof：1791 年 1 月 15 日、この家で誕生。
2 1010, Grünangergasse 12：1800 ～ 12 年、隣の家 Grünangergasse Nr.10. に居住。1844 ～ 49 年、この家に住み、ドラマ《リブッサ》の一部と《ハプスブルク家の兄弟の諍い》を執筆。
3 1010, Herrengasse 5：1812 ～ 13 年、この宮殿に居住（1810 ～ 12 年にはアイヒェンドルフが居住）。
4 1010, Johannesgasse 6, Literaturmuseum：1832 ～ 56 年、宮廷資料室長として働いた。
5 1010, Spiegelgasse 5：グリルパルツァーは、Matschakerhof の飲食店の常連客だった。
6 1010, Spiegelgasse 21 (last residence)：ここで死去。
7 1190, Grinzinger Straße 64：1808 年、ベートーヴェンとグリルパルツァーが居住。
銅像 Dr.Karl-Renner-Ring (Volksgarten)：除幕式：1889 年 5 月 23 日。

グルダ Friedrich Gulda ピアニスト 1930-2000
1030, Marxergasse 24：ここに建っていた家で子供時代を過ごす。

グルック Christoph Willibald Gluck 作曲家 1714-87
1040, Wiedner Hauptstraße 32：1787 年 11 月 15 日、ここで死去。
銅像 Karlsplatz-Argentinierstraße（カール教会の横）除幕式：1865 年。

ココシュカ Oskar Kokoschka 画家 1886-1980
1 1010, Kärntner Ring 16, Hotel Imperial：1916 年、リルケはホテル・インペリアルをほぼ毎日訪れ、ここでココシュカやカール・クラウス、アドルフ・ロースらと会っていた。
2 1010, Weihburggasse 3, Hotel Kaiserin Elizabeth：1958 年、このホテルに滞在。

コルンゴルト Erich Wolfgang Korngold 作曲家 1897-1957
1 1060, Theobaldgasse 7：1909 ～ 24 年、居住（ここで《死の町》を書く）。

264

② 1180, Sternwartestraße 35：この家に 1928 〜 38 年、および 1949 〜 51 年、居住。

ザイドゥル　Johann Gabriel Seidl　作家　1804-75
　　1010, Krugerstraße 8：1804 年 6 月 2 日、ここで生まれる（生誕の家）。

サリエリ　Antonio Salieri　作曲家　1750-1825
　　1010, Göttweihergasse 1, Ecke Spiegelgasse：この場所に「作曲家＆宮廷楽長^{カペルマイスター}のサリエ
　　リ」が居住し、死去した家があった。

シェーンベルク　Arnold Schönberg　作曲家　1874-1951
　　1020, Obere Donaustraße 5：生家（1874 年 9 月 13 日、誕生）。

シカネーダー　Emanuel Schikaneder　俳優、劇場ディレクター　1751-1812
　　① 1080, Schlösselgasse 7：1812 年 9 月 21 日、ここで死去。
　　② 1190, Hackhofergasse 18：「レハール／シカネーダーの館」（1737 年）
　　③ 1060, Linke Wienzeile 6：テアター・アン・デア・ウィーン劇場の「パパゲーノの門」
　　には、シカネーダーが手掛けた 1798 年 6 月 12 日初演《魔笛》の続編で、パパゲーノ
　　を演じるシカネーダーと彼の 3 人の兄弟の姿が見られる。シカネーダーはモーツァルト
　　の《魔笛》の台本を書いていて、《魔笛》はシカネーダーが総監督をしていたテアター・
　　アウフ・デア・ヴィーデン劇場（現・Operngasse 22-23）で 1791 年 9 月 30 日、初演さ
　　れた。しかし、この劇場の賃貸契約が延長できなかったため（ここでの公演の最後は 1801
　　年 6 月 12 日）、彼は別の場所を購入し、劇場として改装。これがテアター・アン・デ
　　ア・ウィーン（「ウィーン川のそばの劇場」という意味）。1801 年 6 月 13 日、この劇場で公
　　演している。シカネーダーの時代の部分はほとんど残っていないが、「パパゲーノの門」
　　の箇所は当時の部分という。

シベリウス　Jean Sibelius　作曲家　1865-1957
　　1040, Waaggasse 1：1890 〜 91 年、居住。

シュヴァイツァー　Dr. Albert Schweitzer　医師　1875-1965
　　1080, Florianigasse 8：1909 年、居住。

シュヴァルツェンベルク　Fürst Karl Schwarzenberg　軍人（将軍）1771-1820
　　1010, Neuer Markt 8：この場所には将軍シュヴァルツェンベルク侯爵の冬の宮殿が建って
　　いた。ここで 1771 年 4 月 15 日、誕生。
　　銅像 Schubertring（Schwarzenbergerplatz）、除幕式：1867 年 10 月 20 日。

シュトラウス、オスカー　Oscar Straus　作曲家　1870-1954
　　1020, Untere Donaustraße 27：生家。

シュトラウス、エドゥアルト　Eduard Strauss　作曲家　1835-1916
　　1010, Reichsratsstraße 9：1886 〜 1916 年 12 月 28 日に亡くなるまで居住。

シュトラウス、ヨハン（父）　Johann Strauss, Vater　作曲家　1804-49
　　① 1010, Kumpfgasse 11：1914 年まで、ここにあった小さな Ramhof で、1849 年 9 月
　　25 日、死去。

2 1010, Floßgasse 7：この家で 1804 年 3 月 14 日、誕生。

3 1190, Döblinger Hauptstraße 76：シュトラウス父、息子（1825-99）の活躍の場所。1837 年 6 月 21 日、ここカジノ Zögernitz（のオープニング）で、シュトラウス父は彼の管弦楽団とともに演奏。のちに息子のシュトラウスもここで活躍した。

銅像 ランナーと共に立つ。Universitätstring（Rathauspark）、除幕式：1905 年 6 月 21 日。

シュトラウス2世、ヨハン　Johann Strauss, Sohn　作曲家　1825-99

1 1020, Praterstraße 54：1867 年、この家で《美しく青きドナウ》を作曲。

2 1040, Johann-Strauß-Gasse 4：この場所に建っていた家に 1878 年から居住。1899 年 6 月 3 日、ここで死去。Nr.10 には《美しく青きドナウ》の楽譜が見られる。

3 1040, Karlsplatz 13：ヨハン＆ヨーゼフ・シュトラウスが学んだところ。

4 1070, Lerchenfelder Straße 15：ここに建っていた家で、1825 年 10 月 25 日、誕生。

5 1130, Dommayergasse 1 シャニガルテンへの通路：1844 年、シュトラウスはヒーツィングのドムマイヤーでデビュー。

6 1130, Maxingstraße 18：1870 ～ 78 年、シュトラウスは所有していたこの家に居住、《こうもり》を作曲。

銅像 Parkring（Stadtpark）、除幕式：1921 年 6 月 26 日。

シュトラウス、ヨーゼフ　Josef Strauss　作曲家　1827-70

1 1020, Taborstrasse11-11b（last residence）：「終焉の家」

2 1040, Karlsplatz 13：ヨハン＆ヨーゼフがここで学んだ。

3 1060, Mariahilfer Straße 71：ここに建っていた家で 1827 年 8 月 20 日、誕生。17 年後には 280 曲のダンス音楽を作曲し、兄のヨハン、弟エドゥアルトと共にシュトラウス楽団（カペッレ）を指揮した。

シュトラウス、リヒャルト　Richard Strauss　作曲家　1864-1949

1 1030, Jacquingasse 8-10："Strauss Mansion"（現在はオランダ大使館）。

2 1040, Mozartgasse 4：1919 年～ 25 年、居住。

シュトルツ　Robert Stolz　作曲家　1880-1975

1 1010, Elisabethstraße 16：1935 ～ 75 年、居住。

2 1190, Cobenzlgasse 22（家は売却された）：1938 年、この家で《Ich bin in Grinzing einheimisch…》を作曲。

銅像 Parkring（Stadpark）、除幕式：1980 年。

シュニッツラー　Arthur Schnitzler　作家　1862-1931

1 1010, Beethovenplatz 1, Akademisches Gymnasium：ここの生徒だった。

2 1020, Praterstraße 16：生家、1862 年 5 月 15 日、誕生。

3 1180, Sternwartestraße 71：1910 年以降、亡くなるまで居住。

シューベルト　Franz Schubert　作曲家　1797-1828

1 1010, Beethovenplatz 1：1808 ～ 13 年、かつて Bäckerstraße 20 にあったアカデミッシェス・ギムナジウムの生徒だった。

2 1010, Dr.-Ignaz-Seipel-Platz1：イエズス会教会ではなく、教会に向かって右のイエズス会修道院の入口。ここには帝国王立寄宿生学校「シュタット・コンヴィクト」があり、1808 ～ 13 年、宮廷礼拝堂少年聖歌隊員のシューベルトはここで学んだ。

③ 1010, Renngasse 1：碑文は2003年に改装された際、取り外され地下に保管された。元の碑文には「1818年3月1日、この家でシューベルトはイタリア風序曲で作曲者として初めて公に登場。1819年2月28日には《羊飼いの嘆きの歌》Op.3-1, D121（1814年11月30日作曲、ゲーテの詩による）を披露」と書かれていた。

④ 1010, Singerstraße 28, "Zu den drei Hacken"：ここの常客の一人だった。

⑤ 1010, Spiegelgasse 9：1822～23年、友人フランツ・フォン・ショーバーのこの家に住み、ここでロ短調交響曲を書いた。

⑥ 1030, Erdbergstraße 17：1816年、この家に居住。1816年7月24日、ここの庭でカンタータ《プロメテウス》を披露。

⑦ 1040, Kettenbrückengasse 6：1828年11月19日、この家で死去。

⑧ 1050, Schönbrunner Straße 52, Pfarre St. Josef zu Margareten：1828年11月21日、遺体がこの教会で祝別される。

⑨ 1080, Alser Straße 17, Alser Kirche：亡くなる数週間前の1828年9月、この教会の鐘の祝別のため讃歌《信仰・希望・愛》を書く。

⑩ 1090, Grünentorgasse 9-1：1913年までこの場所には、1818～25年、シューベルトが父の手伝いをしていた古い学校の建物が建っていた。

⑪ 1090, Marktgasse 40, Lichtentaler Kirche：この教会で1797年、受洗。

⑫ 1090, Nußdorfer Straße 54：生家。

⑬ 1090, Säulengasse 3：1801年から長年住み、ここで彼は父の学校の助手として働き、《魔王》他数々の不朽の名作を書いた。

⑭ 1170, Dornbacher Straße 101：1827年夏、居住。

⑮ 1170, Sankt Bartholomäus Platz：この教会で1828年11月3日、兄が作曲したラテン語のレクイエムを聴く。

⑯ 1180, Kutschkergasse 44：1826年7月の日曜の夜、騒々しいビアホールの中央、友人たちのサークルで《セレナーデ》を作曲。

⑰ 1180, Währinger Straße, Schubertpark：（以前はヴェーリング墓地）最初に埋葬されたところ。

⑱ 1190, Dreimarksteingasse 6：1821年、ここで男声四重唱曲《小さい村》を作曲。

⑲ 1190, Himmelstraße 25：グリンツィングに頻繁に、かつ嬉々として滞在。

⑳ 1190, Zwillinggasse 1, Kahlenbergerdorf：ここで1828年8月7日、カロリーネ・フォン・ペルノルトの誕生日の夜会でセレナーデ《Leise flehen meine Lieder》を初演。

銅像 Parkring (Stadtpark)、除幕式：1872年5月15日。

シューマン、クララ　Clara Schumann　ピアニスト・作曲家　1819–96

1010, Weihburggasse 3, Hotel Elisabeth：当ホテルに1838年、滞在。

シューマン、ロベルト　Robert Schumann　作曲家　1810–56

1010, Schönlaterngasse 7A：この家に1838年10月～1839年4月、居住。

シュランメル兄弟　Schrammel-Brüder　演奏家・作曲家　Johann (1850–93) & Josef (1852–95)

① 1170, Kalvarienberggasse 36：この家で死去。

② 1190, Kahlenberger Straße 7：1878年、Terzett "Die Nussdorfer" をヌスドルフで最初に演奏した。

ショパン　Frédéric Chopin　作曲家　1810-49
1010, Kohlmarkt 9：1900 年までこの場所に建っていた家の 4. Stock（日本の 5 階）に 1830 年 11 月〜 1831 年 7 月、居住。

シーレ　Egon Schiele　画家　1890-1918
① 1120, Grünbergstraße 31：1910 〜 11 年、この家で働いていた。
② 1130, Hietzinger Hauptstraße 114：1918 年 10 月 31 日、この家で死去。
Hietzinger Hauptstraße 101 には 1912 〜 18 年、彼のアトリエがあり、ここで多くの作品を制作した。

スッペ　Franz von Suppé　作曲家　1819-95
① 1010, Opernring 23：居住（ここで死去）。
② 1020, Obere Donaustraße 57：1862 〜 65 年、居住。

タウバー　KS. Richard Tauber　歌手　1891-1948
1190, Hackhofergasse 18：ここは Lehar/Schikaneder-Schlössl, 1737 の建物。

ツィーラー　Carl Michael Ziehrer　作曲家　1843-1922
① 1030, Maria-Eis-Gasse 1：1922 年 11 日月 14 日、ここに建っていた家で死去（最後の宮廷舞踏会ディレクターだった）。
② 1070, Westbahnstraße 2-4：1843 年 5 月 2 日、ここに建っていた家で誕生。

ツヴァイク　Stefan Zweig　作家　1881-1942
① 1010, Schottenring 14：1881 年 11 月 28 日、ここで誕生。
② 1080, Kochgasse8：1907 〜 19 年、居住。
③ 1090, Wasagasse 10, Gymnasium Wasagasse：1892 〜 1900 年、このギムナジウムで学ぶ。

ドヴォルザーク　Anton Dvořák　作曲家　1841-1904
1040, Wiedner Hauptstraße 7：ここに繰り返し住んだ。

ドニゼッティ　Gaetano Donizetti　作曲家　1797-1848
1010, Wipplingerstraße 5：1843 〜 45 年、ここに居住。

ネストロイ　Johann Nepomuk Nestroy　俳優　1801-62
① 1010, Bräunerstraße 3：生家（この家で 1801 年 12 月 7 日、誕生）。
② 1010, Freyung 6, Schottengymnasium：1813 〜 16 年、ここの生徒だった。
③ 1010, Singerstraße 28, 'Zu den drei Hacken'：ここの常客の一人だった。

ハイドン　Joseph Haydn　作曲家　1732-1809
① 1010, Kohlmarkt 11：この家に 1750 年から数年、住んだ。
② 1010, Neuer Markt 2：この場所に 1894 年まで建っていた家に 1795 〜 97 年、居住、2 つのミサ曲、声楽曲、《皇帝讃歌》を書く。《皇帝讃歌》がメロディ譜付きで掲げられている。
③ 1020, Taborstraße 16-18 Kircheder Barmherzigen Brueder：1755 〜 58 年、オルガニスト。

4 1060, Haydngasse 19：1793 年に建てられた家に、1809 年 5 月 31 日に亡くなるまで
居住。

5 1060, Kurt-Pint-Platz, Ägidiuskirche：1809 年、この教会で遺体が祝別された。

バルザック Honoré de Balzac 作家 1799–1850
1030, Landstraßer Hauptstraße 31：1835 年、住居。

バルトーク Béla Bartók 作曲家 1881–1945
1180, Gersthofer Straße 55：この家に 1905 ～ 06 年、居住。

バーンスタイン Leonard Bernstein 作曲家・指揮者 1918–90
1030, Lothringerstraße 20, Konzerthaus：1948 年 5 月 28 日、ウィーンに初めて登場。
（感謝の銘か？）

ビルロート Dr. Theodor Billroth 医師 1829–94
1090, Alser Straße 20：この場所には 1906 年までビルロートの住居があった

ファルコ Falco/Hans Hölzel 音楽家 1957–98
1050, Ziegelofengasse 37：1974 ～ 82 年、居住。最初の世界的ヒット曲《秘密警察 Der
Kommissar》を書いた。

ブラームス Johannes Brahms 作曲家 1833–97
1 1010, Singerstraße 7：1863 ～ 65 年、居住（1862 年、ウィーン・ジングアカデミーの合唱
指導で 29 歳のとき初めてウィーンにやってきた）。

2 1010, Postgasse 6：1867 年、居住。

3 1030, Landstraßer Hauptstraße 96, Hausflur（ホール）：この家でブラームスは 1893
年から亡くなるまでフェリンガー家の家族や仲間たちと共に多くの時間を過ごし、彼の
作品の多くはここで初演された。

4 1030, Linke Bahngasse 1a：この場所に建っていた家 "Zur Goldspinnerin" に 1869 ～
71 年、居住。

5 1040, Karlsgasse 4：この場所に建っていた家に 1872 年 1 月 1 日から居住、1897 年 4
月 3 日、死去。

銅像 Karlsplatz, Resselpark、除幕式：1908 年。

ブルックナー Anton Bruckner 作曲家 1824–96
1 1010, Heßgasse 7：1877 ～ 95 年、居住。

2 1010, Weihburggasse 3, Hotel Kaiserin Elizabeth：1863 年、ホテルの客として滞在。

3 1030, Landstraßer Gürtel 1, Schloss Belvedere, Kustodenstöckl：この家で 1896 年
10 月 11 日、死去。

4 1080, Jodok-Fink-Platz, Piaristenkirche：1861 年 11 月 21 日、この教会のオルガンで
作曲の試験を受けた。

5 1090, Währinger Straße 41：1868 ～ 76 年、この家に居住。ここで、交響曲の第 2 番
から第 5 番までを書く。

銅像 Parkring (Stadtpark)、最初の銅像の除幕式：1899 年、2 代目の銅像は 1988 年（現在
のものは 2 代目）。

フロイト Dr. Sigmund Freud　精神分析学者　1856–1939

1 1090, Berggasse 19：1891 ～ 1938 年、この家に居住。

2 1090, Gussenbauergasse 7, Sigmund-Freud-Hof：建物を入ったところ（中庭へいく途中）に記念銘がある。

ベートーヴェン Ludwig van Beethoven　作曲家　1770–1827

1 1010, Himmelpfortgasse 6, Café Frauenhuber：1788 年、ここにマリア・テレジアの専属コック、フランツ・ヤーンがレストランをひらき、コンサートが開催された。1797 年、ここで、ベートーヴェンは《ピアノと管楽器のための五重奏曲》を演奏した。

2 1010, Mölker Bastei 8：1804 ～ 16 年、繰り返しこの家に住んだ。交響曲第 4 番、第 5 番、第 7 番、《フィデリオ》、《レオノーレ序曲第 3 番》、ピアノ協奏曲第 4 番、ヴァイオリン協奏曲、弦楽四重奏曲（Op.59）などが生まれる。

3 1010, Tiefer Graben 8-10（「ベートーヴェンの住居」と絵が描かれている）：1815 ～ 17 年、居住。ピアノ・ソナタ（Op.101, 106）、チェロ・ソナタ（Op.102）など。

4 1010, Ballgasse3：1819 年 10 月～ 1820 年 2 月、《ミサ・ソレムニス》を書き上げる。

5 1030, Landstraßer Hauptstraße 26：ここにあった家に 1817 年、住む。

6 1030, Ungargasse 5：1823 ～ 24 年冬、この家で《第九交響曲》を完成。

7 1030, Ungargasse 46：以前、ここには「古い弦楽器奏者の家」と呼ばれた家があった。ピアノメーカーのアンドレアス＆ナネッテ・シュトライヒャーとベートーヴェンは親しくなり、シュトライヒャーは彼の世話をする。ここは人気のある室内楽のサロンで、1812 年頃、ここにしばしば滞在した。

8 1060, Laimgrubengasse 22：この家に 1822 年 10 月～ 1823 年 5 月 17 日、居住。

9 1060, Millöckergasse 1：1803 年と 1804 年、テアター・アン・デア・ウィーン内に住む。交響曲第 3 番、《クロイツェル・ソナタ》の一部はここでつくられ、1805 年、《フィデリオ》はこの劇場で初演された。

10 1080, Alser Straße 17, Alserkirche：1827 年 3 月 29 日、この教会で遺体が祝別された。

11 1080, Trautsongasse 2：この家に 1819/20 年の冬のあいだ住み、《ミサ・ソレムニス》のクレドを作曲。

12 1090, Schwarzspanierstraße 15：この場所に 1904 年まで建っていた家に居住し、1827 年 3 月 16 日、死去。

13 1120, Hetzendorfer Straße 75 a：ここにあった家に 1823 年、居住。石板は 1915 年に壊された家からここに移された。

14 1190, Döblinger Hauptstraße 92：「1803 年夏、この家に居住、《エロイカ》を書いた」と銘に刻まれている。しかし、デーブリングの家の番号変更は、ヨーゼフ・ベック・グナデナウが考えていた 1802 年ではなく 1804 年に行われたので、この建物にはベートーヴェンは住んでいなかったことが分かったようである。1872 年、ベートーヴェン研究家のセイヤーは《エロイカ》を書いた家は「ホフツァイル 15」（この建物は保存されていない）としている。

15 1190, Pfarrplatz 2：1817 年、この家に住んだ。家は 1990 年に改装されている。

16 1190, Grinzinger Straße 64：ここにベートーヴェン、グリルパルツァーが 1808 年に住んだ。

17 1190, Kahlenberger Straße 26：1817 年夏、居住。

18 1190, Nusswaldgasse2：1815 年夏、居住、チェロ・ソナタ（Op.102）を書く。ここにあったシルバーガッセ 4 の家は第二次世界大戦で破壊された。

19 1190, Probusgasse 6, Beethoven-Haus：ベートーヴェンハウス。建物は 18 世紀半ば

に建てられた。以前のタブレットには「1802 年 10 月 6 日、この家でハイリゲンシュタットの遺書を書いた」と書かれていた。

[20] 1210, Jeneweingasse 17：客人として滞在。

[銅像] Schubertring（Beethovenplatz）、除幕式：1880 年 5 月 1 日。

ベナツキー　Ralph Benatzky　作詞家・作曲家　1884-1957

[1] 1190, Himmelstraße 7：「"I muss wie-der a-mal in Grin-zing sein, beim Wein, beim Wein, beim Wein!" Text und Musik von Ralph Benatzky」と書かれた銘がある。

[2] 1060, Millöckergasse 1：「ヴィーナーリートの "Ich weiß auf der Wieden"、シャンソン "I steh' im Regen" の作詞・作曲者。1936 年 9 月 1 日 "Axel an der Himmelstüre"、1937 年 12 月 18 日 "Majestät privat" をテアター・アン・デア・ウィーンで初演」と書かれた銘がある。

ベーム　Dr. Karl Böhm　指揮者　1894-1981

1190, Himmelstraße 41：居住。

ベルク　Alban Berg　作曲家　1885-1935

[1] 1010, Schottenbastei 7-9：1904 年、この学校で高等卒業試験を済ませた。

[2] 1010, Tuchlauben 8：ここには 1898 年までアルバン・ベルクの誕生の場所 "Schönbrunner Haus" が建っていた。

[3] 1130, Trauttmansdorffgasse 27：「《ヴォツェック》の作曲者アルバン・ベルクがこの家に住んでいた」とある。

ホーフマンスタール　Hugo von Hofmannsthal　作家　1874-1929

[1] 1010, Beethovenplatz 1, Akademisches Gymnasium：アカデミッシェス・ギムナジウムの生徒だった。

[2] 1030, Salesianergasse 12：この家で 1874 年 2 月 1 日、誕生。

[3] 1080, Josefstädter Straße 26：Theater in der Josefstadt 入口上に "Max Reinhardt, 1873-1943" と "Hugo von Hofmannsthal, 1874-1929" の頭部だけがついた丸い盤がついている。

[4] 1230, Kaltenleutgebner Straße 1：《ナクソス島のアリアドネ》《イェーダーマン》《バラの騎士》の絵がある。

[5] 1230, Ketzergasse 471, Hofmannsthal-Schlössel：1929 年 7 月 15 日、亡くなるまで居住。

マーラー　Gustav Mahler　作曲家・指揮者　1860-1911

[1] 1030, Auenbruggergasse 2：1898 ～ 1909 年、居住。

[2] 1030, Lothringerstraße 20, Konzerthaus：1945 年 6 月 3 日につけられた記念盤。

[3] 1090, Mariannengasse 18-20：この家で死去。

ミレッカー　Karl Joseph Millöcker　作曲家　1842-99

1060, Gumpendorfer Straße 17：この場所に建っていた家で 1842 年 4 月 29 日、誕生。

ミッテルヴルツァー　Anton Friedrich Mitterwurzer　俳優　1844-97

1090, Günthergasse 1：ここに居住し、死去。

モーザー　Hans Moser　俳優　1880–1964

1 1050, Rechte Wienzeile 93：ここに建っていた "Zum schwarzen Bären" という家で、1880 年 8 月 6 日、俳優、Hans Moser, Johann Julier が誕生。

2 1130, Hügelgasse 2：居住。

モーツァルト　Wolfgang Amadeus Mozart　作曲家　1756–91

1 1010, Am Hof 13, Palais Colalto：1762 年 10 月の第 2 週、ここでコンサートを行った。

2 1010, Himmelpfortgasse 6, Café Frauenhuber：1788 年、ここにマリア・テレジアの専属コック、フランツ・ヤーンが高級レストランを開店。有名なコンサートを開催した。1788 年、モーツァルトがヘンデルの《パストラーレ》やピアノ協奏曲変ロ長調を演奏。

3 1010, Judenplatz 3-4：この場所に、1783 年モーツァルトが住んだ No.244 の家が建っていた。

4 1010, Michaelerplatz 5, Eingangshalle Michaelerkirche：1791 年 12 月 10 日、この教会でモーツァルトのための死者ミサが捧げられ、その際、彼の《レクイエム》の一部が初めて演奏された。

5 1010, Milchgasse 1：1781 年、この家にモーツァルトは住み、《後宮からの逃走》を作曲。

6 1010, Rauhensteingasse 8, Gedenkstätte im 5. Stock, Steffl：この場所に 1849 年まで、モーツァルトが亡くなった家が建っていた。1790 年 9 月 30 日、モーツァルトが演奏旅行中、コンスタンツェが引っ越してくる。当時、この家は "Kleines Kaiserhaus" と呼ばれていた。1849 年、当時の家は取り壊され、その後 "Mozart Hof" という名の建物になり、現在はデパート "Steffl" となっている。ここでモーツァルトは《魔笛》《レクイエム》等を作曲。

7 1010, Singerstraße 7, Deutschordenshof：1781 年 3 月 16 日　～ 5 月 2 日、"Deutschen Hause" に居住。

8 1010, Stephansplatz 1, Dom-Taufkapell：洗礼堂。1782 年 8 月 4 日、モーツァルトとコンスタンツェ・ウェーバー、聖シュテファン教区で結婚。4 番目の子供ヨハネスと 6 番目の子供フランツは聖シュテファン大聖堂で受洗。

9 1010, Stephansplatz 1, Totenkapelle：カタコンベ出口のところ。1791 年 12 月 5 日、モーツァルトが死去した後、12 月 6 日、死者のためのミサが行われ、彼の遺体は十字架の礼拝堂で祝別された。

10 1010, Tiefer Graben 18：この家に 1779 年夏、居住。

11 1010, Weihburggasse 3, Hotel Kaiserin Elizabeth：1767 年、滞在。

12 1010, Josefplatz 6, Palais Pallfy：1788 年、完成したばかりの《フィガロの結婚》初演に先駆け、内輪の演奏会を行った。

13 1030, Landstraßer Hauptstraße 75：1787 年、この場所に建っていた家に居住。

14 1030, Rennweg 91, Waisenhauskirche：1768 年 12 月 7 日、マリア・テレジア列席の中、12 歳のモーツァルトがこの教会で、彼の最初の祝祭ミサ曲を指揮した。

15 1090, Währinger Straße 26：ここに建っていた東屋 (Gartenhaus) に 1788 年夏～ 1790 年秋、居住。《コシ・ファン・トゥッテ》などを作曲。

16 1040, Mozartplatz：噴水 (魔笛)

銅像 （扉に写真）Opernring-Burggarten、除幕式：1896 年 4 月 21 日。1945 年まで Albertinaplatz のカフェ・モーツァルトの前に立っていたが、ブルクガルテンへ移動。（1896 年、ティルグナー作 (総大理石)、像台の下部に《ドン・ジョヴァンニ》の舞台レリーフ。）

272

ヤナーチェク Leoš Janáček 作曲家 1854-1928
　1010, Fleischmarkt 24：居住。1918 年 2 月 16 日、オペラ《イェヌーファ》を帝国宮廷オペラ劇場で初演。

ライムント Ferdinand Raimund 作家 1790-1836
　1060, Mariahilfer Straße 45：生家（1790 年 6 月 1 日、誕生）。
　銅像 1070, Weghuberpark（Museumstraße, Justizpalast の後ろ）　除幕式：1898 年 6 月 1 日。

ランナー Josef Lanner 作曲家 1801-43
　① 1070, Mechitaristengasse 5：この家で 1801 年 4 月 12 日、誕生。
　② 1060, Gumpendorfer Straße47：1832-38 年、居住。
　③ 1190, Gymnasiumstraße 85：この地に建っていた No.87 の家で 1843 年 4 月 18 日、死去。
　銅像 ヨハン・シュトラウス（父）と共に。Universitätstring（Rathauspark）、除幕式：1905 年 6 月 21 日。

リスト Franz Liszt 作曲家 1811-86
　① 1010, Freyung 6, Schottenhof：この家に 1869 ～ 86 年、居住。頻繁にウィーンに滞在した。ブダペスト市からの寄贈。ショッテン修道会の中庭奥の壁の高いところにある。
　② 1010, Herrengasse 6-8：この場所に 1913 年までベーゼンドルファー・コンサートホールがあった。
　③ 1010, Weihburggasse 3, Hotel Kaiserinn Elizabeth：1856 年、ホテルに滞在。

リルケ Rainer Maria Rilke 作家 1875-1926
　1010, Kärntner Ring 16, Hotel Imperial：1916 年、リルケはこのホテルを毎日のように訪れ、オスカー・ココシュカ、カール・クラウス、アドルフ・ロースらと会っていた。

ルビンシテイン Anton Rubinstein ピアニスト・作曲家 1829-94
　1010, Weihburggasse 3, Hotel Kaiserin Elisabeth：1859 年、滞在。

レハール Franz Lehar 作曲家 1870-1948
　① 1010, Hoher Markt, Hotel Ambassador：入口に写真とサイン。
　② 1190, Hackhofergasse 18, Lehar/Schikaneder-Schlössl
　銅像 Parkring（Stadpark）、除幕式：1980 年

ロース Adolf Loos 建築家 1870-1933
　① 1010, Bösendorferstraße 3：1903 ～ 33 年、居住。
　② 1010, Kärntner Ring 16, Hotel Imperial：1916 年、ほぼ毎日リルケが訪れ、アドルフ・ロース、オスカー・ココーシュカ、カール・クラウスと会っていた。

ロルツィング Albert Lortzing 作曲家 1801-51
　1040, Fleischmanngasse 1：1846 ～ 48 年、居住。

別れにはそっと「セアヴス Servus」と言っておくれ
「お元気で」とか「さようなら」と聞くと
ただ悲しくなるだけ
だから、この「セアヴス」という言葉が
別れなければならないときの一番の挨拶
年が移り変わると、そのたびに
また新しいワインが出来るし
新しい恋も芽生える
別れにはそっと「セアヴス」と言っておくれ
また会うことがないとしても
それはステキだったのだから

終わりのない歌などないように
人の幸せも、命も、いつかは終わる
恋もそうでしょう
何でもいつかは終わりがくる
好きな音楽が季節によって変わるように
つかの間の恋も変わっていく

（Sag beim Abschied leise servus）
　※舞踏会の閉会の時に流れるヴィーナー・リート。

プロフィール

志田英泉子（しだ　えいこ）
聖心女子大学卒業。上智大学大学院（西欧中世文化史）、ウィーン国立音楽大学宗教音楽
研究科およびオペラ研究科他修了。元ウィーンフォルクスオーパー他契約歌手。元オー
ストリア・ビザンツ研究所研究員。RCA（ロッテルダム）契約歌手（オペラ・宗教曲）。文
化企画アヴェマリア代表。著書に『ラテン語宗教音楽キーワード事典』『サザエさんキ
ーワード事典　戦後昭和の生活・文化誌』『全国旧制高等学校寮歌名曲選』（共著）（いず
れも春秋社）等がある。

ウィーン温故知新　　お墓と風刺画のメッセージ

発　　行　　2019年12月20日　第1刷

著　者　　志田英泉子

発行者　　神田　明

発行所　　株式会社　春秋社
　　　　　〒101-0021　東京都千代田区外神田2-18-6
　　　　　電話　03-3255-9611（営業）03-3255-9614（編集）
　　　　　振替　00180-6-24861
　　　　　http://www.shunjusha.co.jp/

印刷所
製本所　　萩原印刷株式会社

©Printed in Japan, 2019　　　　　　　　　　　　　定価はカバー等に表示

ISBN 978-4-393-93216-2